수학, 개념 씹어먹고 공부해봤니?

조안호 지음

수학, 개념 씹어 먹고 공부 해봤니?

GRADE 1·2·3·4·5·6

SIGONGSA

누군가에게 수학을 맡길 수만 있다면

수학은 '스스로 깨치는 과목'이 아니라 '책이나 남에게 배우는 과목'이다. 그래서 아이의 수학을 잘하게 만드는 가장 좋은 방법은 좋은 선생을 찾아서 아예 맡기는 것이다. 깔끔하다. 그런데 안타깝게도 현실은 좋은 선생을 찾거나 맡길 수가 없다. 누군가에게는 가슴 아픈 말이 될 수도 있겠지만, 현실을 직시할 필요가 있다.

전 국민의 80퍼센트가 수포자다. 그렇다고 수학을 포기하지 않은 나머지 20퍼센트가 수학을 잘한다는 것은 아니다. 그중 절반도 열심히 수학을 공부하지만 2등급(11퍼센트) 안에 들어가지 못하는 좌절의 시간을 보낸다.

수학을 좀 했던 약 10퍼센트의 사람들은 지금 어디서 무엇을 하고 있을까? 아마 대부분 수학과는 관련이 없는 의사, 변호사, 약사, 교수, 연구원 등의 전문직에 종사하거나 대기업에서 근무할 것이다. 만약 학원 강사라면 급여가 높은 고등부를 맡고 있을 확률이 높다. 그렇다면 수학을 잘하지 못했던 나머지 90퍼센트의 사람들은 어디에 있을까?

가슴 아픈 말이 될 수 있지만, 초등·중등 수학 강사들이나 원장들도 부모들과 똑같이 학창 시절 수포자일 가능성이 높다. 중등 수학을 못하는 사람이 초등 수학을 가르치고, 고등 수학을 못하는 사람이 중등 수학을 가르치는 경우가 많다는 말이다. 이런 경우 수학 공부의 올바른 방향을 제시하기 어렵다. 학부모들이 듣고 싶은 말로 공감을 이끌어내는 수학 선생들도 학부모들과 똑같이 수학에 막막함을 느끼던 사람일 수 있다.

수학을 잘하는 사람도 적고 잘 가르치는 사람은 더더욱 적다 보니 '수학 잘하는 법'을 말할 수 있는 사람도 거의 없다. 그래서 대부분의 학교나 학원에서 아이들에게 수학 공부하는 법을 가르치지 않고 유형이나 기술로 문제나 많이 풀게 한다. 잘못된 교육의 가장 큰 특징이 머리 좋은 아이만 잘한다는 것이다. 이런 상황이 수학 교육에서 수십 년째 반복되고 있다.

내 아이는 나의 수학 전철을 밟지 않게 하겠다.

학부모들과 이야기하다 보면 대다수가 수포자라고 말한다. 수학만 아니면 좀 더 좋은 대학에 갔을 거라는 말도 심심치 않게 듣는다. 학창 시절을 훌쩍 지나온 지금도 여전히 마음 한편에 '원수 같은 수학만 아니면'이라는 생각이 있는 것이다. 그래서 '내 자식은 어려서부터 수학 공부 하나는 철저히 시키겠다'고 마음을 다잡는 부모가 많다.

그런데 막상 아이를 가르치려고 하면 어떻게 해야 하는지 '바이블'로 삼을 만한 로드맵이 없다. 우왕좌왕하다가 '도움이 되었다'는, 흔히 '~카더라'에 의존해 주변의 방법들을 따라 한다. 눈에 띄게 이렇다 할 효과가 보이지 않으면 결국 수포자인 자신이 수학을 공부한 방법과 반대로만 하면 된다는 생각에 이른다.

자신이 부모 말을 잘 안 듣고 공부를 열심히 안 해서 수학을 못했다는 결론을 얻은 부모는 아이에게 수학 문제집을 한아름 안겨준다. 개념을 잘 잡지 않고 문제만을 풀어서 수학을 못하게 되었다고 생각하는 부모는 개념을 가르치는 학원에 보내거나 수학 교과서에 나와 있는 개념을 철저히 가르치겠다고 소매를 걷어붙인다. 모두 이도저도 아닌 결말에, 아이와 관계만 어그러질 뿐이다.

아이의 수학을 맡길 선생이 주변에 없다.

수학은 수천 년간 수학자가 만들어 온 정의와 개념을 도구로 문제를 푼다. 그래서 혼자서는 개념을 깨칠 수 없다.

수학 개념을 아이가 잘 받아들이게 지도하면서 개념을 이용해 문제 푸는 연습을 적절하게 시키는 사람이 있다면 좋은 선생이다. 고등 수학까지는 문제를 풀기 위해 사용되는 개념들이 이미 정해져 있고, 그 개념은 잘 알려주기만 하면 보통 사람이 모두 이해할 만한 것들이다. 대학수학능력시험(수능)의 어려운 문제(킬러 문제) 두 개도 개념이 여러 가지 섞여 복잡할 뿐이다. 설사 두 문제를 모두 틀리더라도 1등급이다.

보통 아이라면 초등학교부터 서서히 수학에 필요한 연산, 개념, 집요함 등을 길러 나가면 된다. 오래 걸릴지라도 기초가 튼튼하다면 그 확장이 빠르니 조급해할 이유가 없다. 연산, 개념 그리고 집요함을 부모가 길러주기는 어려우니 좋은 선생을 찾아서 맡기는 방법이 가장 좋은 방법이다. 그런데 좋은 수학 선생을 찾기가 정말 어렵다. 서로 자기가 가장 좋은 선생이라고 하는데 신뢰하기도 어렵고, 설사 좋은 선생을 찾았다고 해도 직접 가르침을 받는다는 보장이 없다.

두 번째는 아이 스스로 공부하는 것이다. 차선이라고 했지만 어떻게 보면 가장 좋은 방법이라고 할 수 있다. 이를 위해서는 두 가지가 필요하다. 개념을 잘 알려주는 책이 존재해야 하고, 아이가 수학의 올바른 공부 방법을 잘 알고 있어야 한다. 그러나 교과서는 물론이고 개념을 잘 알려주는 책이 지금까지는 없었다.

마지막은 부모가 공부해서 가르치는 것이다. 하지만 부모 역시 대부분 수포자고 초등 수학도 개념은 쉽게 덤빌 수 없을 만큼 나름의 난도가 있다. 마찬가지로 개념을 다루는 책이 없어서 부모도 배우기가 어렵고, 제대로 아이를 가르치지 못하면 관계만 어그러진다. 이것도 어렵다, 저것도 어렵다고 해서 속상하겠지만 쉬웠다면 이 책을 볼 일도 없었을 것이다.

수학을 통역해주면 기적이 일어난다.

나는 25년간 무수히 많은 아이의 성적을 20점대에서 100점으로 끌어올리면서 '우등생 제조기'란 별명을 얻었다. 30여 권의 초중고 수학책을 통해 막힌 수학을 속 시원히 해결해주었다고 해서 '수학계의 뚫어뻥', '수학 통역사'라는 별명도 얻었다. 그 모든 성과는 단순히 기본에 충실했기 때문에 얻을 수 있었다.

아이들에게 수학이 요구하는 연산과 개념을 알려주고 논리적인 사고를 하게 한다면 보통의 아이들은 수학을 얼마든지 잘할 수 있다. 하지만 지금 보통의 아이들은 물론이고 우수한 아이들이 엄청난 노력을 기울여도 대다수 수포자가 되는 것은 어른들의 잘못이다. 그래서 은퇴를 몇 년 앞둔 시점에서 여러 권의 수학책과 프로그램을 만들기 시작했다. '수학 잘하는 법'을 초등학교부터 가르쳐서 더 이상의 수포자를 양산하지 않도록 하는 데 일조하기 위해서다.

이 책은 초등학교 1학년부터 6학년까지, 아이들이 반드시 알았으면 하는 개념을 정리한 것이다. 분량이 많은 책을 단숨에 읽기 어려워 매년 아이 학년에 해당하는 장만 읽으려고 하는 부모가 있을 것이다. 그렇게 해도 좋지만 학습 연계를 고려하여 최소 3개 학년 정도를 같이 읽으면 좋겠다. 예를 들어 아이가 초등학교 1학년이라면 3학년까지, 2학년이라면 4학년까지 읽으면 좋겠다. 지금부터 내가 통역하는 수학 개념, 내가 인도하는 수학 공부법을 잘 따라오기 바란다. 한글을 깨우쳐서 초등학교에 보내는 부모의 심정으로 초등 수학을 준비하자. 부모가 수학을 통역해 아이가 모두 이해하게 되면 기적이 일어난다.

목차

2장

2학년 수학 개념 이렇게 먹어야 한다

3장

3학년 수학 개념 이렇게 먹어야 한다

4장

4학년 수학 개념 이렇게 먹어야 한다

5장

5학년 수학 개념 이렇게 먹어야 한다

6장

6학년 수학 개념 이렇게 먹어야 한다

0장

초등 수학,
공부법이 틀렸다!

아이들은
왜 수학을 포기할까?

공부를 잘하려면 피해갈 수 없는 과목이 바로 국영수다. 이 세 과목
은 모두 언어이니 국어, 영어, 수어라고 해야 하는데 이상하게 수학
은 '수어'라고 하지 않고 '수학'이라고 하며 나름 '특별 대우'를 한다.
그래서인지 수학이 어렵다는 것을 당연하게 받아들이고, 다른 과목
보다 치열하게 공부하고, 어려우면 잘 하고 있구나 안심한다. 이제
그 선입견에서 벗어나자. 수학이 어렵다면 공부법이 잘못된 것이다.

수학을 국어처럼 배운다면

우리나라 국민 80퍼센트가 수포자이며 수능 수험생의 40퍼센트가
30점 이하의 점수를 받는다. 객관식 시험에서 30점 이하라는 말은
거의 문제를 풀지 않고 찍었을 때 나오는 점수다. 머리가 나빠서 수

학을 못한다면 국민의 80퍼센트가 머리가 나쁘다는 말인데, 그건 말이 안 된다. 수학을 포기하는 이유는 단지 수학에서 문제를 읽는 법, 쓰는 법을 모르기 때문이다. 이차방정식을 풀 줄 알고 문제를 읽고 이해한다면 수능 수리영역에서 4등급까지는 나오는 게 정상이다. 문제가 무엇을 말하는지 그 뜻을 이해하지 못해 머리가 좋은 아이도 수학을 포기하는 것이다. 다시 말해 초중고 12년 동안 수학을 배운 수포자들은 수학 공부를 열심히 하지 않았거나 머리가 나빠서 못하는 게 아니라는 말이다.

주위를 둘러보면 수포자는 많아도 국포자는 보기 힘들다. 언어는 모두 글을 읽고 무슨 뜻인지를 알면 어느 정도까지는 배우는 데 어려움이 없다. 그래서 아이들이 수학을 국어처럼 읽고 쓸 수 있다면 수학을 포기하는 일이 줄어들고, 잘할 것이다. 국어를 배우는 데 비록 오래 걸렸어도 어렵고 힘들지는 않았듯, 수학을 국어처럼 배운다면 어렵거나 힘들지 않을 것이다. 수학도 언어 습득 방법대로 배우면 된다.

아이가 태어나면 부모는 아이에게 '엄마', '아빠', '맘마', '자장자장' 등 여러 단어를 지속적으로 말해준다. 그리고 1년이 지나면 아이는 부모만 알아들을 발음으로 몇 가지 단어를 말하기 시작하고, 그로부터 또 1년이 지나면 무려 1000개 이상의 단어를 구사한다. 다시 1년이 지나면 시끄러울 정도로 말을 잘하게 된다. 이것이 일반적으로 언어를 배우는 방법이며, 깨닫지 못하지만 모두들 성공했다. (물론 가르치는 사람의 시간과 정성과 어려움은 따르겠지만) 이 같은 방법으로 아이들에게 언어를 가르친다면 어렵지 않게 언어의 기반인 듣기, 말하기를 3년 안에 끝낼 수 있다.

모든 언어는 듣기, 말하기, 읽기, 쓰기의 순차적인 습득 과정을 거쳐야 한다. 하지만 국영수는 각각 결정적인 차이가 있다. 국어는 듣기, 말하기에 성공하면 그다음 단계인 읽기와 쓰기로 나아가는데 읽기, 특히 독서 교육에서 실패한다. 영어는 듣기와 말하기가 부족한 상태에서 읽기를 시행하는데 문화적 차이 때문에 쓰기에 실패한다. 수학은 국어나 영어와 달리 처음부터 듣기와 말하기가 거의 없다.

	국어	영어	수학
공부 영역	듣기, 말하기, 읽기, 쓰기	듣기, 말하기, 읽기, 쓰기	읽기, 쓰기
어려움	읽기	듣기, 말하기	읽기
어려운 이유	책 읽기 부족	문화 차이	정의, 개념 부족

수학에서 사용하는 기초를 일상생활에서는 충분히 습득할 수 없다는 말이다. 다른 언어처럼 수학도 처음에는 부모에게 배우는데, 대부분 아이에게 수 세기, 수와 양의 관계를 가르친 다음 곧바로 연산과 문장제를 시킨다. 이는 말하기, 듣기, 읽기가 부실한 상태에서 쓰기부터 시키는 꼴이다.

책을 혼자 읽지 못하는 아이에게 "일기는 매일매일 써야 한다"

고 근엄하게 타이르면 쓰기 실력이 늘까? 그런 일이 있을까 싶지만 수학에서는 비일비재하다. 수식을 읽지 못하는 아이에게 아무리 공부를 시켜도 실력은 늘지 않는다. 수학을 읽지 못한다는 건 용어의 정의와 수식의 의미를 모르기 때문에 문제가 말하는 바를 모른다는 것을 의미한다.

수학의 첫 공부인 읽기에서 필요한 개념을 습득하지 못한 상태로 계속 쓰기(문제 풀이)를 시키는 것이 수학 교육이 실패하는 주된 원인이다.

수학은 읽어주기가 중요하다

국어든 수학이든 아이의 발목이 붙잡히는 영역은 '읽기'다. 읽기를 어떻게 헤쳐 나가느냐에 따라 아이 성적의 희비가 엇갈린다. 읽기는 막무가내로 시킬 수 없고 단계를 차근차근 밟아 나가야 한다. 국어를 예로 들어보자.

어린아이가 글을 한 자, 한 자 읽어가면서 문장의 뜻을 이해하는 과정은 무척이나 길고 험난하다. 그래서 스스로 글을 읽기 전까지는 읽기 실력을 향상시키기 위한 도움닫기로써 부모나 교사의 '읽어주기'가 필요하다. 이 '중간 단계'를 거치지 않으면 글줄이 길어지는 초등학교 2~3학년 무렵부터 아이가 책을 읽지 않을 가능성이 높아진다.

읽어주기에는 대표적으로 '베드타임 스토리(잠들기 전 책 읽어주기)'가 있다. 베드타임 스토리를 흔히 아이에게 상상력을 주는 용도로만 알고 있는데, 그보다 훨씬 중요한 역할이 있다. 아이가 혼자 책을 읽기 전, 부모가 잠자리에서 책을 읽어주는 일은 아이에게 스스로 읽는 어려움에서 벗어나 책이 주는 즐거움을 깨닫게 한다. 아이가 느끼는 즐거움이 강렬할수록 스스로 읽는 어려움을 이겨내는 동기가 만들어진다.

말하기와 듣기가 있는 국어에서도 어려움을 겪는데, 말하기와 듣기가 없는 수학에서는 읽기가 얼마나 어려울까? 그래서 수학에서도 베드타임 스토리처럼 아이가 수식을 읽기 전에 도와주어야 하는 단계가 있다.

수학에서의 읽어주기는 수학 용어나 수식이 갖는 의미를 알게 해주는 단계다. 부모나 교사가 수학 용어나 수식이 갖는 의미를 충분히 통역해주면(읽어주기), 아이가 수학 문제를 보며 그 안에 있는 정의나 개념을 파악하고 이해하고(혼자 읽기), 비로소 스스로 문제를 풀 수 있다(쓰기). 이런 과정이 반복되면 아이는 자신뿐만 아니라 남이 써 놓은 수식만 보고도 그 의미를 이해하게 된다. 아이들이 초등·중등 수학 수식만이 아니라 고등 수학 수식도 보고 이해할 수 있다면, 단언컨대 수포자가 되는 일은 없다.

속독은 언어 능력을 망치고, 빠른 문제 풀이는 수학 능력을 망친다

간혹 생각하는 힘이 부족한 아이에게 "책을 많이 읽어야 한다"고 말하면 "저 책 엄청 읽어요"라고 대답한다. 책을 많이 읽는 아이들 중에는 책을 읽지 않은 것처럼 언어 능력이 발달하지 않는 아이가 있다. 책을 많이 읽으면 무조건 좋을 것 같지만 실제로는 그렇지 않다. 만약 책을 잘못 읽는다면 아무리 많이 읽어도 언어 능력은 좋아지지 않는다.

책을 많이 읽어도 언어 능력이 발달하지 않는 대표적인 유형이 있다. 평소 쉬운 책만 읽는다. 책을 속독으로 읽는다. 그리고 가장 최악은 쉬운 책을 대충 훑어보며 빠르게 읽는 유형이다.

간혹 책을 안 읽는 것보다 어떤 식으로든 읽는 게 좋다고 생각하는 부모들이 있지만 흥미 위주의 쉬운 책을, 그것도 속독으로 읽는다면 차라리 안 읽는 것만도 못하다. 즉흥적인 즐거움을 주는 책만을 고집하면 더 높은 수준의 책으로 발돋움하지 못하게 된다. 또한 속독으로 대충 훑어보는 읽기에 익숙해지면 정독을 하지 못하고, 정독이 필요한 책을 읽지 못한다. 정독을 하는 아이는 속독을 하지만 속독을 먼저 배운 아이는 정독을 하지 못하는 것이다. 실제로 유럽 일부 나라에서는 17세 이하의 아이에게 속독을 가르치는 것을 금지하고 있다.

아이를 훌륭하게 만들기는 어렵지만 망치기는 간단하다. 쉬운 책을 속독으로 많이 읽히면 된다. 그러면 책을 읽는 힘은 퇴보하고 언어 능력은 떨어질 것이다. 결국 학교 교과서도 읽기 어려운 상태가 될 것이다. 교과서가 어렵다면 공부는 끝난 게 아닌가?

　　수학도 똑같다. 아이에게 생각해야 하는 문제를 빨리, 많이 풀라고 하면 속독을 가르치는 것과 똑같은 결과를 초래한다. 아이의 수학 실력을 망치고 싶다면 개념을 가르치지 않은 상태에서 문제집을 한아름 안겨주고 빨리 풀라고 재촉하면 된다. 아이가 문제를 많이 풀면, 쌓이는 문제집 권수만큼 부모의 기분은 뿌듯해질지 모른다. 하지만 고등학교부터 새로운 문제나 어려운 문제는 영원히 풀지 못하게 될 것이다.

부모들은
왜 문제 풀이에 집착할까?

아이를 학원에 보내고 집이나 학교에서 수학 문제를 잔뜩 풀게 하는 부모가 많다. 수학 문제를 많이 풀수록 수학 공부를 잘한다고 생각하는 것이다. 이는 책을 많이 읽으면 무조건 좋다는 심리와 비슷하다.

그러나 다독多讀이든 다해多解든 아무리 좋은 것도 자칫 부작용이 생길 수 있다. 인위적으로 다양한 책을 강요하거나 쉬운 책만 읽거나 훑어보기나 속독에 빠진다면 아무리 책을 많이 읽어도 아이의 언어 능력은 향상되지 않는다. 수학 역시 마찬가지다.

문제집을 많이 푸는 아이일수록 수학을 싫어한다

아이가 수학을 어려워하면 부모는 난도를 조절해가며 여러 문제집을 풀게 할 계획을 세운다. 쉬운 단계부터 어려운 단계까지 점차 진행하면 아이의 수학 실력도 그에 따라 향상될 거라고 생각하는 것이다. 하지만 뜻하는 대로 아이의 수학 실력이 자라지 않고 단계 향상도 어려워지면, 이번에는 단계를 한꺼번에, 빠르게 가르치는 학원으로 아이를 보낸다.

아이는 어찌 됐든 개념도 모르는 상태에서 문제를 많이 풀어야 하는데, 문제집이 자주 바뀌니 풀이 기술도 반복이 안 되고 풀어야 할 문제 양이 많으니 생각하는 시간이 줄어들어 반드시 풀어야 한다는 집요함이 생기지 않는다. 해낼 수 있다는 생각을 갖기 전에 아이는 수학을 싫어하고, 수업 시간에 딴 생각을 하고, 스스로를 수학 못하는 사람이라고 잠정 낙인을 찍는다.

수학 실력을 키우려면 문제집을 많이 푸는 것보다 연산과 개념을 별도로 공부하면서 난이도 중상 정도의 문제집 한 권을 반복해 풀고 개념과 논리적인 구조를 확인해 가는 것이 좋은 방법이다. 문제를 푸는 목적을 답을 맞히느냐가 아니라 배운 개념을 완전히 이해하느냐에 두어야 한다.

참고로 서울대에 간 학생들은 모두 수학 개념을 스스로 정리했고 한 문제집을 최소 5번 이상 반복해 풀었다. 어마어마한 양의 문제 풀이, 학원 순례로 부모와 아이가 고생을 자처하며 막대한 돈을 쓰는 과정에서 뿌듯함은 느낄지 모른다. 그러나 아이 수학 실력이 반 토막 나는 결과를 보게 될 것이다.

쉬운 문제만 풀면 수학적 사고력은 자라지 않는다

매일 많은 수학 문제를 풀라고 하니까 아이들은 연산이나 쉬운 문제만 풀려고 한다. 우리 아이는 아니라고 말하는 부모가 있을지 모르겠다. 수학 문제집에 다양한 문제가 있어서 아이가 문제집을 풀면 다양한 문제를 푼다고 생각할 것이다. 매일 문제집을 세 쪽씩 풀게 하는 집들이 많은데, 아이가 문제 푸는 모습을 잠깐 지켜보면 안다.

문제집의 거의 절반 이상은 연산 문제이고, 나머지는 문장제다. 연산 문제 풀이는 생각하는 것이 아니다. 그리고 문장제는 아이가 숫자만을 보고 답을 쓰고, 조금 어렵다 싶은 문제는 곧바로 별표를 달 것이다. 연산 문제를 풀 때와 같은 속도로 문장제를 풀려고 하기 때문이다. 매일 세 쪽씩 문제집을 풀어도 아이는 생각한 적이 없다. 당연히 수학에서 요구하는 '논리적으로 생각하는 힘'은 자라지 않는다. 초등 수학은 연산만 잘해도 마치 공부를 잘하는 듯 보이지만 '생각하는 것만이 수학'이다.

간단하게 해결책을 제시한다. 연산은 별도로 하고 문제집에 있는 연산 문제는 풀게 하지 말자. 문장제는 아이에게 선택권을 주자. 쉬운 문제는 X 표시만 하고 풀지 말라고 하자. 그리고 생각하는 것이 중요하다고 말하면서 한 문제라도 좋으니 생각할 수 있는 문제만을 풀라고 하는 것이다. 아이는 부모가 중요하다고 생각하는 일을 한다. 그러면 결국 아이는 별표한 문제만을 풀 수밖에 없다.

이처럼 부모가 생각하는 일에 의미를 부여하면 아이는 문제를 풀면서 설사 풀리지 않더라도, 푸는 동안 생각을 깊게 하게 된다. 아직은 수학 개념이 부족해서 풀려고 해도 잘하지 못하겠지만 적어도 수학에서 중요한 사고력과 집요함을 키울 수 있다.

학교와 학원에서는
왜 유형 문제만 풀게 할까?

부모들은 대부분 개념으로 수학을 가르치고 싶어 한다. 그럼에도 부모들이 유형 문제를 풀게 하는 이유는 개념을 가르치는 곳이 없고 유형 문제집밖에 없기 때문이다. 초등학교 1학년부터 고등학교 1학년까지 교과서는 물론이고 어디에도 개념이 없어서 할 수 없이 유형 문제 풀이를 지속한다. 그런데 부모들은 어떻게 현실에서는 가르치지도 않는 수학 개념을 가르치겠다고 생각하게 되었을까?

초등학교부터 고등학교 1학년까지 교과서에 없던 정의와 정리가 고등학교 2학년부터 나오면서 개념을 배우기 시작한다. 그래서 부모들도 그 무렵 개념으로 수학을 공부하는 올바른 방법을 경험했다. 사랑하는 아이들이 올바른 방법으로 수학을 공부하기 바라는 마음이 드는 건 당연한 일이다.

하지만 초등·중등 교과서의 집필진은 부모들의 생각과는 달리 수학을 개념으로 가르치겠다는 생각이 없다. 그래서 교과서에 개

념을 넣지 않는다. 개념을 가지고 푸는 연역적인 공부 방법이 아직
은 아이들에게 어렵다고 생각해 구체적이고 개별적인 문제를 통해
발견하도록 유도하는 것이다. 결국 문제를 많이 풀라는 뜻이다. 그
러나 부모들이 개념을 중요하게 생각한다는 것도 알기에 직접적으
로 문제를 많이 풀라고 말하지는 못한다.

　　그래서 지금과 같은 기형적인 수학 공부 방법이 탄생했다. 우
선 개념이 중요하다고 말은 하지만, 개념이 무엇인지 개념으로 무엇
을 하는지 구체적으로 이야기하지 않고 문제 푸는 기술만 가르친다.
개념이 중요하다고 해서 개념을 가르칠 거라고 기대하지만 실제로
는 가르치지 않는 것이다.

　　학원도 마찬가지다. 개념으로 가르친다는 학원으로 아이를
보내면 문제 풀이만 한다는 것을 나중에 알게 된다. 다른 대안이 없
어 학원을 쉽게 그만둘 수도 없다. 부모의 학창 시절 트라우마 때
문인지 학원의 공포 마케팅 때문인지 아이에게 '빡세게' 유형 문제
를 풀게 하는 학원에 빠지면 합리적인 생각이 멈추게 된다. 많은 문
제를 풀어야 하는 어려움, 수학 실력 향상과는 별개로 쌓이는 문제
집 권수에 부모도 아이도 뿌듯해 한다. 이게 몇 년 지속되면 빠져나
올 수 없는 개미지옥이 된다. 심지어 그 학원에서 버티지 못하고 나
온 학생조차 공부를 다시 하려고 마음먹으면 그 학원에 다시 들어가
고 싶어 한다. 혼자 문제를 푸는 외로움과 어려움도 덜고, 친구들과
함께 문제를 많이 풀고 있으면 힘들지만 뭔지 모를 안정감을 느끼기
때문이다.

잘못된 공부 방법이 오랫동안 지속되면서 논리를 갖추고 마치 잘하고 있는 듯한 헛된 믿음을 만든다. 이런 잘못된 믿음의 근거를 몇 가지 살펴보자.

수학 성적이 잘 나온다?

수학은 '개념을 가지고 문제를 푸는 것'이 올바른 방법이다. 그런데 유형 문제 풀이는 개념을 가지고 문제를 푸는 것이 아니라 문제를 푸는 기술을 익히고 외운다. 이 말을 듣고 일부 선생들은 개념을 가르치고 유형 문제를 풀게 하는 것이라고 주장할 수도 있다. 하지만 사실이 아니다. 대부분의 선생은 교과서에 있는 것을 가르쳤을 뿐 개념을 가르친 것이 아니다.

설사 개념을 가르쳤다고 해도 만약 그 상태에서 유형 예제를 하나라도 풀어주는 순간 개념 공부는 끝난다. 가르친 개념은 모두 없어지고 문제를 푸는 기술만이 아이의 머릿속에 자리할 것이다. 정독과 속독을 동시에 가르치면 속독만 남듯이 개념과 기술을 동시에 가르치면 기술만 남는다. 유형 문제를 푼다는 것은 빨리 문제를 푸는 기술을 외우고 일부 절차적 지식을 기를 뿐 수학적 실력은 자라지 않는다.

그런데 수학적 실력이 자라지 않는데 어떻게 학교 성적을 잘 받을 수 있을까? 중학교까지는 수학 실력이 안 좋아도 성적을 잘 받을 수 있다. 초등학교와 중학교에서 아이들이 푸는 문제 유형은 정해져 있고, 새로운 문제가 없고, 많지도 않기 때문이다. 지금 학생들이 푸는 초등·중등 수학 문제는 수십 년째 똑같다. 수학 문제집 3~4권만 살펴보면 대부분의 유형이 비슷하다는 사실을 확인할 수 있다. 이 똑같은 유형들을 외우면 학교 시험, 학원 시험에 계속 나오니 성적을 잘 받을 수밖에 없다.

이런 일이 벌어지는 가장 큰 원인은 초등·중등 수학 문제를 만드는 곳이 없기 때문이다. 유형에 숫자를 바꾸는 것 말고 진짜 새로운 수학 문제를 만드는 일은 무척 어렵다. 문제 하나를 만들려면 족히 3일은 걸린다. 그리고 한 달에 기껏해야 10문제를 만들 수 있다. 그런데 한 달에 10문제를 만드는 데 수백 만 원의 월급을 주는 기업이 있을까? 없다. 그래서 초등·중등 수학 문제를 만드는 곳이 없고 수십 년간 아이들에게 똑같은 문제를 달달 외워서 풀게 하고, 풀면 잘한다고 격려하고 있는 것이다.

고등학교에 가서는 판이 바뀐다. 가장 큰 변화는 수학 문제를 만드는 곳이 있다. 한국교육과정평가원에서 6월, 9월 모의고사와 수능 시험 문제를 만든다. 각 시·도 교육청에서는 고등학교 전 학년이 한두 달에 한 번씩 보는 모의고사 문제를 만든다. 1년이면 약 1000여 개의 문제를 만든다고 볼 수 있는데, 한 번 출제된 문제는 곧바로 유형 문제가 된다.

고등학생이나 대학생 자녀를 둔 선배 부모들에게 "초등학교, 중학교에서 공부 잘하는 거 다 소용없다"는 말을 들은 적이 있을 것이다. 중학교 우등생 70%가 고등학교에서 추락하기 때문이다. 중학교 수학 성적은 실력이 아니다. 고등 수학은 중등 수학의 3~7배 난도를 갖는다. 고등 수학에는 중학교 내신 수준의 문제가 하나도 없다. 유형 문제 풀이로 성적을 높이는 일은 올바른 고등 수학 준비가 아니다. 어차피 중학교 성적으로 대학교에 들어가지도 않는다.

유형 문제를 많이 풀다 보면 응용력이 생긴다?

유형 문제를 많이 풀면 어떻게 되는지에 대한 결과는 사교육 일번지인 대치동 아이들이 가장 분명하게 보여준다. 대치동 아이들은 초등학교 6학년, 늦어도 중학교 1학년에 이미 고등 수학을 시작한다. 고등 수학을 일주일에 3회, 1회에 5~6시간씩 6년가량 공부하는데, 거의 대부분의 유형 문제를 푼다고 보면 된다.

그 결과 수능에서 3~4등급, 즉 중·상위권을 차지하는 아이들이 다른 지역보다 많다. 하지만 3~4등급은 새롭게 만든 문제를 하나도 못 풀 때 받는 등급이다. 그래서 문제를 많이 풀면 응용력이 생길 거라는 믿음은 근거가 없다. 응용력이 생긴다면 대치동 아이들에게 가장 먼저 나타났어야 한다. 거의 선행 학습을 하지 않고 기껏해야 하루 1~2시간을 공부한 아이들과 비교하면 어마어마한 시간과 노력과 돈을 들인 결과가 초라하다.

고등학교 모의고사나 수능은 출제할 때마다 모든 문제를 새로 만들지 않는다. 30문제 중 6개 정도가 매번 새롭게 만들어지고 나머지는 기출 문제다. 새롭게 만든 문제를 모두 틀리면 4등급, '확률상 찍어서' 한 문제를 더 맞히면 3등급이 된다. 그래서 유형 문제 풀이로 공부한 학생이 6년간 공부한다 해도 받을 수 있는 최고 성적이 3등급이라고 하는 것이다. 그래도 3등급에서 1문제만 더 맞히면 2등급이 되기 때문에 많은 아이가 의욕이 넘쳐서 새벽까지 유형 문제를 푼다. 하지만 유형으로 공부한 아이는 실력으로는 2등급의 벽을 뚫지는 못한다. 흔들리지 않고 계속 1등급을 받는 아이들은 예외 없이 모두 개념을 씹어먹었다고 할 만큼 잘 알고 있다.

유형 문제에 집착하면 이번 생의 수학 공부는 끝이다

아이들은 완성품이 아니다. 그래서 결과보다 자라는 과정이 우선순위가 되어야 한다. 수학 공부도 그렇다. 문제의 답 맞히기, 점수가 우선이 되는 순간 아이는 기술이나 유형에 집착해 문제를 풀게 된다. 수학 공부를 잘하기는 다 틀렸다고 봐야 한다.

지금 대부분의 아이들이 유형으로 문제를 풀고 있다. 대부분이 그렇게 공부하는데 그 방법이 맞지 않겠냐고 반문하는 사람이 있을지도 모르겠다. 많은 사람이 가는 길이 무조건 좋은 길이 아니다.

같은 기술로 풀어야 하는 문제들을 모아 놓은 것이 유형 문제집이다. 수학 문제를 기술로 풀면 빠른데 그것도 모자라서 같은 기술을 사용하는 문제들만 모아 놓은 문제집을 풀어야 하는 이유가 있을까? 아이들에게는 풀어야 할 문제가 많으니 빨리 푸는 게 최선이다. 그런데 유형 문제 풀이는 어차피 기술로 풀면 빨리 풀 문제를 더 빨리 풀어야 하는 것이다. 개념이나 생각은 없는 상태로, 이런 문제는 이렇게 푼다는 식으로 풀이 방법을 암기할 뿐이다. 풀이는 방정식과 같은 연산이라서 더 이상 사고를 자극하지도 않는다.

수학 문제를 올바르지 않은 방법으로 많이 푸는 것은 시간과 노력을 들이고 나쁜 결과를 불러온다. 중학교 우등생의 3분의 2 정도가 고등학교에 가서 반 중간까지 성적이 떨어진다. 유형 문제 풀이로 얻는 성적과 생각하는 힘이 비례하지 않아서 생기는 일이다. 대충 읽는 일이 아이의 공부를 망치듯 유형 문제 풀이는 깊이 있는 수학 공부를 방해한다.

한때 나는 아이들 성적이 좋지 않은 이유를 부모들이 공부를 억지로 시켜서라고 생각했다. 하지만 실제 아이들을 만나 보면 스스로 열심히 공부하며, 머리도 똑똑하다. 그런 아이들이 많은 시간을 들여 공부하는데 좋지 않은 결과는 낸다는 것은 어른들이 길을 잘못 인도하고 있다는 것 말고는 설명이 안 된다.

미국의 유명 투자가 워런 버핏은 "썰물이 되어야 비로소 어떤 사람이 발가벗고 수영했는지 드러난다"고 말했다. 수학 문제를 새로 만드는 고등학교 때가 되면 누가 유형으로 문제를 풀어 왔는지, 개념으로 풀어 왔는지가 드러난다.

잘못된 수학 교육이 아이를 수포당자로 만든다

전 세계에서 가장 똑똑한 아이들을 어마어마하게 가르쳐서 결국 수포자를 만드는 것이 우리나라 수학 교육의 현주소다. 수포자 중에는 10년씩 열심히 공부해 이차방정식도 포물선도 그릴 수 있으며, 수학만 빼고 다 잘하는 똑똑한 아이가 많다. 이들은 수학을 자신의 의지로 포기한 것이 아니라 포기하도록 강요당한 '수포당자'들이다. 수포당자가 된 이유는 대부분 교과서 탓이다.

앞에서 수학을 공부하는 가장 올바른 방법은 개념을 가지고 문제를 푸는 것인데, 초등·중등 교과서에는 직접적으로 개념을 가르치는 방법이 없다고 말했다. 개념을 가지고 문제를 푸는 것은 연역법이고, 문제를 통해서 개념을 만드는 것은 귀납법이라고 할 수 있다. 올바른 수학 공부 방법은 연역법이다. 하지만 초등·중등의 교과서는 귀납법으로 가르치게 되어 있다. 수학이 연역법의 학문인 것은 교과서 집필진들도 알고 있다. 그럼에도 귀납법으로 가르치게 교과서를 만드는 이유는 아이들이 아직 어려서 연역적인 접근법이 어렵다고 판단하기 때문이다.

교과서에 개념을 넣을 수도 없고 넣고 싶지도 않다. 교과서에 정의처럼 보이는 것도 대부분 정의가 아니며, 그래도 문제는 풀어야 하기에 대부분 알고리즘과 같은 기술을 다루고 있다. 따라서 아이들이 교과서에 있는 것을 아무리 열심히 외운다 해도 그것으로는 문제가 풀리지 않는다. 개념이 아니기 때문이다. 교과서에 가장 많은 개념이 담겨 있다고 믿거나 교과서를 통해서 개념을 가르치려고 한다면, 생각을 바꿔라.

수학 교과서의 배신

모든 참고서나 문제집이 수학 교과서를 기준으로 만들어졌다. 대표 학습지 4개 중 2개 그리고 거의 모든 학원이 학교 수학을 잘하게 해주겠다고 한다. 학교 교사는 말할 것도 없고 거의 모든 사람이 교과서를 철석같이 믿고, 교과서가 하라는 대로 하려고 한다. 그런데 만일 교과서가 알려주는 지침이 잘못되었다면 어떻게 될까? 이미 80%가 수학을 포기했다. 이 수치라면 우리나라 수학 교육은 잘못됐다고 봐야 한다.

중요도에 따라 분량을 편성하지 않는다.

교과서는 아이들에게 다양한 것을 가르쳐야 한다고 생각한다. 그래서 골고루 여러 단원을 배치하고, 각 단원의 분량을 고르게 맞추라는 편성 지침에 따라 몇 쪽이면 충분한 내용은 수십 쪽을 할애하고, 충분히 설명해도 부족한 내용은 소홀하게 만든다.

따라서 교과서는 각 학년에서 가르치려고 하는 내용을 파악하는 기준으로만 삼고, 분량으로 중요도를 가늠해서는 절대 안 된다. 다양하게 가르친다는 것은 중요한 것에 집중할 수 없다는 말이다. 부모가 더 중요한 것이 무엇인지 살펴봐야 한다.

대안이 없다.

작년, 시골의 한 초등학교 교사로부터 들은 이야기다. 코로나 팬데믹으로 비대면 교육이 이루어지면서 초등학교 2학년 학생 22명 중 4명만이 구구단을 할 수 있고 나머지는 못한다는 것이다. 그 말을 들은 때가 10월 말이었는데 그때 구구단을 완벽하게 해야 나중에 3학년 수학을 할 수 있다.

수학에는 단원이 끝나면 더 이상 배우지 않아도 되는 내용도 있지만, 작은 수의 연산이나 구구단처럼 학년과 상관없이 완벽해질 때까지 1년이든 2년이든 공부해야 하는 내용도 있다. 예를 들어 두 자릿수와 한 자릿수의 덧셈과 뺄셈은 연산에서 가장 중요한데, 1학년 교과 진도에 따라 3~4개월 정도만 가르친다. 미국에서는 해당 단원을 유치원부터 초등학교 저학년까지 3~4년 동안 계속 시킨다. 유럽이나 동남아 일부 국가는 학년이 올라가도 수학에 필수인 두 자릿수와 한 자릿수의 연산을 지속적으로 시킨다. 사교육이 거의 없는 외국이 만약 우리나라처럼 작은 수의 연산을 3~4개월 다루었다면 그 나라 아이들은 모두 수포자가 됐을 것이다. 지금 우리나라는 연산처럼 오래 걸리더라도 반드시 해야 하는 내용들을 공교육만으로 완벽히 습득할 수 없다.

큰 수의 연산에 집중한다.

한 엄마의 이야기다. 아이가 유치원 때 덧셈을 알려줬더니 스스로 열 자릿수 더하기 열 자릿수 세로셈을 만들어 풀고 확인해달라고 했다. 내가 듣기에도 그 아이는 영재다. 그런데 아이가 초등학교 3학년에 다닐 때 학교 수업이 너무 지루해 가고 싶지 않다고 말한 것이다. 이유를 물었더니 학교에서 세 자릿수 더하기 세 자릿수를 세 달이나 반복해서 하고 있었다. 학교에서는 작은 수의 연산을 가르치고, 된다 싶으면 곧장 큰 수의 연산으로 넘어간다.

뒤에서 자세히 설명하겠지만, 큰 수의 연산은 자극이 적어서 계속 시키면 머리 좋은 아이뿐만 아니라 아이들 대부분의 지적 수준을 낮게 만든다. 무조건 많이 하는 것이 좋은 것은 아니다. 큰 수의 연산을 시킨다고 해서 작은 수의 연산이 강화되는 것이 아니라서 실력이 자라지 않는다. 오히려 수학을 싫어하는 마음만 커져서 '대충병'에 걸린다. 연산의 확장 목표는 큰 수에 있지 않고 작은 수 여러 개의 암산에 있다.

수준별 학습이 불가능하다.

교과서 대부분의 문제 난이도가 중하위 정도다. 아이들 머리를 자극하기에는 역부족이다. 더 쉽거나 더 어려운 문제가 들어 있어야 수준별 학습이 가능하다. 그런데 교과서 편성 지침은 전체 쪽수를 200여 쪽으로 정하고, 더 늘릴 수 없게 한다. 정해진 분량 안에서 다양한 내용을 가르치려고 하다 보니 교육의 목적을 온전히 달성할 수 없는 것이다. 참고로 미국은 교과서 분량이 800여 쪽이며, 다양한 보조 교재를 함께 사용한다.

용어의 정의가 대부분 없으며, 그나마 있는 것도 차후 연계 학습에 도움이 안 된다.

교과서에는 개념이 없고 집필진도 넣을 마음이 없다. 만약 교과서에 개념이 있다면, 아이들은 왜 그런 개념이 생겼는지 물을 것이고, 교사는 그 이유를 증명해야 한다. 증명할 수 없고, 증명해도 아이들이 받아들이기는 어렵다. 그래서 교과서에는 개념을 넣지 않는다. 그나마 있는 것도 어쩔 수 없이 임시방편으로 넣은 것이다.

개념의 증명은 아이디어로 하는 것이 아니라 정의, 정리를 이용한다. 그런데 정리는 정의로부터 나오기 때문에 교과서에는 최소한 정의가 있어야 한다. 최소한 정의가 있어야 정리와 개념으로 발전할 수 있다. 정의가 없는 교과서에 개념이 있다고 할 수 없다.

알고리즘을 지나치게 강조한다.

교과서에 개념이 없기 때문에 간편하게 가르치는 기술인 알고리즘이 주를 이룬다. 알고리즘은 모두 기술일 뿐이다. 자연수의 세로셈이나 분수의 사칙연산, 소수(1보다 작은 수)의 사칙연산 등은 모두 알고리즘이다.

그리고 알고리즘은 어느 하나도 이유를 설명하지 않는다. 알고리즘에 앞서 개념을 가르쳐야 하고 알고리즘으로 연습한 뒤에는 그것을 버려야 굴레에서 벗어날 수 있는데, 아이들에게 기술을 끝까지 강요하면서 실력이 나아지는 것을 막는다. 교과서는 실력이 약한 아이는 끌어올리고 실력이 강한 아이는 끌어내려 모두를 중간 수준으로 만든다. 그런데 중간은 수포자다.

간혹 하위권 아이들은 어려워해서 기술을 가르치고, 상위권 아이들에게만 개념을 가르친다고 하는 선생들도 있다. 그렇게 가르친다면 하위권은 항상 하위권이고 상위권은 항상 상위권일 수밖에 없다. 비록 가르치는 사람이나 배우는 사람이 모두 어려워해도 하위권이든 상위권이든 모두 개념으로 가르쳐야 아이들에게 실력 향상의 기회가 온다. 아직 어리고 가르치기 힘들다고 초등학생들에게 간편하게 기술을 가르쳐서 쉽게만 문제를 풀게 한다면 발전의 기회를 원천 차단하게 될 것이다.

발견 학습이 어렵다.

수학 문제를 풀어서 개념을 발견하는 것은 불가능에 가깝다. 그러나 수학 교과서에서는 관찰, 탐구, 발견, 창의 등을 강조한다. 수학과 과학을 혼동하는 듯 보인다. 물론 모든 과목에서 관찰과 탐구는 필요하다. 하지만 수학 교과서에서 요구하는 '관찰과 탐구를 바탕으로 개념, 원리, 법칙 등을 발견하는 것'은 수학이 아니라 과학이다. 발견을 필요로 하는 귀납적인 과학과 수학자가 만든 개념을 가지고 문제를 해결하는 연역적인 수학은 공부의 방향이 서로 반대다. 관찰과 탐구를 통해서 얻어진 결과를 일반화하여 수학 공식을 만들어 내는 것이 과학인데, 막상 초등학교 과학 지침조차도 이해만을 요구하며 원리, 법칙 등을 발견하라고 요구하지 않는다. 일반화가 그만큼 어렵기 때문이다.

생각해야 하는 문제가 턱없이 부족하다.

전에는 교과서에 적당히 어려운 문제가 섞여 있었다. 그러나 요즘에는 어려운 문제가 거의 없다. 논리력을 기르려고 만든 수학은 문제 풀이 과정이 적당히 길어야 한다. 그런데 교과서 문제가 모두 쉬워 머리에 자극이 되는 문제가 거의 없다.

시중 문제집으로 보충해주어야 하는데, 난이도가 극단으로 치닫는다는 느낌이 든다. 쉬운 문제집은 너무 쉬워서 자극이 안 되고 어려운 문제집은 경시대회 준비용으로 너무 어렵다. 개념을 가지고 생각을 조금씩 발전해 나가게 하는 새로운 문제집이 필요하다.

전 세계적으로 수학을 가르치는 데 성공한 나라가 없다. 게다가 전 세계적으로 수학이나 연산에 관한 종적인 연구가 하나도 없다. 즉 교과서의 집필진도 교과서를 만들면서 참고할 만한 연구 논문이 변변치 않다는 것이다. 우리나라 교직체계의 특성상 대다수가 초중고 학생들을 모두 가르친 현장 경험이 전무해 실질적으로 전문가도 없다.

초등학생부터 고등학생까지 25년간 종적으로 가르쳐본 내가 보기에, 현재 교과서에서 가르치는 방향으로 가면 연산도 개념도 잡을 수 없어서 논리적으로 생각하게 하는 수학 공부로 아이들을 이끌 수 없다.

누구도 제대로 말해주지 않았던
수학 잘하는 법

$+$
$\div$
$\times$

전 국민의 80%가 수학을 포기하는 상황에서 누구 한 사람 속 시원하게 수학 잘하는 방법을 말하지 않는다. 수학 교육자들이 많지만 아이의 초중고 모든 시기를 따라다니며 가르치는 선생이 거의 없기 때문이다. 있다고 해도 교과서에 있는 것을 그대로 가르쳤다면 머리 좋은 아이들만 효과가 있었을 것이다. 잘못된 교육의 가장 큰 특징이 머리 좋은 아이들만 효과가 있어 보인다는 것인데, 그 아이들도 더 나은 결과를 얻지는 못했으니 피해자인 것은 마찬가지다.

어떤 선생이 중학생을 가르쳤다고 하자. 그 아이가 고등학교에 가서 수학을 잘한다면 그것을 과연 그 선생의 공이라고 할 수 있을까? 어떤 선생이 고등학생을 가르쳐 그 아이가 수학을 잘하게 되었다고 해도 그것을 온전히 그 선생의 교육으로 돌리기에는 변수가 너무 많다. 아이들의 학습 효과를 일정 시기로 나누어 살펴보기에는 무리가 있다는 말이다. 당연히 수학 잘하는 올바른 방법을 말하는

데에 조심스러울 수밖에 없다.

간혹 초등 수학을 가르쳐보지도 않은 사람이 권위를 앞세우거나 아이들을 가르치는 환경에 있다는 이유만으로 수학 잘하는 방법을 말하기도 한다. 하지만 틀린 이야기가 너무 많다. 초등 수학을 우습게 보고 검증되지 않은 말들로 그나마 남아있는 믿을 만한 정보도 오염시켜 버린다.

아무나 수학 공부법을 말하는 혼탁한 상황에서는 목표나 목적을 생각하고, 본질이나 기본이 무엇인가를 생각해야 남의 말에 휘둘리지 않는다. 많은 사람이 수학 공부에 실패하는 이유는 기본을 생각하지 않고 결과를 확인할 수 없는 남의 공부법을 따라 하기 때문이다. 기본은 쉽다거나 하찮은 것이 아니라 중요한 것이다.

수학을 배우는 이유가 단기적으로는 대학 진학 때문이지만 궁극적으로는 수학적 사고력, 즉 논리적으로 문제를 해결하는 힘을 기르기 위해서다. 수학을 잘하기 위해 갖추어야 할 도구는 연산과 개념이며, 그 도구로 논리적인 사고력을 기르는 것이다. 연산과 개념과 문제 풀이가 생각하는 힘을 키우지 못하게 방해한다면 공부법이 잘못된 것이다.

내가 말하는 수학 잘하는 법은 어느 특정한 아이에게만 적용되는 게 아니라 모든 아이를 위한 방법이다. 수학 잘하는 법을 한 문장으로 말하면 다음과 같다.

'연산과 개념을 가지고 수학 문제를 논리적으로 푸는 것'이 수학을 잘하는 유일한 방법이며, 이 방법이 아닌 것은 잘못된 방법이다.

먼저 개념을 가져야 한다.

개념이란 정의, 정리, 공리, 성질 등을 포괄하는 말이다. 수학이라는 객관적 지식 체계를 쌓기 위해 수학자들이 수천 년간 조금씩 만들어 온 것으로, 수학 공부를 하기 위해서는 먼저 개념을 받아들여야 한다.

개념으로 문제를 하나하나 풀어가는 것이 연역법이고, 연역법은 수학을 공부하는 가장 올바른 방법이다. 그래서 '개념을 가지고'라는 말은 '연역법으로 수학을 공부하라'는 의미다. 수학자들도 이구동성으로 수학은 연역적인 사고 체계를 기르는 과목이라고 한다. 그런데 지금 수학 교육은 대부분 귀납법을 사용하면서 실패를 거듭하고 있다. 귀납법은 경험주의를 근간으로 '선은 이렇고 후는 이렇다'라는 원인과 결과를 제시하기에 무척 설득력이 있다.

학교에서는 관찰, 놀이, 발견, 탐구와 같은 경험을 통해서 수학자들이 만들어 내야 할 보편적인 개념, 원리, 법칙 등을 아이들이 만들어 낼 수 있다고 믿는다. 사교육에서는 문제를 많이 풀다 보면 개념을 만들어 낼 수 있을 거라고 착각한다. 개념을 가르치지 않으면서 교사가 유도하면 아이들이 알아낼 수 있다는 생각은 모두 틀렸다.

개념이 무엇이고 어디에 있는지 찾아야 한다.

많은 사람이 연산에 대해 잘못 알고 있지만, 개념은 그것보다도 더 심각하다. 교과서에 개념이 없으며 대부분 가르치기 쉬운 알고리즘이라는 기술에 치중한다. 어쩔 수 없이 넣었던 몇 개 안 되는 수학의 정의마저 배우는 나이에 맞게 만든 임시방편이라서 정리나 성질로 연결시킬 수 없어 결국 외우게 한다.

개념이 없는 기술, 정리, 성질 등의 암기는 휘발성이 강해서, 우리나라 아이의 공부량을 무한정 늘리게 하는 원인이 되고 있다. 게다가 임시방편의 정의를 중·고등학교에서 바로잡지 않아서 오류가 생긴다. 안 가르치면 모르는 것이 아니라 잡초처럼 저절로 오류가 생겨난다. 안 가르쳐서 생긴 오류와 교과서의 잘못된 정의에서 생긴 오류로 아이들은 다 아는 것 같으면서 틀리거나 이해가 안 되는 일을 겪는다.

마인드맵이나 플립러닝 등을 통해 개념을 가르친다는 학원들도 대부분 교과서에 있는 내용을 외우게 해서 효과가 없다. 시중의 개념 사전들도 교과서의 정의를 기반으로 해 같은 결과를 불러온다. 적어도 교과서는 틀리지는 않았는데, 시중의 개념 사전들은 옮겨 적는 과정에서 틀린 것이 많다. 현재로서는 내가 25년간 아이들을 가르치며 정리한 개념을 습득하는 게 가장 낫다고 자신해 말한다.

문제를 풀기 전에 먼저 개념을 습득해야 한다.

'개념을 가지고 수학 문제를 푸는 것'은 그야말로 개념을 완전히 익힌 상태로 문제를 풀어야 한다는 말이다. 이 말이 거북하다면 그만큼 잘못된 '주입식 암기 교육'을 정리하는 과정에서 주입식과 암기 교육을 같은 것으로 착각한 탓이다. 주입식 암기는 안 좋지만, 발표식 암기나 토론식 암기는 괜찮지 않은가? 암기를 안 하는 교육은 어디에도 없다.

내가 개념을 외우라고 하면 사람들은 수학은 외우는 과목이 아니라고 반발한다. 확실하게 습득하라고 하거나 체화될 때까지 하라고 하면 그때는 수긍한다. 이해 없이 암기할 수 없고, 암기 없는 이해는 무의미하니 결국 이해와 암기는 구분되는 말이 아니다. 이해와 암기를 구분하는 사람이 있으면 교육 전문가가 아니라고 믿고 거르기 바란다. 이해했으면 암기해야 하고 반복된 암기를 통해서 체화가 되는 과정을 거쳐야 한다. 이해에서 암기를 거치지 않고 체화로 가는 길은 거의 없다.

연산과 개념을 문제 풀이의 도구로 사용해야 한다.

개념을 아는 것과 사용하는 것은 다르다. 예를 들어, 삽이 무엇인지도 알고 사용법도 알지만 정작 삽이 없다면 땅을 팔 수가 없다. 도구를 이해하는 것에 그치면 사용한다고 할 수 없다. 언제든 가지고 있어야 하고, 때가 되면 사용해야 한다.

모의고사 3등급 아이들이 가장 많이 하는 말이 "개념은 아는데 응용이 부족하다"이다. 개념을 안다는 말이 무엇인지 몰라서 하는 말이다. 선생이 설명하는 개념을 듣고 안다고 착각하는데, 문제를 풀 때 꺼내 쓸 수 없다면 안다고 할 수 없다.

개념은 직접적으로 문제 풀이에 사용하는 도구다. 만약 개념이라며 외운 것을 문제 풀 때 사용하지 못하거나 사용해도 오류가 나타난다면, 개념이 아니었거나 외운 개념이 잘못된 것이다. 수학을 잘하는 사람은 바로 개념을 꺼내어 쓴다. 개념을 '제대로 안다면' 바로 사용할 수 있다.

'논리적으로 푸는 것'이 수학적 사고력이다.

사고력을 '무조건 생각하는 것'이라고 착각할 수 있는데, 아무 생각은 잡념과 다를 게 없다. 논리적인 사고를 해야 한다. 그리고 논리적인 사고력을 기르는 것이 수학 공부를 하는 주된 이유 중에 하나다. 수학에서 기르는 논리적인 사고력, 우리가 수학적 사고력이라 줄여서 말하는 이것은 좀 더 정확하게 말하면 연역적 사고다. 논리적인 사고를 하려면 개념을 알고, 그 개념을 생각의 도구로 사용해야 한다.

문제를 풀면서 개념을 사용할 때만 수학적 실력이 자란다. 개념이 튼튼해지는 것이 수학 문제를 푸는 목적이고, 튼튼해진 개념만이 처음 보는 문제나 어려운 문제를 푸는 유일한 방법이다. 유형으로 문제를 푼다는 것은 한마디로 문제를 외우겠다는 말이고, 잘 외워지지도 않지만 외웠다고 해도 금방 잊혀지며 수학 실력은 자라지 않는다.

그렇다고 시간 제약이 있는 시험에서 모든 문제를 개념으로

만 풀라고 할 수는 없다. 현실적으로 모든 문제를 개념으로 풀 만큼 시험 시간이 주어지지 않는다. 그러나 개념으로 푼 문제를 다시 풀게 되면 아이 스스로 자연스럽게 빨리 푸는 방법, 즉 기술을 익히게 된다. 내가 평생 수학 개념을 가르치면서 그 누구보다 기술을 많이 알게 된 이유다.

연산과 개념과 논리적 사고를 동시에 잡아야 한다.

나는 10여 년 전까지 책에서 "중학교와 달리 초등학교에서는 연산을 먼저 잡고 논리적 사고력을 키우자"고 말했다. 하루에 10분 정도 가볍게 연산을 하고 개념이나 생각이 필요한 문제를 풀어야 한다는 뜻에서 한 말이다. 그러나 그 말을 들은 부모들이 연산을 정말 세게 잡기 시작했다.

연산을 빨리 많이 시켜서 잘하게 한 뒤, 개념도 많이 시키려고 하면 절대 안 된다. 하루에 30분 이상씩 연산을 시키면 효율적이고, 잘하게 된다. 그러나 연산을 많이, 특히 큰 수를 시키면 부작용으로 대충하고 생각하지 않는 좀비로 변하게 된다. 연산은 잘하는데 생각하지 않는다면 소탐대실이다. 아이도 부모도 힘이 들어서 일시적으로 생각을 멈추는 것으로 착각할 수 있는데, 자칫 평생 생각하지 않는 사람이 되는 출발점이 될 수 있다.

그래서 필요한 연산의 범위와 목표를 선정하고 부작용을 최소화하는 애플리케이션 '조안호연산'을 만들었다. 아이에게 연산은 사실 별 게 아니다. 하지만 그 별거 아닌 연산을 안 길러주면 개념을 받아들일 여유도 논리적 사고력도 자라지 않게 된다. 반드시 연산과 개념과 논리적 사고는 동시에 잡아야 잘못된 길로 접어들지 않고 안전하게 수학을 잘하는 아이로 클 수 있다.

처음 보는 문제, 어려운 문제는 개념으로만 접근할 수 있다.

개념은 처음 보는 문제나 어려운 문제를 마주했을 때 그 빛을 발한다. 개념을 튼튼히 하면 처음 보는 문제에서도 '이때도 이 개념이 사용되는구나!'라고 깨닫는다. 이것이 문제를 푸는 유일한 방법이다. 여러 가지 개념이 뒤섞인 어려운 문제는 개념이 하나하나 정확하지 않으면 오답이 나올 수밖에 없는데, 개념이 정확하면 정답이 나오는 과정을 하나하나 제대로 밟아 나갈 수 있다. 어려운 문제를 정확하게 개념을 사용해 길게 풀어 갈수록 보다 논리적이라고 하는 것이다.

아이들 대부분이 개념을 배우지 못하고 문제부터 푼다. 처음부터 문제를 푸는 도구 없이 문제에 직면하게 된다. 수학 문제는 개념으로 풀어야 하는데, 머릿속에 든 개념이 없어서 당연히 풀 수가 없다. 가르치는 사람도 개념을 모르기는 마찬가지다. 그래도 연산이나 방정식같이 쉬운 문제는 푸는 기술을 알아서 아이들에게 가르쳐 준다. 그러면 아이들은 개념을 습득할 기회를 잃고 영원히 기술에서 벗어나지 못하게 된다. 이런 수학 교육이 지난 수십 년간 이어져 왔다. 앞으로 변하지 않는다면 우리나라 수학 교육에 미래는 없다.

이 글을 읽으면서 마음이 답답한 부모가 많을 것이다. "학교도, 학원도 못 가르치는 개념을 우리가 어떻게 가르쳐요?" 되묻고 싶을 것이다. 개념을 가르친다는 건 그만큼 어려운 일이다. 그러나 그것이 초등 수학이라면 나는 부모들도 할 수 있다고 자신 있게 말한다. 초등 수학에 필요한 개념은 많지 않다. 그리고 그중에서도 꼭 필요한 개념만 이 책에서 다룰 것이다.

수학 개념을
씹어먹는 법

$+$
$\div$
$\times$

초등학교 때부터 아이가 수학 잘하는 길로 접어들도록 준비해야 한다. 앞에서 수학 잘하는 법이 개념으로 문제를 푸는 것이라고 여러 번 강조했다. 이제 개념을 어떻게 공부하는지 알아보자.

공부를 하다가 생기는 지식에는 알고는 있지만 설명할 수 없는 지식, 알고 있고 설명도 할 수 있는 지식, 두 종류가 있다. 우리가 이 두 가지를 모두 지식이라고 알고 있지만, 정확히 말하면 설명할 수 없는 지식은 지식이 아니다. 공부한 것을 점검하는 시험이 있는 우리나라에서는 더더욱 그렇다. 공부는 했지만 말이든 글이든 아웃풋이 되지 않는다면 했다고 할 수 없다.

공부를 잘한다는 것은 공부의 대상을 완전하게 이해해서 말로 표현할 수 있다는 것이다. "어린아이가 들어도 이해할 수 있을 정도로 쉽게 설명한다면 비로소 지식이 완벽하다고 할 수 있다." 이것이 전 국민에게 회자가 되었던, EBS '상위 0.1%의 비밀'의 핵심 내용이다. 맞다. 이 말을 전적으로 지지한다. 그렇다면 우리는 완벽한 지식을 어떻게 얻을 수 있을까?

완벽한 지식은 존재하지 않으므로 관련된 자료와 선생 그리고 성찰을 통해서 계속 완전해지도록 노력해야 한다.

일반적인 공부에 대한 것이지만 수학에도 적용되는 말이다. 수학도 어차피 공부다. 완벽한 지식을 갖추려고 노력을 해야 한다. 현 상황에서 완벽해질 수 없다면, 계속 완벽해지려는 노력을 해야 한다. 그런데 공부한 것들을 시간이 지나도 잊지 않고 계속해서 보완하며 완전해지게 할 수 있을까?

모든 공부를 그렇게 하기는 불가능하지만, 그 대상을 특수한 것들로 제한하면 실행할 수는 있다. 계속 가지고 다니고 꺼내서 사용해야 하니 하나의 덩어리로 만들어서 가져야 하는데, 뇌 구조상 그것은 한 줄의 문장이거나 한 장의 그림이어야 한다. 그런 것을 수학에서는 정의나 개념이라고 부른다.

수학에서 단순하게 보이는 곱셈($\times$)이나 나눗셈($\div$)의 정의 하나도, 초등학교에서 아무리 쉽고 철저하게 가르친다 해도 어느 한 시점에서 완성할 수는 없다. 그렇다면 계속해서 중학교와 고등학교에서 개념을 확장해야 하는데, '한 줄의 문장'으로 된 정의가 없다면 이어서 공부할 수가 없다. 다시 말해, 초등학교에서 아이들을 가르칠 때 자세히 이해하도록 가르치는 것은 좋지만 정의나 개념을 완성

시키는 것은 불가능하므로, 점차 확장시킬 수 있도록 '한 줄 개념'을 외우게 해야 한다는 말이다. 정의가 말로 나오지 않는다면 정의를 모르는 것이고, 나중에 재사용하는 것은 물론 지금 당장 사용하지도 못한다.

　수학에서 정의는 어느 개인이 만드는 것이 아니라 수학자들이 만들어야 하며, 간결하고 오직 하나여야만 한다. 그리고 수학은 오랜 세월 수학자들이 가다듬은 정의를 바탕으로 정리나 성질이 만들어지며 객관적인 진리 체계를 만들어가는 학문이다. 정의로부터 정리나 성질, 원리 등의 수많은 개념을 증명하고 이해하게 만든다. 완전한 재료들을 사용해 만든 구조물이 완전하게 될 것이라는 믿음으로 만든 학문이 수학이라는 말이다.

　앞으로 이 책에서 정의, 정리, 공리, 성질 등의 이름으로 나오는 것은 별도로 말하지 않아도 이해는 해야겠지만, 결국 모두 외워야 한다. 수학자 박형주 교수는 "수학은 생각의 재료를 주고, 재료를 버무리는 사고 훈련의 과정"이라고 했다. 여기에서 생각의 재료는 금방 사라지는 지식들이 아니라 정의이고 개념이다. 한 번 배운 정의나 개념은 중·고등학교에서도 계속 사용된다. 아이가 개념으로 문제를 풀면, 개념이나 정의가 하나도 바뀌지 않으면서 새로운 것들을 모두 담아내는 진기한 경험을 하게 된다. 그때에 이르러서야 수학자들이 왜 그렇게 정의를 내렸고 왜 외워야 했는지 알게 된다. 그리고 그때는 정의에 대한 이해의 깊이가 이전과 다르고 비로소 개념의 힘을 알게 된다.

초등 수학
기초 개념 테스트

+
÷
×

아이가 수학 문장제를 풀 때, 혼자 글을 읽고 문제가 요구하는 개념을 머리에서 꺼내 식을 만들 수 있다면 수학 공부는 끝난 것이다. 그러나 개념을 정확하게 알려주었다 해도 그것을 꺼내 쓰는 건 혼자 책을 읽는 아이로 만드는 것만큼 어렵다. 따라서 개념을 가르치고 나서도 문제를 해석할 수 있도록 베드타임 스토리처럼 부모나 교사가 수학을 통역해주어야 하는데, 문제는 수학을 통역해줄 만한 사람이 많지 않다는 것이다.

그래서 지금부터 초등·중등 수학을 가르치는 선생이나 부모가 스스로를 판단하는 기준으로 삼을 개념 테스트를 할 것이다. 초등·중등 수학에서 가장 기초적으로 알아야 할 내용을 10가지 문제로 만들었다. 문제를 보자마자 대답하지 못한다면, 그 누구든지 개념으로 가르치지 않았고, 개념을 배웠다고 할 수 없다.

숫자와 수를 구분할 수 있는가?

배 2개와 사과 3개를 더할 수 있는가?

'2만 원＋3만 원'은 왜 5만 원인가?

'12÷3'은 무엇을 묻는 것인가?

분수는 무엇인가?

분수의 성질은 무엇인가?

3은 3을 한 번 더했다는 뜻인가? 아니면 3을 한 번 곱했다는 뜻인가?

수직선은 무엇인가?

0의 정의는 무엇인가?

x는 변수인가, 상수인가?

아래 설명을 보고 다르게 대답하거나 알고 있었지만 문제를 잘못 이해했다고 변명해서도 안 된다. 수학에서 정의는 하나이기 때문에 수식에 대한 해석은 다양할 수 없다. 따라서 맞고 틀림을 보수적으로 구분하기 바란다.

답을 8개 이상 맞혔다면 더 이상 이 책을 보지 않아도 좋다. 하지만 정답 개수가 8개 미만이라면 이 테스트를 통과하지 못했다고 봐야 한다. 개념이 부족한 것을 자각하고, 개념을 배우기를 바란다.

 숫자와 수를 구분할 수 있는가?

A 숫자는 0부터 9까지 총 10개이며, 수는 10개의 숫자와 기호나 문자를 가지고 만든 것이다.

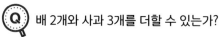

Q 배 2개와 사과 3개를 더할 수 있는가?

A 배와 사과는 수가 아니라서 계산할 수 없다. 기준도 달라서 더할 수 없다. 만약 더하려면 배와 사과의 공통 특성인 과일이라는 말을 사용하여 '과일 5개'라고 해야 한다. 더할 수 있다고 하고 그 답을 '과일 5개'라고 한다면 당연히 정답으로 간주한다. 수만이 계산된다는 것과 연산에서의 '기준'을 생각하면서 가르치고 있는지를 확인하는 문제다.

Q '2만 원+3만 원'은 왜 5만 원인가?

A 만 원짜리 두 개를 '더한 것'에 만 원짜리 3개를 '더한 것'을 더하면, 만 원짜리 5개를 '더한 것'과 같기 때문이다. 보통 '만 원짜리 2개와 3개가 있으니 만 원짜리 5개'라고 간단하게 설명할 수도 있지만, 그렇게 대충하면 나중에 중·고등학교에서 합과 곱을 혼동하게 된다. 첫 번째부터 이 세 번째 문제까지 답을 모르면 더하기, 빼기를 가르쳤다고도 배웠다고도 할 수 없다.

Q '12÷3'은 무엇을 묻는 것인가?

A 12에서 3을 몇 번 뺐는가를 묻는 문제다. 만약 '12에서 3을 나눈다'라고 했다면 제대로 설명한 것이 아니다. 또 간혹 나눗셈은 곱셈의 역연산이라고 설명하는 사람들이 있는데, 틀린 것은 아니지만 좋은 방법은 아니다. 어떤 것을 설명하면서

우회한다면 좋은 설명이라고 할 수 없다. 이 문제를 대답하지 못하면 곱셈, 나눗셈을 제대로 모르는 것이다.

Q 분수는 무엇인가?

A '분모만큼 나누어 분자만큼 표시한 수(초등)' 또는 '분모와 분자가 정수, 단 분모는 0이 아니다(중등)' 둘 중에 하나만 이 야기해도 정답이다.

Q 분수의 성질은 무엇인가?

A 한 분수에서 분모와 분자에 0이 아닌 같은 수를 곱하거나 나누어도 그 크기는 같다. 분수의 성질에 대해 대답하지 못한 다면 사칙연산의 알고리즘도 설명할 수 없다.

Q 3은 3을 한 번 더했다는 뜻인가?
아니면 3을 한 번 곱했다는 뜻인가?

A 3은 '3×1'이니 한 번 더했다는 뜻도 되고, '$3 = 3^1$'이니 한 번 곱했다는 뜻도 된다. 이것을 제대로 이해하지 못하면 '$3+3$' 이나 '3×3' 또는 '3^0'을 혼동한다. 역시 수나 거듭제곱을 가르 쳤다고도 배웠다고도 할 수 없다. 다음 문제도 마찬가지다.

Q 수직선은 무엇인가?

A 구성 요소인 '점들을 모두 수로 보겠다는 직선'이다. 내가

지난 1년 동안 7백여 명의 부모와 선생에게 물었을 때 단 한 사람도 예외 없이 모두 '수직으로 만나는 선'이라는 오답을 말했다. 수학의 핵심을 관통하는 중요하고도 긴 설명이 필요하므로 자세한 설명은 유튜브 '조안호 수학연구소TV'를 참고하기 바란다.

Q 0의 정의는 무엇인가?

A '0은 있다가 없는 것'이다. 0에는 '원래부터 없다'와 '있다가 없다'는 두 가지의 의미가 공존하지만, 실질적으로 인간이 원래부터 없는 것은 인지할 수도 거의 사용할 수도 없어서 결국 수학에서 사용하는 대부분의 0은 '있다가 없는 것'으로 받아들이고 문제를 풀어야만 한다. 0의 정의가 없는 교과서에서는 중·고등학교에서 0과 관련된 모든 것을 설명하지 않고 약속이라며 외우라고 강요하고 있다. 0과 관련된 것을 설명이나 이해 없이 외우고 있는 것이다.

Q x는 변수인가, 상수인가?

A x는 변수인지 상수인지 모른다. 많은 선생이 변수라는 오답을 말한다. 생각해보지 않았다 해도 중·고등학교 수학 문제 대부분을 외웠거나 기술로 풀고 있다고 봐야 한다. 무척 중요한 문제라서 자세히 설명한다. 변수는 '변하는 수'이고 상수는 '변하지 않는 수'다. 모든 수는 변하거나 변하지 않으므로 수

학에서 다루는 모든 수는 결국 변수 아니면 상수다.

그런데 본래 x는 문자이지만, 변수인가 상수인가라는 질문은 x를 수로 보라는 말이다. 또한 x에 어떠한 단서도 주어지지 않았으므로 말 그대로 모르는 수다. 당연히 모르는 수이기 때문에 변하는지 안 변하는 지도 모른다.

중·고등학교의 거의 모든 문제에는 문제마다 보통 한 개나 여러 개의 문자가 등장한다. 다항식이나 방정식이나 함수나 어떤 식이든 문자가 있다면 반드시 그 문자가 변수인지 상수인지를 직접적이든 간접적이든 반드시 알려주어야 한다. 만약 문제에서 문자의 변수와 상수를 구분하지 못하게 되어 있다면 모두 오류다. 만약 문제의 x를 항상 변수로 인식하려 했다면, 역으로 중등·고등 수학에서 나오는 대부분의 수식을 모두 기술로 풀었다고 봐야 한다.

문제 10개 중 2~3개만 정답을 말한다 해도 대단하다. 이 문제들이 수학을 공부하기 위한 가장 기초적인 것임에도 불구하고, 교과서에 단 하나도 언급된 게 없다. 안 배운 것을 어찌 알겠는가?

사람들은 기초, 기본이 되는 것은 쉬워서 어려운 것을 하려고 한다. '기초'나 '기본'은 쉬운 것이 아니라 '중요한 것'이다. 이 문제들 역시 한 번만 들어도 이해가 될 만큼 쉽지만, 기초이고 기본 중의 기본이 되는 중요한 것들이다. 이 기본이 되는 중요한 것들을 놓치면 수학은 이해할 수 없는 언어가 되어 버린다.

지금까지 0부를 통해서 수학은 언어이고 특성상 듣기와 말하기 부분이 없다고 말했다. 당연히 수학의 첫 출발은 읽기를 해야 하지만, 사람들이 읽기를 건너뛰고 쓰기부터 하면서 수학의 어려움이 시작된다는 것도 함께 말이다. 말도 안 되는 상황이지만, 아이들이 많은 문제를 읽기가 안 된 상태에서 외워서 풀고 결국 외울 수 없는 문제가 나오는 고등학교에서 전부 수포자가 되고 있다.

지금까지 나누기의 정의를 모르면서 나눗셈 문제 수백 개를 풀거나 나눗셈 문장제 수백 개를 푼 것은 모두 묻는 게 무엇인지도 모르는 상태에서 외워서 풀거나 찍은 것이다. '수학 읽기'를 제대로 하려면, 용어의 정의나 기호의 의미가 뜻이 담겨서 들어오도록 개념을 알아야 한다. 이제부터 각 학년별로 주안점이 되는 개념과 정의를 설명하고 그에 따른 정리나 성질을 하나씩 설명하고자 한다. 지금부터 초등 수학의 개념을 꼭꼭 씹어보자. 출발!

1학년 수학 개념
이렇게 먹어야 한다

1학년을 위한 수학 통역

주안점	암산력
교과서 목차	1학기: 9까지의 수, 여러 가지 모양, 덧셈과 뺄셈, 비교하기, 50까지의 수 2학기: 100까지의 수, 덧셈과 뺄셈(1), 여러 가지 모양, 덧셈과 뺄셈(2), 시계 보기와 규칙 찾기, 덧셈과 뺄셈(3)
교과서 중요 개념	100까지의 수 세기, 앞의 수와 뒤의 수, 가르기와 모으기, 10에서 빼기와 두 번 빼기, 합과 차, 자릿값
교과서에 없는 중요 개념	자연수라는 말 사용하기, 수 세기의 의미, 10의 보수, 커지고 작아지는 개념, 기준 잡기, 반대말과 분류, 차를 차이로 가르치기

조선생의 교과서 분석

1학년 교과서의 편성을 보면, 100까지의 수 세기, 두 자릿수의 덧셈과 뺄셈, 길이와 넓이 비교, 네모 세모 동그라미 모양, 두세 개의 규칙 등의 개념 습득을 목표로 한다.

수 세기는 100까지가 아니라 최소 230까지 연습해야 큰 수 세기로 넘어갈 수 있다.

덧셈과 뺄셈 단원에서 연산 문제는 '24이하의 두 자릿수와 한 자릿수'여야 하는데, 대부분 한 자릿수끼리 덧셈 뺄셈을 공부한 뒤 큰 수의 세로셈 연습으로 넘어간다. 초등 수학에서 큰 수의 연산에 집착하는 공부법을 따라서는 안 된다. 두 자릿수와 한 자릿수의 암산력은 1~2년이 걸리더라도 확실하게 잡아야 한다.

길이와 넓이 크기 비교는 단순히 길다, 짧다 용어를 외울 것이 아니라 아이가 '기준'이라는 개념을 생각하게 해야 한다.

여러 가지 모양은 무시하거나 가볍게 넘겨도 된다. 참고로 초등 교과서는 지침에 따라 각 책의 분량은 200쪽으로, 각 단원의 분량은 고르게 분배해 만들고 있다. 여러 가지 모양 단원도 그 지침에 따라 필요 이상으로 분량이 편성되어 있을 뿐, 중요도는 낮다고 봐야 한다.

수 세기

부모가 아이에게 가장 먼저 가르치고, 아이가 가장 먼저 배우는 수학이 수 세기다. 대체로 하나, 둘, 셋을 가르치고 그다음은 하나는 일, 둘은 이, 셋은 삼이라고 가르친다.

그런데 수에는 양을 나타내는 양수사(기수), 순서를 나타내는 서수사(서수)가 있다. 앞에서 말한 '하나(일), 둘(이), 셋(삼)'이 양수사이며, 여기에 의존명사 '번째'가 붙어 순서의 의미가 더해진 게 서수사다. 예를 들면 숫자 5에는 '다섯'이라는 양의 의미와 '다섯 번째'라는 순서의 의미가 둘 다 있다. 하지만 흔히 아이들에게 수 세기를 가르칠 때 서수사를 빠뜨리거나 가르치지 않는다. 서수사를 제대로 배우지 않으면 양수사와 서수사를 서로 전환하지 못하게 된다. 고등학생들이 삼각함수를 어려워하는 원인도 바로 함숫값에서 양수사와 서수사를 전환하지 못하기 때문이다.

서수사는 어른도 헷갈린다

수 세기는 최소한 230까지 빠르게 셀 수 있어야 한다. 3학년까지 배우는 수와 연산에 관한 것은 항상 빠르기가 기준이다. 느리다면 완전히 습득했다고 볼 수 없다. 수 세기를 할 줄 안다면 '1 큰 수'와 '1 작은 수'는 아이들에게 어려운 문제가 아니다. 그런데 이것을 '바로 다음 수', '바로 앞의 수'로 바꾸어보자. "9 바로 앞의 수는 무엇일까?"라고 질문하면 '10'이라고 답하는 아이들이 있을 것이다. 오답이다.

저학년 아이들만 그런 게 아니다. 고학년도 그렇다. 부모들조차 족히 절반은 혼동한다. 우리가 수 세기를 할 때 1에서 점차 큰 수 쪽으로 세기 때문에 큰 수 쪽이 앞이라고 생각하는 것이다. 다음 그림을 살펴보자.

$$
\begin{array}{c}
1 \\
2 \\
3 \\
4 \\
5 \\
6 \\
7 \\
8 \\
9 \\
10 \\
\vdots
\end{array}
$$

아직도 9 바로 앞의 수가 10이라고 생각하는가?

1 큰 수: 바로 다음 수
1 작은 수: 바로 앞의 수

개념을 이해하고 다음 문제를 풀어보자.

Q 다음 중에서 **틀린 것**을 모두 고르시오.

① 65보다 10 큰 수는 75이다.
② 74는 칠십넷이라고 읽는다.
③ 40 바로 앞의 수는 39이다.
④ 49 바로 뒤의 수는 50이다.
⑤ 102와 104 사이의 수는 3이다.

②, ⑤

수 세기의 개념을 이해한 아이들은 ③과 ④가 올바른 보기라는 것을 금방 알아챈다. 하지만 ②를 찾지 못하는 아이들이 꽤 있다. 74를 읽어보라고 하면 '칠십넷'이라고 읽을 것이다. 그런 아이들은 평소에 '열, 스물, 서른, 마흔, 쉰, 예순, 일흔, 여든, 아흔, 백'이라고 읽는 연습을 해야 한다.

'~째'보다 '~번째'를 가르치자

아이들이 자주 혼동하는 서수사는 첫째, 둘째, 셋째보다는 첫 번째, 두 번째, 세 번째로 가르치는 게 좋다. 서수사를 이해하기가 더 쉬워진다. 다음은 아이들이 서수사를 익히는 데 도움이 되는 문제다.

 주어진 수와 순서에 색칠하시오.

다섯	♡♡♡♡♡♡♡♡♡♡
다섯 번째	♡♡♡♡♡♡♡♡♡♡

다섯 ♥♥♥♥♥♡♡♡♡♡

다섯 번째 ♡♡♡♡♥♡♡♡♡♡

앞에서 몇 번째인지 뒤에서 몇 번째인지, 또는 앞에는 몇 개인지 뒤에는 몇 개인지 비교하는 문제다. 이런 문제를 선행하고 다음 문제들을 풀면 된다.

 진우가 버스를 타려고 줄을 서 있습니다. 앞에 3명이 있다면 진우는 몇 번째 서 있는지 답하시오.

4번째

 혜주가 버스를 타려고 줄을 서 있습니다. 혜주는 3번째에 서 있고 그 뒤에 5명이 있다면 버스를 타려고 서 있는 사람은 모두 몇 명입니까?

8명

 재인이네 반 친구들이 달리기를 합니다. 재인이 앞에는 5명이 있고, 뒤에는 7명이 있습니다. 총 몇 명이 달리기를 하고 있는지 답하시오.

13명

돼지네 가족이 소풍을 갔다가 엄마 돼지가 자신을 세지 않고 한 마리가 없다며 찾으러 다니는 동화가 떠오를 것이다. 이 문제를 풀 때는 앞에 있는 친구와 뒤에 있는 친구의 합에 자신을 더해야 한다. 5+7+1=13.

 책꽂이에 수학책이 꽂혀 있습니다. 수학책 왼쪽에 5권이 있고 오른쪽에는 7권이 있습니다. 책이 모두 몇 권 있습니까?

13권

앞과 뒤를 왼쪽과 오른쪽으로 바꾼 문제다. 유사하지만 아이들이 혼동할 수 있어 일부러 숫자를 같게 했다. 연습할 때는 숫자를 바꾸지 않는 편이 더 좋다. 이제 조금만 더 어려운 문제를 풀어보자.

 잔디는 지하철을 탔습니다. 잔디가 타고 있는 칸은 앞에서 5번째이고 뒤에서 보면 7번째입니다. 잔디가 타고 있는 지하철은 모두 몇 량인지 답하시오.

11량

많은 아이가 어려워하는 문제다. 문제를 조금만 바꾸어서 잔디가 타고 있는 칸 앞의 칸이 몇 개인지를 물어보고 다시 뒤의 칸이 몇 개인지를 물어봐도 된다. 그래도 어려워하면 그림을 그려서 설명해줘야 한다.

그런데 이런 문제를 가르칠 때 주의해야 할 점이 있다. 순차적으로 난도를 높여야 하는데 갑자기 문제가 어려워져 아이가 풀지 못하면 "이런 경우에는 두 수를 더하고 나서 1개가 겹치니까 1을 빼야 해"라고 푸는 방식(기술)을 알려주는 부모가 있다. 절대로 그렇게 가르쳐서는 안 된다. 이 시기 아이들은 대상을 논리적으로 받아들이기 어렵다. 상황에 대한 이해를 시켜야 하는데 그렇지 못한다면 아이들은 개념을 이해하지 않고 외워야 하는 공식처럼 받아들인다. 그럴 바에야 문제를 안 푸는 게 더 낫다.

+ − ÷ ×   자릿값보다 중요한
자릿수

아이들이 두 자릿수는 잘 알까? 아이에게 10이 3, 1이 4인 수는 무엇인지 물어보자. 답을 모르거나 엉뚱하게 '35'라고 답하는 아이가 있을 것이다. '자릿값'이란 개념을 몰라서 1과 4를 더한 것이다. 그럴 때는 '10개짜리가 3개, 1개짜리가 4개' 또는 '10개 묶음 3개, 낱개 4개'라고 바꾸어 말하면 아이가 더 쉽게 답할 수 있다. 그래도 어려워한다면 그림이나 바둑돌을 이용하자.

두 자릿수를 가지고 자릿값을 알려주는 것은 비교가 되지 않으므로 오히려 더 큰 수인 천의 자리까지 한꺼번에 알려주는 것이 이해하기 더 쉽다. 십진기수법이라는 거창한 말을 사용하지 않고 그냥 보여주면 된다. 예를 들어 숫자 '5678'을 써 놓고 읽어보라고 하면 '오육칠팔'이라고 읽는 아이가 있다. '오천육백칠십팔'이라고 읽는 아이도 있는데, 5를 가리키며 왜 '오천'이라고 읽었는지 물어보면 대부분 대답을 못한다. 그럴 때는 '천의 자리에 5가 있어서 오천'이라고 알려주면 된다.

 사과를 10개씩 바구니에 담았더니 바구니가 7개가 되었고, 사과가 3개 남았습니다. 사과는 모두 몇 개 있습니까?

73개

아이들은 '~씩'이란 말을 많이 어려워한다. 예를 들어 "어린 아이 14명에게 케이크를 1조각씩 나누어주고 7조각 남았습니다. 케이크가 처음에 몇 조각 있었는지 답하시오"라는 문제에서 많은 아이가 '1조각씩'이란 말을 이해하지 못해 문제를 못 푸는 경우가 많다.

그럴 때는 십 단위로 그림을 그리면 훨씬 쉽게 이해할 수 있다. 자주 접하는 십 단위로 '묶음'을 알려주어야 2학년에 올라가서 곱하기를 이해할 수 있다. 자릿값은 지금 알려주지 않아도 학년이 올라가면 점차 해결될 것이다. 그래서 자릿값보다는 아이들이 어려워하고 자주 혼동하는 '두 자릿수'에 집중해야 한다. 다음은 내가 아이들에게 자릿수를 가르치는 방법이다.

 23은 몇 자리 자연수야?

23자릿수요.

 '두 자리 자연수'는 무슨 뜻이야?

???

 그럼 '두'는 무슨 뜻이야?

두 개요.

 자리는 무슨 뜻이야?

???

 자리가 자리지! 그럼 자연수는?

자연수가 자연수지 뭐예요.

 그래. 두 자리 자연수는 자리가 두 개인 자연수를 말하는 거야. 이제 문제 들어간다. 두 자리 자연수 중에서 가장 작은 수는?

11. 아니 10이요.

 두 자릿수 중에서 가장 큰 수는?

19요.

 19보다 더 큰 수가 있는데….

아! 90이요.

90보다 더 큰 수가 있는데….

99요.

 그럼, 세 자릿수는 뭐야?

자리가 세 개 있는 자연수예요.

 그래. 자리가 세 개 있는 수야. 문제 들어간다. 세 자릿수 중에서 가장 작은 수는?

100이요.

 세 자릿수 중에서 가장 큰 수는?

999요.

 다음 주에는 네 자릿수까지 한다.

저 네 자릿수도 할 수 있어요. 오늘 해요.

 어려워서 안돼!

이쯤 되면 더 하겠다고 떼를 쓰는 아이도 있다. 그리고 다섯 자릿수까지는 잘하지만 여섯 자리로 넘어가면 어려워하는 아이도 있다. 아이가 의욕이 있으면 여섯 자릿수까지 하지만 그렇지 않으면 수를 더 키우지 않는게 좋다. 학년이 올라가도 몇 번이고 반복해서 연습하고, 수 세기 정의를 배운 아이라면 "두 자리 자연수는 몇 개일까?", "세 자리 자연수는 몇 개일까?" 물어봐도 좋다.

두 자릿수부터 연습하자

그런데 왜 한 자릿수부터 하지 않고 두 자릿수부터 연습할까? 규칙은 작은 수나 적은 개수로 가르치는 것이 더 어렵다. 규칙은 여러 개일수록 더 분명해지기 때문이다. 다음은 자릿수를 연습하는 문제들이다.

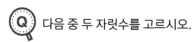 다음 중 두 자릿수를 고르시오.

① 1 ② 110 ③ 2 ④ 11 ⑤ 1001

④

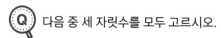 다음 중 세 자릿수를 모두 고르시오.

① 001 ② 101 ③ 010 ④ 100 ⑤ 011

②, ④

아이들이 '0' 때문에 약간 혼동할 수 있지만 답을 찾을 것이다. 만약 잘 모른다면 첫 자리에는 0이 올 수 없다고 알려주자. 001은 1, 010은 10, 011은 11과 같다. 그런데 0을 왜 썼는지 묻는 아이가 있다면 '자릿수를 맞추기 위해서'라고 알려주면 된다. 오전 오후 시간을 구분하기 위해 2시를 '02'나 '14'로 표현하는 경우를 예로 들어 알려주자. 자릿수를 연습하면 다음 문제들은 지금보다 훨씬 수월하게 풀 것이다.

(Q) 십의 자릿수가 8이고, 일의 자릿수가 4인 수를 쓰시오.

84

(Q) 십의 자릿수가 8이고, 일의 자릿수가 4보다 작은 수를 모두 쓰시오.

80, 81, 82, 83

두 자릿수는 자리가 두 개인 수이며, 십의 자릿수는 변하지 않고 일의 자릿수는 변한다는 것을 배우는 문제다. 중·고등학교에서도 변하는 것과 변하지 않는 것이라는 이분법적인 논리를 많이 사용하기 때문에 중요하다.

그런데 많은 아이가 답을 쓸 때 80을 빠뜨린다. 0의 쓰임새가 익숙하지 않기 때문이다. 이런 문제를 풀 때는 두 자릿수이니 먼저 칸을 두 개(□□) 그리고, 그 안에 수를 써넣으면 된다. 예를 들면 문제의 조건에 따라 십의 자리에 8을 쓰고(8□), 일의 자리에 들어갈 수를 생각하면 된다. 4보다 작은 수를 하나하나 넣어가며 0을 넣어야 할지를 물어보자. 2학년에서는 "백의 자리가 4인 수 중 404보다 작은 수를 모두 쓰시오" 같은 문제가 나오기도 한다. 다음 문제도 풀어보자.

 일의 자릿수가 2인 두 자릿수 중에서 십의 자릿수가 7보다 큰 수를 모두 쓰시오.

82, 92

이번에는 일의 자릿수는 변함이 없는데 십의 자릿수가 변하는 문제다. 문제를 읽고 단번에 알아채지 못하는 아이가 있을 수 있다. 이런 문제도 마찬가지로 ' □ 2'를 써 놓고 7보다 큰 수를 넣어가면 된다. 10도 넣어야 한다고 생각하는 아이가 있을지도 모른다. 10을 넣으면 102가 되어 세 자릿수가 된다고 알려주자.

심화 문제로 수 감각을 발달시키자

이처럼 수 자체에 대한 문제들을 푸는 것이 덧셈 뺄셈의 문장제에 치중하는 것보다 아이의 수 감각 발달에 좋다. 약간 난도가 높은 다음 문제들도 풀어보자.

Q 백의 자릿수가 3, 십의 자릿수가 4, 일의 자릿수가 5인 수가 있습니다. 이 수 바로 앞의 자연수는 무엇입니까?

344

Q 십의 자릿수가 9이고, 일의 자릿수가 6인 수가 있습니다. 두 자릿수 중에서 이 수보다 큰 수는 모두 몇 개입니까?

3개(97, 98, 99)

Q 십의 자릿수가 8, 일의 자릿수가 7인 수가 있습니다. 이 수와 바로 뒤의 수를 차례대로 쓰시오.

87, 88

Q 십의 자릿수가 8, 일의 자릿수가 7인 수가 있습니다. 각 자릿수의 합을 구하시오.

15(8 + 7)

자릿수와 자릿값을 혼동하는 아이들

초등 수학에서는 2학년부터 학년이 올라갈수록 숫자가 점점 커진다. 숫자가 커지면 당연히 자릿값을 사용하는 십진기수법에 접근한다. 숫자가 다양해서 문제가 많은 것 같지만 근본 개념은 많지 않다.

그래서 개념을 잡으려면 몇 문제만 집중해서 연습해도 된다. 중요한 것은 반복의 횟수와 주기다. 한 군데에서 많이 푸는 것이 무조건 좋은 것은 아니다. 예를 들어 '347'이 '300 + 40 + 7'이 되는 십진기수법은 앞으로도 계속 배우므로 너무 신경을 쓰지 않아도 알게 된다.

그보다 아이들이 혼동하는 것은 자릿수와 자릿값이다. 예를 들면 '347'은 세 자릿수이고, 백의 자릿수는 3이다. 그리고 '347'의 3이 나타내는 수는 300이며 3의 자릿값은 100이다. 그런데 아이들은 이 자릿수와 자릿값의 의미를 제대로 이해하지 못해 혼동한다. 모르는 것이 아니므로 자릿수, 자릿값, 자리가 나타내는 수, 각 자리의 수에 대해 설명해주면 된다. 그리고 십진기수법의 자릿값을 연습할 때는 최소 세 자릿수 이상으로 해야 한다. 규칙은 최소한 세 개 이상 있어야 알 수 있기 때문이다.

아이가 천이나 만 자리까지 읽을 수 있다면 좀 더 큰 수로 하는 것이 더 좋다. 물론 다섯 자릿수나 여섯 자릿수는 4학년에서 다루지만 1학년 때 해도 아이가 어려워하지 않는다. 오히려 4학년에서 배울 것을 지금 한다고 하면 더 우쭐한 기분을 느끼면서 좋아할 것이다. 확장되어 가는 것을 잠시 살펴보면 처음은 "347의 각 자릿수의 합을 구하시오"처럼 문제가 나온다. 각 자릿수가 3, 4, 7이고, 이 수들의 합은 '3 + 4 + 7 = 14'이다. 그런데 '각 자릿수'라는 말이 무슨 뜻인지 모르면 혼동하고 왜 더해야 하는지 쓸데없는 의심까지 한다. 더하라고 하니까 그냥 더할 뿐이다.

하나하나 정확하게 개념을 잡지 못하면 그냥 모르는 것에 그치지 않고 그 자리에 잡초까지 자라나 공부에 더 큰 방해를 한다. 자릿값은 중학교에 가면 "십의 자릿수를 x라고 하고 일의 자릿수를 y라고 할 때 두 자릿수를 구하시오"라는 문제로 나온다.

＋
÷
× 암산력

1~2학년에서 최초의 분기점이라 할 수 있는 암산력을 기르지 않고 이것저것 시키거나 큰 수의 연산을 시킨다면 아이를 12년 고생길로 밀어 넣는 셈이다. 중·고등학생이 가장 많이 틀리는 것이 초등학교 1학년 때 배웠던 '두 자릿수와 한 자릿수 덧셈 뺄셈'이다.

요즘은 수와 양, 수 세기와 기초 연산을 이미 터득한 상태로 초등학교에 입학하는 아이가 많다. '어떤 수가 더 클까?'와 '상자 모양 공 모양'은 일상에서 늘 보던 것들이고, '수 가르기'와 '수 모으기'는 기초 연산만으로 어렵지 않게 풀 수 있다. 보통 1.8학년의 실력으로 초등학교에 입학하는 아이의 입장에서는 그동안 배운 것에 비해 1학년 수학이 너무 쉽게 느껴진다. 그래서 교과서나 문제집을 풀 때 다 맞는 아이가 많고 부모도 아이의 학습 성과에 만족해하는 시기다.

하지만 쉽다는 점에서 치명적인 오해가 생긴다. 1학년 수학은 그냥 남들만큼 덧셈과 뺄셈만 하면 된다고 생각해 가장 중요한 암산력을 기르지 않고 넘어가는 것이다. 또 대부분의 학원이나 학교 선생들도 1학년은 덧셈과 뺄셈의 원리를 충실하게 배워야 한다고 말하기 때문에 '원리'만 알면 수학이 되는 줄로 착각하게 된다.

수학에서는 항상 쉬울 때가 중요하다. 당연히 원리를 알아야 하지만 원리를 잘 알아도 수학이 요구하는 정확도와 빠르기를 동반하지 않으면 아무 소용이 없다. 1학년의 덧셈과 뺄셈은 그냥 할 수 있는 정도가 아니라 완벽해야 한다. 그래서 암산력이 필요하며, 암산이 된다는 것은 그 안에 있는 수와 양의 관계는 물론이고 덧셈의 원리나 보수 개념조차 생각하는 중간 과정 없이 답이 즉각적으로 나온다는 걸 의미한다. 만약 암산력을 기르지 않고도 수학을 잘할 수 있다고 한다면 자동차를 타고 가야 할 길을 굳이 걸어가겠다고 우기는 꼴이다. 쉽게 갈 수 있는 길을 어렵고 힘들게 갈 필요가 있을까?

암산은 3학년의 빠르기, 5학년의 분수 연산, 중학교 3학년의 인수분해, 그리고 다시 고등학교 수학의 빠르기를 결정하는 기초적인 부분이다. '지금은 할 수만 있으면 되고, 나중에 더 잘하겠지'라고 생각해서는 안 된다. 아무리 오래 공부해도 고등학교 때 느려서 다 못 풀고, 가장 많이 틀리는 게 덧셈 뺄셈이다. 지금까지 나는 기초 연산을 느리게 하고 틀리는 아이가 어려운 문제를 푸는 것을 보지 못했다.

그래서 초등학교 1학년 시기에는 무슨 수를 써서라도 무조건 암산력을 길러야 한다. 암산력을 놓치게 된다면 아이는 수학에서 이유도 모르는 어려움을 계속 겪어야 할 것이다. 아이가 초등학교 저학년은 물론이고 고학년이라도, 설사 중학생이라고 해도 반드시 암산력을 길러야 한다.

당장에 문제점이 보이지 않는다고 문제가 없는 것은 아니다. 부족한 부분은 끝끝내 남았다가 어려워지면 비로소 문제가 되고 결국 발목을 붙잡는다. 부족한 부분은 두루뭉술하게 이 문제 저 문제를 푼다고 해결되지도 않는다. 암산력은 정확하게 필요한 부분만을 정해 송곳처럼 파고드는 반복된 훈련으로 기를 수 있다.

교과서로는 암산력을 기를 수 없다

1학년의 덧셈과 뺄셈 문제는 수학 익힘책 문제까지 다 포함해도 150개 정도다. 게다가 가장 많이 연습해야 할 '십 몇과 한 자릿수' 덧셈은 아예 존재하지도 않는다. 반복도 안 하는 그 정도의 문제 개수를 가지고 암산력까지 기른다는 것은 처음부터 안 되는 일이다. 그러면 어떻게 암산력을 길러야 할까? 오로지 사교육에 의지하는 길밖에 없을까?

아니다. 내가 이 책을 쓰기로 결심한 이유는 아이나 부모가 공교육, 사교육에서 해결하지 못한 수학 공부의 어려움을 해결할 길을 알려주기 위해서다. 암산력도 그렇다. 기르라고 말만 하고 제대로 된 방법을 말해주지 않는다면 이 책은 자녀교육서로써 의미가 없을 것이다. 그래서 바로 여기에서 무엇을 어떻게 해야 하는지 요점

만 정리해 설명하겠다.

먼저, 암산력을 기르기 위한 훈련을 얼마나 해야 하는지 그 기준을 알아야 한다. 암산력 훈련은 '24이하의 두 자릿수와 한 자릿수'의 조합 600개로 충분하다. 조금만 더 구체적으로 말하면, 덧셈은 24까지 수와 10까지 수의 조합 200개, 앞의 수와 뒤의 수를 바꾼 조합 200개다. 뺄셈은 24까지 수와 24까지 수의 조합으로 400개처럼 보이지만 작은 수에서 큰 수 빼기가 안 되므로 그의 절반인 200개다.

이 이상 절대로 훈련 기준을 높여서는 안 된다. 수를 조금만 키워서 두 자릿수끼리의 덧셈만 조합해도 순식간에 8000개가 된다. 수를 키우면 조합이 수만 개 또는 수백만 개가 되어 연습 대상이 될 수 없다.

암산의 완성도는 시간으로 나타난다. 여기에서 시간이란 빠르기를 의미하는데, 그냥 보기에 빠른 것이 아니라 일정 시간 안에 문제를 푸는 수준을 말한다. 부모가 보기에 빠르다고 느껴서는 안 되고 좀 더 객관적인 기준이 필요하다. 예를 들면, 덧셈과 뺄셈 각각 그리고 순차적으로 섞은 20문항을 30초(숫자 쓰기가 서툰 아이라면 40초) 이내에 답할 수 있어야 한다. 이 이상 시간을 더 늘려서는 안 된다.

큰 수 대신 작은 수의 연산을 반복하자

다음은 절대 큰 수의 연산으로 넘어가지 않는 것이다. 취학 전부터 덧셈 뺄셈 원리를 배우고 어느 정도 연습한 아이라면 문제를 빨리 못 풀 뿐이지 다 풀 수는 있다. 그러면 부모는 아이의 실력이 완전하지는 않지만 앞으로 큰 수의 연산을 하면서 실력을 보강하면 된다고 생각해 다음 단계로 넘어가 버린다.

2~4학년을 거치면서 자연수의 덧셈 뺄셈의 수가 점차 커지면 모두 세로셈을 하게 된다. 예를 들어 3학년에서는 세 자릿수 더하기 세 자릿수를 세로셈으로 설명하는 것이다. 세로셈의 계산은 일의 자릿수, 십의 자릿수, 백의 자릿수끼리 계산한다. 보기에는 큰 수의 계산처럼 보이지만 실제로는 한 자릿수끼리의 계산이다. 한 자릿수의 계산을 하면서 '두 자릿수와 한 자릿수의 암산력'이 증진될 리 없다.

1학년 때 암산력 훈련을 몇 달만 시키고 말았다면 결국 그 암산력으로 5학년 분수의 암산을 견뎌내지 못하고 수포자가 되는 단계를 밟아 나가거나 수포자가 되지 않더라도 중·고등학교에서 덧셈 뺄셈을 틀리는 실수를 자주 하게 된다. 만약 부모들이 직접 세 자릿수 덧셈 문제를 딱 일주일만 풀어보면 왜 이런 말을 하는지 알게 될 것이다. 큰 수의 연산을 하는 목적은 수의 자릿값을 알려주는 목적밖에 없다. 많이 시킬 이유도 없고, 실력도 안 늘고, 문제의 답을 찍고 싶어지게 만든다. 논리를 기르려고 하는 수학에서 아무것이나 찍고 싶은 마음이 드는 것은 치명적이다.

2020년, 경력이 10년 넘는 초등학교 교사들에게 "큰 수의 연산을 하면 작은 수의 암산은 저절로 될 거라고 생각합니까?"라고 질문하자 모두 "그렇다"고 대답했다. 현장에서 아이들을 지도하는 교사들도 큰 수의 연산이 작은 수의 연산에 도움이 될 거라고 생각하는데, 아이를 처음 키우는 부모들도 같은 생각을 하는 건 어쩌면 당연한 일일 것이다. 게다가 전문가들이 어렵히 잘 알아서 만들었을 교과서에 대한 믿음도 있을 것이다.

　　수학에서 배워야 할 것을 나열하고 그것을 발달 과정에 맞게 배열한 것이 교과서다. 세 자릿수 더하기 세 자릿수도 할 줄 알아야 하니 교과서에 넣은 것이다. 그런데 교과서의 권위를 믿는 부모들은 물론이고 학교, 학원, 학습지 등 모든 교육 종사자가 세 자릿수 연산을 철저히 가르치기 위해 큰 수에 매달리는 실수를 범한다. 초등 수학에서는 자릿값만 알면 되는 큰 수의 연산은 줄이고 그 대신 작은 수의 연산을 정확하고 빠르게 해야 한다.

암산력을 강화하는 혼합 문제

암산력을 길렀다면 그다음은 확장해야 한다. 암산력 확장은 세로셈이 아니라 혼합계산에 중점을 두어야 한다. 혼합계산이란 '8 + 9'를 '9를 더하는 대신 10을 더하고 1을 빼면' 또는 '9를 더하는 대신에 1을 빼고 10을 더하면'처럼 바꾸는 것이다. 암산이 되는 아이들이 혼합 계산을 어려워한다면 연습 부족이 원인이다. 이런 문제는 아예 건너뛰어야 한다. 가르치려면 확실하게 등식의 성질로 가르치거나 다음에 설명하는 세 가지 방법으로 가르친 뒤 실생활에서 이해시키고 나서 문제를 풀게 해야 한다.

첫째는 십 단위 수의 만들기다. 곱셈에서 암산을 하려면 십 단위 수를 만들어야 하고, 그래야 큰 수의 암산도 할 수 있다. 아무 숫자나 해서는 안 되고 더하여 십 단위의 수가 되어야 한다. 예를 들면 다음과 같은 문제다.

Q □안에 알맞은 수를 써넣으시오.

① $3 + 16 + 4 =$ □

② $5 + 2 + 25 =$ □

③ $1 + 8 + 89 =$ □

④ $3 + 56 + 4 =$ □

① 23 ② 32 ③ 98 ④ 63

둘째는 두 번 빼기다. 두 번 빼기란 일의 자리에서 빠지지 않을 때 뺄 수 있는 수를 먼저 빼고 나머지를 다시 빼는 방법이다. 예를 들어 '$12 - 5$'를 '$12 - 2 - 3$'으로 바꾸는 것이다. 이것은 나눗셈에서 뺄셈을 암산하는 데 도움을 준다. 그런데 이 역시 아이들이 어려워한다. 해야 할 필요성도 느끼지 않아서 아이들이 잘 이해할 수 있게 설명해주어야 한다.

엄마가 1000원 1장과 100원 2개를 가지고 있어.
총 얼마를 가지고 있는 걸까?

1200원이요.

네가 500원을 달라고 했어.
그랬더니 엄마가 잔돈이 없다고 하면서
먼저 200원을 주고 나머지는 나중에 준다고 했어.
그럼 나중에 엄마에게 얼마를 달라고 해야 할까?

300원이요.

그래. 두 번 빼기가 바로 이런 거야.

그리고 두 번 빼기처럼 등호가 두 개 생기는 문제에서 등식의
성질도 가르칠 수 있다. 등호가 두 개인 문제들은 문제집에서는 많
이 다루는데 1학년 교과서에는 없다. 그래서 아이들이 어려워하고
부모들도 가르칠 때 어려움을 느낀다. 등식의 성질을 배우지 않은
아이들이 풀기에는 어려운 문제다. 그나마 머리가 좋은 아이들은 마
지막 빈 칸을 쓴 다음 거꾸로 나머지 칸을 채울 것이다.

 □안에 알맞은 수를 써넣으시오.

① $1200 - 500 = 1200 - 200 - \square = \square$

② $1200 - 500 = 1200 - \square - 300 = \square$

③ $32 - 5 = 32 - \square - 3 = \square$

④ $41 - 5 = 41 - 1 - \square = \square$

⑤ $64 - 6 = 64 - \square - 2 = \square$

⑥ $83 - 7 = 83 - \square - 4 = \square$

① 300, 700 ② 200, 700 ③ 2, 27

④ 4, 36 ⑤ 4, 58 ⑥ 3, 76

마지막은 빼고 더하기, 더하고 빼기다. 2학년이 되면 모두 세로셈을 하려고 하기 때문에 암산력을 키우기 더 어려워진다. 그래서 1학년 때 빼고 더하기, 더하고 빼기 문제를 충분히 연습해두는 것이 좋다. 2학년 때는 큰 수의 연산을 하면 싫어하지만 한편으로는 뿌듯해한다.

 □안에 알맞은 수를 써넣으시오.

① $95 - 57 = 95 - 60 + 3 = \square$

② $95 - 57 = 95 + 3 - 60 = \square$

③ $48 + 99 = 47 + 100 = \square$

④ $48 + 99 = 50 + 100 - 3 = \square$

⑤ $999 + 99 + 99 = 1000 + 100 + 100 - 3 = \square$

① 38 ② 38 ③ 147 ④ 147 ⑤ 1197

산수가 수학으로 불리면서 기초 계산력의 중요성이 점점 사라진다. 전문가들도 수학을 포기하는 시기의 90%를 초등학교 저학년이라고 말하기 시작했다. 아이가 다양한 문제에서 힘을 발휘하기 바라는 부모라면 기초를 더 파고들어야 다양한 문제를 받아들이는 능력이 커진다는 사실을 기억해야 한다. 쉽다고 넘어가면 머리 좋은 아이도 결국 못하게 된다.

'~보다 작다', '~보다 크다'로 시작하는 수 비교

$+$ $\div$ $\times$

부등호(>, <)는 수의 크기를 비교하기 위해서 만든 기호이다. 저학년 때는 두 수의 비교에서만 사용하고 세 수 이상은 5~6학년이 되어서야 나온다. 그때는 '~보다 크다' 또는 '~보다 작다'로 나오는데 이미 수 세기가 된 아이들은 어려워하지 않는다. 여기에 '얼마나'란 말이 붙으면 '차이'라는 빼기 문제로 바뀌게 된다.

부등호를 설명할 때 보통 '악어의 입'이라고도 하는데, 나는 '욕심 많은 붕어 주둥이'라고 한다. 욕심이 많아서 항상 큰 쪽으로만 입을 벌린다고 설명하면 아이들이 쉽게 이해하기 때문이다. ('주둥이'가 사람의 입을 속되게 이르는 말이지만 동물의 입에는 사용해도 괜찮다.) 아이들에게 이렇게 설명하고 다음 문제들을 풀게 하자.

Q ☐ 안에 들어갈 수 있는 수에 모두 ○표 하시오.

① 75 > ☐7 (5, 6, 7, 8, 9)

② 75 > □4 (5, 6, 7, 8, 9)

③ 63 > 6□ (0, 1, 2, 3, 4)

④ 87 < 8□ (5, 6, 7, 8, 9)

① 5, 6 ② 5, 6, 7 ③ 0, 1, 2 ④ 8, 9

Ⓠ □안에 알맞은 수를 써넣으시오.

① 95 < □7

② 71 > 7□

① 9 ② 0

첫 번째 문제의 '75 > □7', '75 > □4'는 큰 수와 작은 수를 구분하게 하고, '63 > 6□'은 3을 넣으면 같아지고 같은 것은 '크다, 작다'로 표현할 수 없다는 사실을 깨닫게 한다. 두 번째 문제는 답이 중요한 것이 아니라 큰 수와 작은 수가 하나만 있다는 사실을 깨닫게 한다.

수학의 개념을 설명하는 데 있어 수직선과 기준은 무척 중요하지만 수학에서 '사고력'을 기르려고 하면서 정작 생각의 출발선인 이 부분을 소홀히 한다. 부등식의 개념을 설명하기 위해서도 수직선과 기준을 이야기하기 적당하다.

여기에서는 기준만 다루었다. 수직선은 유튜브 '조안호 수학연구소TV'를 참고하기 바란다.

만 원은 큰 돈일까?

 큰 돈이에요.

 그래? 10만 원보다 작은데?

 그야 그렇죠.

 그럼, 만 원은 작은 돈이야?

 10만 원에 비하면 작은 돈이에요.

 맞아. 10만 원에 비하면 작은 돈이지.
그런데 처음에는 만 원이 큰 돈이라고 했잖아?

 그건 10만 원과 비교하기 전이었죠.

 지금은 어때? 만 원이 작은 돈이야?

 무슨 말을 하려는 거예요?

 '크다', '작다'라고 하는 것은
기준이 없으면 사용할 수 없어.

 기준이 없으면 만 원을 크다고도
작다고도 할 수 없다는 거죠?

92

맞아.

 그런데 저에게는 큰 돈일 수 있잖아요.
그때는 기준이 없는데요?

 아니야. 있지. 바로 네가 기준이 되는 거지.
'너에게는' 큰 돈이니까.

 그럼, 많다 적다를 말할 때는
기준이 무엇인지 생각해야 해요?

 응. 사람마다 '많다', '적다'를 생각하는 기준이 다르니까.
많다와 적다도 그렇지만 크다와 작다, 넓다와 좁다,
무겁다와 가볍다도 모두 기준이 필요해.

 이걸 매번 생각해야 해요?

 매번 생각하기는 어렵겠지. 그런데 점차 자기만의
생각에서 벗어나 모든 사람이 수긍할 수 있는 기준을
생각해야 해. 그게 수학을 공부하는 목적이야.

 계산이 아니라 그런 게
수학을 공부하는 목적이라고요?

 그럼, 계산은 준비하는 거고,
생각하는 것만이 수학이야.

부등식은 기준을 바꿔 가며 읽어야 한다. 그런데 '69＞65'를 "69는 65보다 큽니다"라고 말할 수는 있어도 "69는 65보다 큽니다를 식으로 나타내시오"라는 문제는 손을 못 대는 아이가 많다. 그럴 때는 '모든 것이 식'이라고 알려주면 문제에 쉽게 접근할 수 있다. 아이들은 식을 등식으로만 안다. 부등식 문제는 초등학교에서는 쉽지만 중·고등학교에서는 방정식보다 훨씬 어려워진다.

가장 큰 수와 가장 작은 수

두 수가 아니라 여러 수를 비교하며 가장 큰 수와 가장 작은 수를 가르친다(가장 큰 수와 가장 작은 수는 중·고등학교에서 최댓값과 최솟값으로 이름이 바뀐다). 이것 역시 아이들이 잘하지만 가장 작은 수나 가장 큰 수가 각각 한 개라는 생각을 하지 못할 때가 있다. 1학년 때 가장 큰 수와 가장 작은 수는 너무 쉬운 문제라서 한 가지 개념이 아니라 여러 가지 개념을 혼합시켜 배운다.

 7과 13 사이에 있는 자연수 중에서 가장 작은 수와 가장 큰 수의 합을 구하시오.

20

기본은 수 세기이지만 사이, 가장 작은 수와 가장 큰 수, 합의 개념을 함께 묻는 문제다. 이 문제가 어렵다고 생각되면 수직선을 그려서 풀어야 한다.

'사이'라는 말은 자신의 수를 포함하지 않는다. 그래서 7과 13 사이에 있는 수는 8, 9, 10, 11, 12이다. 이 중에서 가장 작은 수는 8이고, 가장 큰 수는 12이니 합은 '8+12=20'이다. 아이가 문제를 잘 푼다면 역으로 "8, 9, 10, 11, 12는 어떤 자연수 사이에 있습니까?"라고 물어도 좋다.

 나는 어떤 자연수인지 답하시오.

> ㉠ 나는 85보다 큰 수입니다.
> ㉡ 나는 92보다 작은 수입니다.
> ㉢ 나는 일의 자릿수가 9입니다.

89

㉠과 ㉡의 조건으로 '86에서 91까지의 자연수'라고 말할 수 있어야 한다. 잘하는 아이도 많지만 혹시라도 아이가 못한다면 해당 수들을 각각 차례로 들고 겹치는 부분을 설명해주자. 고등학교에서 교집합으로 이어지는 중요한 개념이니 잘 알려주어야 한다. 다음은 합과 차의 개념을 묻는 문제들이다.

 다음 중 두 수의 합이 가장 작은 수를 고르시오.

① 15＋3 ② 2＋15 ③ 1＋15 ④ 15＋4 ⑤ 5＋15

③

(Q) 다음 중 두 수의 차가 가장 큰 수를 고르시오.

① 11－7 ② 11－6 ③ 11－5 ④ 11－8 ⑤ 11－4

⑤

보기의 수가 다 달라서 하나하나 계산해야 하는 문제다. 그래서 아이들은 이런 문제를 보면 바로 계산부터 하려고 한다. 아이가 연산을 잘한다면 무의미한 고생을 시키기보다는 하나라도 개념이 담긴 문제를 풀게 해야 한다.

앞의 두 문제는 일일이 답을 구해서 문제를 풀 필요가 없다. 이 문제들은 15에 더하는 수가 작을수록 합은 작고, 11에 빼는 수가 작을수록 차가 크다는 것을 알려주는 문제다. 아이들은 흔히 빼기의 답을 차라고 생각하는 경향이 있다. 빼기 과정 자체도 차라는 생각을 갖게 하려면 일일이 계산하지 말고 규칙을 찾아보라고 해야 한다.

다음은 자릿값을 묻는 문제다.

(Q) 숫자 카드 3장이 있습니다. 이 중 2장을 뽑아서 두 자릿수를 만들려고 합니다. 다음 물음에 답하시오.

① 만들 수 있는 수를 모두 쓰시오.

② 만든 수 중에서 가장 큰 수를 쓰시오.

③ 만든 수 중에서 가장 작은 수를 쓰시오.

① 73, 78, 37, 38, 87, 83 ② 87 ③ 37

이 문제의 특징은 같은 수가 없다는 것, 카드가 각각 한 장씩만 있다는 것이다. ①은 확률의 밑바탕이 되는 중요한 문제다. 확률은 초등학교 5학년, 중학교 2학년 그리고 수학(하)에서 다룬다. 다른 영역과 달리 독자적으로 발전하는 특징이 있다. 이런 문제를 다양하게 생각하라고 내버려둔다면 똑같이 풀어도 얻는 것이 별로 없다. 아이가 만들 수 있는 규칙을 모두 사용해 문제를 풀도록 지도해야 한다.

보통 문제는 숫자 카드를 가지고 ②, ③만 묻는다. 가장 작은 수를 만들 때는 가장 작은 수를 가장 큰 자릿값에, 그다음 작은 수를 그다음 자릿값에 넣어 완성해야 한다. 아이가 어려워하면 오히려 숫자 카드가 더 많은 문제를 풀게 하는 게 좋다.

수식
만들기

더하기 공부하면서 더하기 문장제를 풀게 하고, 빼기 공부하면서 빼기 문장제를 풀게 하는 것은 좋지 않다. 예를 들어 덧셈 단원의 문장제 중 다음과 같은 문장제가 있다고 하자.

Q 별이는 아버지와 밤을 주우러 갔습니다. 한 시간에 아빠는 18개를, 별이는 7개를 주웠습니다. 아빠와 별이가 주운 밤은 모두 몇 개입니까?

이런저런 말들이 있지만 '18 + 7'만 더하면 되는 문제다. 아이도 주의를 기울이다가 '역시 더하면 되는구나. 괜히 읽었다'라고 생각할지도 모른다. 문제를 푸는 데 무엇이 필요한 말이고 무엇이 필요 없는 말인지 구분해야 하지만 이런 문제를 많이 풀다 보면 귀찮아서 숫자만 보고 문제를 푸는 습관이 생긴다.

그래서 암산력을 기르고 나면 처음부터 덧셈과 뺄셈이 섞인 문장제를 푸는 게 좋다. 비록 어렵지는 않지만 주어진 정보가 의미가 있거나 기호를 구분해서 사용하도록 해야 아이도 주의를 기울이면서 문제를 푸는 맛을 안다. 암산력을 기를 때는 덧셈과 뺄셈 위주의 문장제가 아니라 그동안 열거한 개념을 확인하는 문제를 풀게 하자. 그리고 덧셈과 뺄셈 기호처럼 수식을 사용하는 연습을 해야 한다.

Q □안에 +와 - 중 알맞은 기호를 써넣으시오.

① 6 □ 6 = 12

② 13 □ 6 = 7

③ 7 □ 4 = 11

④ 12 □ 6 = 6

① + ② - ③ + ④ -

아마 아이들은 이 문제를 쉽게 풀 것이다. 설명은 못해도 수가 커지거나 작아짐에 따라 기호를 선택하는 데 어려움을 느끼지 않는다. 앞으로 개념이 추가되면 커지는 것과 작아지는 것에 따라 곱셈과 나눗셈을 넣을 수도 있다.

우선, 같은 수와 덧셈, 뺄셈 기호를 이용해 '3 + 6 = 9', '6 + 3 = 9'를 만들고, '9 - 3 = 6', '9 - 6 = 3'을 만드는 연습을 하자. 이보다 조금 더 난도를 높이려면 모르는 수를 빈 칸으로 만드는 문제를 풀어보

자. 실제로 아이들이 다음과 같은 문제에 어려움을 겪는다.

Q 다음 문장을 식으로 만드시오.

① ☐ 와(과) 6의 합은 13입니다.

② ☐ 와(과) 6의 차는 7입니다.

① ☐ + 6 = 13 ② ☐ − 6 = 7

문제의 답을 구하는 일은 익숙하지만 식으로 만드는 일은 어렵다. 그래서 ②의 빈 칸에 들어가는 수가 13이 아니라 1이라고 말하는 아이가 많다. 이런 문제도 어려워하는데 문장제를 식으로 바꾸는 일은 더 어려울 것이다. 그래서 숫자만 보고 문제를 푸는 습관이 생긴다.

합과 차를 다루는 다음 문제도 풀어보자.

Q 다음과 같이 바둑돌이 5개 있습니다. 그림을 보고 물음에 답하시오.

① 바둑돌이 모두 몇 개인지 ☐ 안에 수를 써넣어 식을 완성하고 답을 구하시오.

4 + ☐ = ☐

② 흰 바둑돌의 수를 나타내는 뺄셈식을 만드시오.

$$\square - \square = \square$$

① 1, 5 ② 5, 1, 4

대부분 아이들이 ①은 잘 풀지만 ②는 '4 − 1 = 3'처럼 올바른 식을 만들지 못한다. 이는 전체와 부분의 의미를 모르고, 용어와 수식의 연습이 적은 탓이다. 특히 '흰 돌의 수를 나타내는 뺄셈식'이라는 말을 모르는 아이가 많다. 여기에서 '나타내는'이라는 말은 '바둑돌에서 검은 돌을 제거하고 흰 돌만 남기라'는 의미다.

초등학교 1~2학년 때는 수학을 좋아하는 아이가 많다. 그러다가 점차 생각하지 않는 아이가 되고 급기야 수포자가 된다. 많은 전문가가 재미와 호기심을 잃지 않으려면 쉬운 문제를 풀어야 한다고 말하는 이유가 여기에 있다. 하지만 쉬운 문제를 주는 것이 공부에 흥미를 일으키는 방법은 아니다. 아이에게 적절한 자극을 주는 문제를 풀게 해야 한다.

그러나 초등학교 저학년 때는 난이도 조절과 아이 실력에 딱 맞는 수학 문제집을 찾기 어렵다. 결국 어려운 문제를 주어 흥미를 떨어뜨리는 경우가 많은데, 아이가 기초 연산을 할 수 있다면 차라리 수학 문제집을 풀게 하는 대신에 책을 읽게 하는 것이 장기적으로 사고력을 키워주는 데 도움이 된다. 단, 아이가 기초 연산은 할 수 있어야 3~4학년 때 난도가 높은 수학 문제를 주어도 지속적으로 흥미와 관심을 가질 수 있다.

아이들이 자주 틀리는 수학 개념

● 차와 차이

'차'와 '차이'는 어른들도 쉽게 구분하지 못한다. 차는 앞의 수에서 뒤의 수를 빼는 것이다. 차이는 큰 수에서 작은 수를 빼는 것이다. 예를 들어 7과 5의 차는 '7−5=2'이고, 5와 7의 차는 '5−7=−2'이다. 7과 5의 차이나 5와 7의 차이는 모두 큰 수 7에서 작은 수 5를 뺀 2이다.

그런데 초등학교 교과서에는 차의 답이 음수(−)가 나오지 않도록 '큰 수−작은 수' 문제들만 나온다. 차와 차이를 구분하지 않은 문제집들도 있으니 아이에게 이 둘의 차이를 반드시 알려주자.

● 넓다와 좁다

양의 크기를 비교하는 말들이 있다. 크다와 작다, 넓다와 좁다, 길다와 짧다, 많다와 적다, 무겁다와 가볍다. 이 중 크다와 작다를 가장 많이 사용하고 넓다와 좁다를 가장 혼동한다.

예를 들면 방이 좁다, 아파트가 넓다라는 말은 맞다고 생각해도 공책이 넓다, 우표가 좁다라는 말은 틀리다고 생각한다. 평소 '넓다, '좁다'는 말을 잘 사용하지 않기 때문이다. '우표가 좁다'는 표현도 맞다. 유의어로 크다와 작다도 있는데, 크다와 작다를 알려줄 때는 크지도 작지도 않은 '같다'의 개념도 함께 알려주어야 한다. 그렇게 해야 '크다'의 반대말이 '작다'이고, '크지 않다'는 반대말이 아니라는 사실을 이해할 수 있다.

● 자연수와 덧셈과 뺄셈

자연수는 '자연에 있는 수'로 가장 작은 수 1에서 시작해 계속해서 1씩 더해가는 수이다. 따라서 자연수에는 0이 포함되지 않는다. 자연수의 정의를 알게 되면 그다음은 자연수의 수 세기와 보수에 이어 더하기와 빼기를 배우게 된다.

그래서 가장 먼저 덧셈과 뺄셈의 정의를 알아야 하는데, 둘 다 무정의 용어이기 때문에 정의를 내릴 수 없다. 그대로 받아들여야 한다. 수학에서 개념을 가르치지 않고 문장제를 무조건 풀게 하는 이유가 여기에 있다. 자연수의 연산을 하면서 아이는 막연하게 다음과 같은 사실을 깨닫게 되는데, 혹시라도 아이가 깨닫지 못한다면 반드시 알려주자.

첫째, 자연수에서 자연수를 더하면 커지고 자연수에서 자연수를 빼면 작아진다. 자연수를 양수로 바꾸어도 된다.

둘째, 두 자연수의 합은 서로 바꾸어 더해도 된다.

그리고 아이가 덧셈, 뺄셈 문장제를 풀면서 어려워한다면 명확하게 커지거나 작아지는 관계로 덧셈 기호와 뺄셈 기호 사용을 알려주자.

손가락셈을 하는 아이들

한 부모에게 아이가 초등학교 1학년인데 손가락셈을 한다는 이야기를 들었다. 학습지 교사가 손가락셈을 하면 안 되고 암산을 하라고 하는데 쉽게 고쳐지지 않는다는 것이다. 아이는 2년 전부터 연산 학습지를 시작해 더하기 7까지 배웠고, 학습지를 풀 때는 괜찮지만 다른 문제집에서 연산을 할 때만 손가락셈을 하고 있었다.

사실 아이들에게 손가락셈을 하지 말라는 말은 손가락셈을 하지 않아도 될 만큼 연산 실력을 키우라는 뜻이다. 그런데 실력이 부족하다면 손가락셈이든 발가락셈이든 해야 한다. 실력이 좋아지면 아이는 저절로 손가락을 사용하지 않고도 문제를 풀게 된다.

하지만 연산 문제만을 풀면 연산이 해결되지 않는다. 몇 가지 도움이 되는 것을 같이 연습하고 연산에 적용해야 한다. 혹시 아이가 학습지에서 연산을 할 때 다음 방법들을 함께 연습했는지 확인해보자.

첫째, '자연에 있는 수'라는 자연수의 정의를 가르치고 아이가 자연수라는 말을 사용하게 해야 한다. 그렇지 않다면 자신이 사용하는 자연수의 이름을 모르거나 0을 자연수라고 착각하는 경우가 많다.

둘째, 수 세기를 해야 한다. 교과서에는 100까지 수 세기를 연습하라고 나와 있지만 100까지는 부족하고 230까지 하는 편이 좋다. 이것도 한꺼번에 연습하는 것이 아니라 '1~30, 10~40, 20~50, (…), 200~230'처럼 잘게 나누고 각각 일주일씩 해야 한다. 아이를 힘들지 않게 하는 것이 중요하다.

셋째, 10이 되는 보수를 연습해야 한다. '1짝9, 2짝8, 3짝7, 4짝6, 5짝5, 6짝4, 7짝3, 8짝2, 9짝1, 10짝0, 0짝10'을 순간적으로 물었을 때 즉각적으로 답할 수 있을 정도로 연습한다. 지금처럼 아이가 덧셈할 때 보수 개념으로 접근해 분해하지 않고 덧셈을 모두 외울 수도 있지만 그런 방식으로 뺄셈도 외운다면, 아마 1년도 부족할 정도로 시간이 오래 걸릴 것이다.

넷째, 10이 넘는 것은 모두 보수와 수 분해를 이용해서 10을 만들고 더하는 연습을 해야 한다.

암산력 이전에 도트를 통한 양의 감각과 수 세기 그리고 보수를 통한 수 분해를 반드시 해야 한다. 기초 계산력을 기르면서 암산력을 길렀다면 상관이 없지만 대부분은 기초 계산력 없이 암산력만 기르는 경우가 많다. 이렇게 해도 아이가 받아들인다면 상관은 없다. 대신 선수 학습으로 덧셈을 하면서 보수 연습을 최소 6개월간 지속하고, 일의 자리에서 안 빠지는 뺄셈은 처음에 보수 개념인 10에서 빼기를 연습한다. 그다음 두 번 빼기 연습을 해야 한다.

아이가 학습지를 할 때만 연산을 잘하는 이유는 손가락셈을 하지 않아도 풀 수 있는 문제, 요령으로 풀 수 있는 문제였기 때문이다. 예를 들어, 더하기 7을 한다면 아이가 '1＋7, 2＋7, 3＋7, (…)'의 문제를 찾아다니며 1씩 커지는 수를 쓰면 답이 된다. 앞으로 계속 같은 방법으로 공부한다면 아이는 기초 계산력을 얻기 힘들 수 있다. 당장 학습지를 그만두고 하루에 5문제만 풀어도 좋으니 보수를 연습하고 10 만들기로 덧셈을 연습하자.

2장

2학년 수학 개념
이렇게 먹어야 한다

2학년을 위한 수학 통역

주안점	구구단(순창, 역창, 뭇창, 분산창)
교과서 목차	1학기: 세 자릿수, 여러 가지 도형, 덧셈과 뺄셈, 길이 재기, 분류하기, 곱셈 2학기: 네 자릿수, 곱셈구구, 길이 재기, 시각과 시간, 표와 그래프, 규칙 찾기
교과서 중요 개념	자릿값, 뛰어 세기, 원, 삼각형, 사각형, 변, 꼭짓점, 세로셈, 여러 가지 방법으로 덧셈과 뺄셈하기, 어림수, 배, 시각과 시간
교과서에 없는 중요 개념	수직선, 수직선에서 겹치는 부분 처리, 등식의 성질, 어림수로 계산하기

조선생의 교과서 분석

2학년은 1학년에서 배운 가로셈을 기본으로 덧셈과 뺄셈을 확장하는 학년이다. 확장할 때 더 중요한 학년은 없다. 1학년 때 암산력을 길렀다면 구구단에 집중해서 완벽하게 익혀야 한다.

교과서는 큰 수의 확장에 치중해 있지만 확장하더라도 큰 수가 아닌 다양한 것을 하기 바란다. 덧셈과 뺄셈이 혼합되거나 큰 수를 어림하기, 합과 차의 관계, 여러 가지 방법으로 계산하기, 어떤 수를 빈 칸(☐)으로 표현하기, 역연산, 식 만들기 그리고 문장제 만들기 등 다양한 것이 있다.

우선 자릿수, 자릿값, 자리가 나타내는 수, 각 자리의 수를 구분하는 문제가 1학년부터 4학년까지 계속 나온다. 개념이 안 잡혔다면 다시 공부해야 한다. 1학년에서 암산력과 개념이 잡혔다면 1000까지 수 세기를 몇 번 하고, 문제집 여러 번 풀기, 구구단 충실히 배우기만 해도 충분하다.

학년과 상관없이 암산력과 구구단이 중요하다는 사실을 절대 잊지 말자. 예를 들어, '23 + 45'를 암산하지 않고 귀찮게 세로셈 식을 세워서 계산하는 아이가 있다면, 아무 생각 없이 그런 연산을 하는지 암산력이 부족해서 하는지를 파악해야 한다. 만약 간단한 식도 세로셈으로 해야 하는 아이는 암산력이 심각하게 부족한 상태라고 볼 수 있다. 아이가 세로셈을 틀리면 계속 시키기보다는 암산력을 더 길러야 한다. 암산력을 갖추지 못했다면 언제든 학년에 얽매이지 말고, 가차 없이 두 자릿수와 한 자릿수의 가로셈으로 암산력을 길러야 한다.

+
÷
×

구구단

어느 날 신문에서 "유아 때부터 구구단을 외운 아이가 6, 7, 8단을 못 외우고 얼버무리면 구구단 카드를 만들어 집중해서 외우게 하자. 여름방학에 구구단만 다 외워도 2학기 예습 끝"이라는 글을 본 적이 있다. 유아 때부터 구구단을 외우게 하는 교육도 문제이지만 수학을 임시방편으로 공부하라고 알려주는 글을 보고 안타까운 마음이 들었다.

72개의 구구단을 한두 달 사이에 완전히 외울 수는 없다. 수학의 도구로 사용하는 것을 불완전하게 익히면 도리어 아이 학습 능력에 치명적인 약점이 된다. 만약 72개의 구구단 중에 다 잘하고 2~3개만 헷갈려도 곱셈을 할 때마다 불안감을 느끼게 된다. 혹시 틀릴지도 모른다는 생각을 하게 되면 3학년에서 빠르기를 할 때 커다란 저해 요소로 작용한다. 자신감은 완전할 때 생기고, 자신감을 바탕으로 확장도 잘 이루어진다.

구구단을 외우면 아이의 창의력이 발달하지 않는다는 이유로 구구단을 외우게 하지 말라는 사람도 있다. 대부분은 아이들을 직접 가르쳐본 경험이 없거나 적은 사람들이다. 곱셈의 원리를 알려주고 머리를 쓰면 되는 몇 가지 방법을 알려주면 부모 눈에는 새로운 비법처럼 보인다. 하지만, 그 자체가 함정이다.

부모는 이미 구구단과 곱셈의 원리를 알고 있으며 논리적인 사고가 가능하기 때문에 그런 설명이 그럴듯해 보이는 것이다. 구구단을 배우는 2학년 아이들은 논리적인 사고 체계를 아직 갖추지 않았고, 곱셈의 원리를 이제 막 배워 확장이 어렵다. 그리고 구구단을 원리로 이해하고 외우는 능력은 암산력에 기초한다. 거듭 말하지만 초등 수학의 기본은 암산력이다.

바로 외우고, 거꾸로 외우고, 랜덤으로 확인하자

간혹 유치원에서도 구구단을 배운다는 이야기를 듣는다. 유치원 때 구구단을 외우면 득보다 실이 많다. 취학 전 6~7세 시기에는 전두엽을 강화시켜야 하는데, 구구단을 외우려면 측두엽을 사용해야 한다. 또한 유치원에서 구구단 선행 학습을 한 아이는 2학년 때 구구단 외우는 수업에 제대로 집중하지 못하거나 구구단 외우기를 소홀히 한다. 구구단을 배울 적기에, 구구단을 완벽하게 외울 기회를 놓친다면 완전하게 익히기까지 오히려 더 오랜 시간을 들여야 한다.

특히 초등학교 저학년 공부는 미리 하는 것보다 항상 적기에 완전하게 해야 한다.

구구단은 외우는 데 족히 1년 정도는 걸리기 때문에 2학년 때, 늦어도 3월부터는 시작하자. 교과서 진도대로 몇 달을 연습해서는 턱도 없다. 2단부터 한 단 한 단 외워서 9단까지 잘 외우면(순창), 그다음은 거꾸로 외운다(역창). 거꾸로 한 단을 다 외우면 랜덤으로 물어도 바로 답해야(분산창) 완전히 외웠다고 할 수 있다. 이런 방법으로 2단부터 9단까지 외운다. 급하지 않게 천천히 하면 다 외우기까지 6개월 정도 걸린다.

그다음 종이 한 장에 답이 없고 거꾸로 된 구구단을 적어 놓고 아이가 답을 말하는 시간이 얼마나 걸리는지 확인한다. 그리고 과정을 반복해 그 시간을 줄여 나간다. 처음에는 보통 1분 30초에서 2분 정도가 나온다. 만약 아이가 이보다 더 시간이 오래 걸린다고 해도 실망하지 말자. 8분 50초가 걸리는 아이도 있었다.

처음에는 일주일만 연습해도 거의 30초 정도가 줄어든다. 하루에 한 번씩 1~2개월 지속하면 50초대에 도달하는데 이때부터는 일주일 연습하면 많아야 2~3초 정도 줄어든다. 40초대에 도달하면 부모가 보기에도 속도가 엄청 빠르다고 느낄 것이다. 그만해도 된다고 생각하겠지만 반드시 36초 안에 들어가야 한다. 40초대에서 멈춘다면 1~2년 사이에 시간이 1분 이상으로 늘어난다. 하지만 36초 안에 들어가는 아이는 중학교에 가서도 40초대가 나온다.

간혹 한 달 만에 36초를 통과하는 아이들이 있다(내가 가르친 아이 중 최고 기록은 23초다). 하지만 아이들은 탄성이 있어 한 달 정도의 연습으로 그 시간대를 초등학교 고학년이나 중학교까지 유지하기 어렵다. 최대한 아이를 설득해 시간을 줄이는 훈련을 하고, 아이가 완전히 체득할 때까지 일정 기간 이상 훈련하자.

하지만 아직도 구구단을 완전히 익혔다고 할 수는 없다. 이 정도까지 연습해도 아이들은 21, 24, 28, 32가 나오는 구구단을 여전히 혼동한다. 그때는 묶창을 해야 한다. 묶창은 3학년 단원에 나온다.

아이들이 1년간 구구단 순창, 역창, 분산창을 해도 완전히 외우기 어려운데, 구구단을 빠르게 그것도 아무 반복 훈련 없이 완벽하게 외우길 기대하는 건 잘못된 행동이다. 소홀히 가르치고 왜 못 외우냐고 다그쳐서는 안 된다.

구구단을 배우기 전 곱셈의 개념을 익히자

2학년 교과서에는 구구단을 배우기 전 곱셈의 개념을 확인하는 문제들이 나온다. 예를 들면 "$4 \times 5 = (4 \times 4) + \square$에서 빈 칸 안에 알맞은 수를 써넣으시오"라는 문제인데, 답을 1이라고 적어 넣는 아이가 많다. 4가 1개 있다고 생각하기 때문이다.

곱하기를 가르쳐도 문제를 풀지 못하는 이유가 있다 수학은 정의나 개념을 이해하고 외우고 외웠으면 당장 그것을 사용해야 하는데, 그 정의를 제대로 외운 적도 없고 제대로 사용한 적도 없기 때문이다. 만약 아이가 학교나 학원에서 곱하기를 잘 배웠는데 집에 와서 문제를 풀지 못한다면, 다음에 설명하는 곱하기의 정의를 외워야 한다.

곱하기: 같은 수의 더하기가 귀찮아서 한꺼번에 더하기

아이가 정의를 말할 정도로 외웠다면 그다음은 정의대로 문제를 풀게 한다. 곱하기는 '같은 수의 더하기'이므로 곱하기를 모두 더하기로 바꾸면 된다. 풀이 방법은 같지만 아이가 정의대로, 개념대로 문제를 풀어야 한다는 생각을 갖는 게 중요하다.

$$4 \times 5 = (4 \times 4) + \square$$
$$\rightarrow 4 + 4 + 4 + 4 + 4 = (4 + 4 + 4 + 4) + \square$$

아이들이 곱하기를 더하기로 일일이 바꾸기 싫어하면 아이가 부르고 엄마가 써주어도 된다. 이렇게 해도 아이가 잘 모르면 등식의 성질부터 다시 가르쳐야 한다.

 5×6과 5×7 사이에 있는 자연수를 모두 쓰시오.

31, 32, 33, 34

5와 6의 곱과 5와 7의 곱 사이에 있는 자연수는 모두 몇 개입니까?

4개

아이가 '5×6' 대신 30, '5×7' 대신 35를 쓰고 '사이'라는 말이 30과 35를 제외한 수라는 의미를 안다면 어려운 문제가 아니다.

그런데 '30과 35사이에 있는 자연수'를 '35 − 30'이라고 생각하고 답을 '5개'라고 적는 아이들이 꽤 있다. 이때 부모는 아이가 문제를 일일이 쓰면서 풀지 않아서 그렇다고 생각하는데, 이런 오류는 대다수 그 개념을 안 배웠거나 잘못 배웠거나 푸는 원리를 모르기 때문에 발생한다. 이 문제도 아이가 수 세기 개념을 모르면 풀지 못한다. 귀찮아도 수 세기의 정의를 다시 배우고, 외우고, 문제를 풀어야 한다.

간혹 문제가 "7×7과 6×9 사이에 있는 수를 모두 쓰시오"라고 나오기도 한다. 2학년 수학 교과서에는 분수의 개념이 아직 나오지 않기 때문에 분수를 배우지 않은 아이들은 수라고 하면 자연수만 생각할 것이다. 하지만 30과 35 사이에는 자연수도 있지만 무수히 많은 분수가 있다. 아이가 분수를 배웠다면 문제가 잘못되었다고 설명해주면 된다.

19단도 외워야 할까?

19단을 외우게 하는 사람조차 19단을 외우면 좋은 이유를 정확히 설명하지 못한다. 그저 '도움이 된다'라는 막연한 기대감으로 시키고 있다. 수학의 도구로 사용하려면 완벽하게 외워야 하는데, 19단은 약 360개다. 외워야 할 게 너무 많아서 완벽하게 외우기까지 시간과 노력을 많이 들여야 한다. 설사 시간과 노력을 들여 19단을 외운다 한들 그 순간에는 해낸 것처럼 보여도, 우리나라에서는 19단의 수를 평소에 잘 사용하지 않는다. 결국 몇 년이 지나면 잊어버리고 답하지 못하게 된다. 별 쓸모가 없다.

이렇게 말하면 누군가는 "인도는 전 국민이 19단을 외우고, 계산에서도 19단의 큰 수를 사용하는데요?"라고 반문할 수 있다. 인도가 수학 강대국인 이유가 특수한 큰 수의 연산을 빨리하기 때문이라고 생각하는 것이다. 인도는 인도다. 우리나라는 다르다. 대부분이 19단을 외우지 못하고, 가르치는 사람도 못 외운 19단을 아이에게 시키는 것이다. 또한 우리나라는 고등학교 때까지 계산에 큰 수가 사용되지 않는다. 수학 공부를 하는 데 직접적인 도움이 되지 않으며, 놀이 이상의 값어치가 없다. 아이들에게 필요한 것은 새로운 방법이나 기술이 아니라 깊이 있는 공부다.

수 감각을 기르기 위한 덧셈, 뺄셈 확장

+ ÷ × −

큰 수의 확장도 확장의 한 갈래는 맞다. 1학년에서 작은 수의 덧셈과 뺄셈을 했다면 2학년에서는 좀 더 큰 수의 연산을 가르치고 이를 암산할 수 없다는 이유로 세로셈을 가르친다. 그래서 암산만으로 가능한 식을 아이가 기계적으로 세로셈으로 만들어 푸는 모습을 보게 된다. 아이가 암산력을 길렀다면 두 자릿수끼리의 덧셈과 뺄셈은 그냥 풀 수 있다. 암산력을 충분히 길렀다면 세 자릿수끼리의 덧셈과 뺄셈도 어렵지 않게 풀 수 있다. 세로셈을 어려워한다면 아이의 암산력이 심각하게 부족한 것이다.

학교에서는 큰 수의 연산은 모두 세로셈으로 바꾸라고 하고, 또 받아올림한 수나 받아내림한 수를 쓰라고 가르친다. 심한 경우에는 답을 쓰지 못하는 이유도 그렇게 풀지 않았기 때문이라고 한다. 그러나 지금까지 내가 가르친 아이들은 모두 받아올림한 수나 받아내림한 수를 쓰지 않았다.

세로셈을 하지 않아서, 받아올림한 수나 받아내림한 수를 쓰지 않아서 답을 틀린 게 아니다. 큰 수의 연산을 틀리는 아이는 세로셈을 할 게 아니라 1학년에 해당하는 암산력을 길러야 한다.

사실 받아올림한 수를 쓰게 되면 오답이 줄어들고 아이도 편하다. 기계적으로 세로셈을 쓰고 받아올림한 수, 받아내림한 수를 쓰게 하면 알고리즘대로 하는 것이니 가르치는 사람도 편하다. 하지만 그러면 기껏 기른 암산력을 향상시킬 수 없다. 받아올림한 수 1을 쓰라고 하는 것은 거꾸로 더하기 1도 암산하지 말라는 말과 같다. 3학년 때는 곱하기에서 받아올림한 수가 8까지 올라가는데, 그때도 일일이 쓰라고 하면 수학의 빠르기를 포기하라는 것이다.

물론 학교 나름의 고충은 있다. 모든 아이의 실력이 같을 수 없다. 그래서 어떤 아이에게는 받아올림한 수를 쓰게 하고 어떤 아이에게는 받아올림한 수를 쓰지 말라고 가르칠 수 없다. 연산이 잘 안 되는 아이에게는 받아올림한 수가 도움이 된다. 하지만 잘하는 아이에게는 실력을 중간으로 끌어내리는 결과를 가져온다. 2학년 수학에서 연산 실력이 중간이라면 포기 수준이라고 봐야 한다. 학교에서 안 된다고 해도 집이나 학원에서는 암산력을 발전시키는 방향으로 아이를 가르쳐야 한다.

간혹 학원에서 연산력이 떨어지는 3~4학년 아이들에게 세 자릿수끼리의 덧셈과 뺄셈을 시킨다. 고학년이나 되었는데 작은 수의 연산을 하면 아이가 쉽게 하거나 창피해하기 때문에 큰 수의 연산을 시키는 것이다. 그렇게 해도 실력은 하나도 늘지 않는다.

연산 학습지에서 큰 수의 세로셈을 6개월에서 일 년 가까이 한다. 실력도 안 되는 아이가 지겨운 연산을 그렇게 오래 하는데 수포자가 안 되는 게 더 이상하다. 세로셈은 자릿값만 알면 된다. 4학년까지 계속 나오므로 길어야 2~3개월 동안, 많아야 하루에 1~2문제 정도만 풀면 된다.

모든 연산을, 특히 큰 수의 연산을 세로셈으로 풀 필요가 없다. 덧셈과 뺄셈의 확장 목표는 큰 수가 아니라 수 감각을 기르는 것이다.

부등호에서 배워야 하는 것

부등식: 두 수 또는 두 식을 부등호로 연결한 식
부등호: 큰 쪽으로 입을 벌리라는 명령 기호(>, <)

부등호가 있는 식은 읽기를 가장 먼저 해야 한다. '416 > 146'은 '416은 146보다 큽니다'라고 읽을 수 있는데, 여기에서 기준은 146이고 비교 대상은 416이다. 그럼 부등식 읽기를 다시 살펴보자.

416은 146보다 큽니다.

주어가 기준(146)이 아니라 비교 대상(416)이다. 기준을 달리해서 '146은 416보다 작습니다'라고 바꿔서도 읽어보자. '□<76'처럼 빈 칸이 포함된 식도 읽어야 한다. 아이가 읽기를 어려워하지 않을 것이다.

문제는 식으로 나타낼 때다. "416은 146보다 큽니다를 식으로 나타내시오"라는 문제의 답을 쓰지 못하는 아이가 많다. 그것은 부등호를 모른다기보다 '식'이라는 말을 모르기 때문이다. 아이들은 식을 모두 등식(등호로 나타낸 식)이라고 생각한다.

'416'도 식, '416＋416'도 식, '416＋146＝562'도 식이다. '416＞146'도 식(부등식)이다. 수학에 나오는 것은 모두 식이라고 아이에게 알려주자.

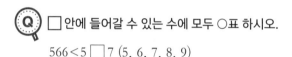

Q □ 안에 들어갈 수 있는 수에 모두 ○표 하시오.

566<5 □ 7 (5, 6, 7, 8, 9)

6, 7, 8, 9

7, 8, 9까지는 바로 쓰지만, 6은 쓰지 못하거나 헤매는 아이들이 꽤 있다. 하나씩 넣어서 답을 찾지 않았기 때문이지만 십의 자릿수가 6보다 크다고 생각해서 일의 자릿수 관계를 생각하지 못한 것이다. 아이들이 가장 어려워하는 문제를 살펴보자.

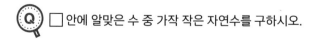

Q □ 안에 알맞은 수 중 가작 작은 자연수를 구하시오.

$34 > 53 - \square$

20

텔레비전 방송에서 사고력 수학이란 이름으로 이보다 어려운 부등식 문제를 초등학교 1학년 아이에게 풀게 하고 울리는 것을 본 적이 있다. 암산력을 배우고 책을 읽어야 할 아이에게 생각하라고 윽박지르면 사고력이 생길까? 아니다. 부등호의 이름도 모르고, 등식의 성질도 모르는 아이는 부등식은커녕 식이 무엇인지도 모른다. 어떤 설명도 아이는 이해하지 못할 것이다.

아이가 위 문제를 '34 > 53에서 $\square$ 빼기'라고 생각할 수도 있다. '72 − $\square$ > 66'과 비슷해 보이지만 난도의 차이가 크다. 아이가 암산력이 있다면 문제를 풀 수 있지만 그렇지 않다면 힘들다. 1부터 차례로 넣어 답을 찍기도 여의치 않은 문제다.

하지만 속상해할 필요가 전혀 없다. 그럴 때는 아이에게 식에서 부등호가 있으면 좌변과 우변으로 나눠서 보라고 알려주자. 또는 '크다', '작다'를 '같다'는 기준으로 생각하는 방법을 알려주어도 좋다. 예를 들면 '34 > 53 − $\square$'에서 >를 =라고 생각한다면 빈 칸의 답은 19가 된다. 그리고 부등식이 다시 >가 되게 하려면 빈 칸의 수가 19보다 큰 수(20, 21, 22,⋯)가 되어야 하는데, 그중 가장 작은 자연수는 20이다.

초등학교에서 부등호를 사용하는 식은 일부를 제외하고 거의 어렵지 않다. 문제가 쉽기 때문이다. 하지만 중·고등학교에 올라가면 아이들은 부등호를 무척 어려워한다. 초등학생 때 쉽다고 개념을 이해하려고 하지 않고 문제만 풀었기 때문이다.

부등식은 중학교 1학년 초반부터 나와서 수의 범위를 지정하고, 2학년에서도 다룬다. 그런데 초등학교에서 부등식을 대충 배우고 넘어간 많은 중학생이 미지수를 포함하는 부등식의 읽기조차 못한다. 초등학생 때 최소한 기준과 비교하는 양을 생각하고, 부등식을 자유자재로 읽을 때까지 연습해야 한다.

어림수로 계산하자

아이들은 1학년 때는 더 큰 수를 공부하고 싶어 하다가 막상 2학년 때 더 큰 수를 만나면, 곧 더 큰 수가 마냥 좋지 않다는 사실을 눈치챈다.

큰 수는 좀 더 쉬운 어림수로 수 감각을 키워주는 것이 좋다. 그리고 큰 수는 돈으로 하면 같은 수라도 어려워하지 않는다. 단위를 '원'으로 바꾸면 아이가 더 쉽다고 느낄 것이다.

Q 다음을 계산하여 합이 같은 것끼리 서로 이으시오.

① 87 + 58 •   • 85 + 55 ②

③ 83 + 59 •   • 89 + 56 ④

⑤ 86 + 54 •   • 88 + 54 ⑥

①-④, ②-⑤, ③-⑥

혹시라도 아이에게 전부 계산해서 답을 구하라고 하지 않았기 바란다. 문제를 전체적으로 보면 더하는 수와 더해지는 수의 십의 자릿수가 같다. 그래서 일의 자릿수만 더해도 된다. 잔머리를 굴린다고 볼 수도 있는데, 이런 것을 잔머리라고 한다면 수학에서는 반드시 필요하다. 기초 연산을 우직하게 했다면 확장할 때는 유연하게 생각할 줄 알아야 한다.

어림수: 대강의 값 또는 근삿값
반올림: 반 이상은 올리고 반 미만은 버려 어림수를 만드는 법

어림수는 직관적으로 알 수 있지만 그래도 정의를 통해서 정확하게 알아두면 좋다. 반올림의 정의를 정확하게 외우지 못한 고학년 학생들이 '반올림'은 '반만 올린다'고 기억해서 틀리는 일이 많다. 정의를 정확하게 외워서 그대로 적용하는 습관을 기르자. 예를 들면 937처럼 세 자릿수를 자릿수별로 반올림하는 것이다. 일의 자리에서 반올림하면 940, 십의 자리에서 반올림하면 900, 백의 자리에서 반올림하면 1000이다.

2학년에서 큰 수가 나오면 아이들이 세로셈부터 하려고 들 것이다. 내가 보기에 2학년 수 연산 확장에서 중요한 것은 어림수다. 큰 수 중에는 어림수로 계산하면 훨씬 편한 것이 많다. 그래서 어림

수를 가르치면서 그 점을 꼭 알려줄 필요가 있다.

예를 들어 '99＋59'를 세로셈하지 말고 암산하라고 하면 아이들은 자릿수끼리 더하고 나름 받아올림한 수까지 신경 써서 답을 구한다. 그런데 99가 100이 되고 싶다고 하는 순간 59에서 1을 빼 99에게 주어 '100＋58'을 생각하면, 쉽게 암산할 수 있다. 이런 문제를 여러 번 풀지 않으려면 아이가 효용성에 눈을 떠야 하고, 문제를 세로셈이 아닌 암산으로 풀어야 한다. 나중에는 '99＋59'를 '100＋60－2'까지 생각할 수 있어야 한다.

 두 수의 합이 800보다 작은 것을 고르시오.

① 399＋499

② 634＋120

③ 137＋778

④ 423＋507

⑤ 357＋443

②

아이가 전부 계산하려고 하면 계산하지 말고 '구하라'고 해야 한다. 실제로 수학 문제에서도 '구하시오'라고 한다. 어림수로 할 때 이 문제에서 직접 계산해봐야 하는 것은 ⑤번밖에 없다. 어림수로 암산을 하면 차나 합을 구하는 방법이 다양하다는 사실을 깨달을 수 있다. 다음처럼 연산 방법은 많다.

$$57 + 19$$

①   5   7

   +   1   9

   _____

② $57 + 19 = 56 + 1 + 19 = 56 + 20$

③ $57 + 19 = 57 + 20 - 1 = 77 - 1$

④ $57 + 19 = 57 + 3 + 16 = 60 + 16$

⑤ $57 + 19 = 57 + 10 + 9 = 67 + 9$

⑥ $57 + 19 = 60 + 20 - 4 = 80 - 4$

⑦ $57 + 19 = 19 \times 3 + 19 \times 1 = 19 \times 4$

⑦은 2학년에서 할 수도, 할 필요도 없지만 그냥 보여주려고 쓴 것이다. 4학년 이상은 되어야 하고, 소수를 배우고 수 감각이 있어야 한다. ⑥번까지 해보면 대다수 아이가 ②나 ④를 선호한다. 어림수로 암산을 많이 한 아이일수록 ⑥을 좋아한다. 이런 연습을 충분히 하고 몇 달 후에 사도 여러 가지 방법으로 구해보자.

그런데 여러 가지 방법을 말로 하면 이해하는 아이들이 식 중간에 빈 칸을 넣고 채우라고 하면 쓰지 못한다. 등식의 성질이 숨어 있기 때문이다.

역연산

초등학교 수학 교과서에는 등식의 성질 대신 역연산이 나온다. 등식의 성질은 연산이 다소 떨어지는 아이도 받아들인다. 그러나 등식의 성질을 대신해 사용하는 역연산은 암산력과 수 감각이 있는 아이들만 받아들인다. 그만큼 역연산이 등식의 성질보다 어렵다.

예를 들어 '$\square + 2 = 5$'라는 문제를 보고 빈 칸 안에 3이라는 답을 얼른 써넣을 수 있지만 구하는 방법을 물어보면 대다수 아이가 '$5 - 3$'이라는 식을 쓰지 못한다. 수 감각이 떨어지는 아이들에게 역연산을 가르치려면 수식을 외우게 하는 방법밖에 없다. 그러면 더 많은 훈련이 필요하게 된다.

Q 두 식 사이에 알맞은 부등호를 써넣으시오.

① $16 - 7 \ \square \ 16 + 7$

② $48 + 7 \ \square \ 48 - 3 + 8$

① $<$ ② $>$

문제에 부등호가 있으니 부등식 문제 같지만 더하거나 빼는 수가 같으니 16이나 48을 기준으로 커지고 작아지는 문제가 되어 부등식 문제라고 할 수 없다. 다시 다음과 같은 규칙을 통할 때는 등호가 여러 개 사용된다.

1부터 9까지의 수 중 두 수를 더해서 10이 되는 경우를 모두 찾으시오. 단, 두 수를 더하는 순서는 상관 없습니다.

$$(1, 9), (2, 8), (3, 7), (4, 6), (5, 5)$$

4학년의 삼각수로 이어지는 중요한 문제다. 초등학교 2학년 아이가 '$1+9=2+8=3+7=4+6=5+5=6+4=7+3=8+2=9+1=10$'이 된다는 것을 혼자서 알아내기는 거의 불가능에 가깝다. 만약 아이가 풀었다면 어디선가 배웠거나 영재라고 봐야 한다. 1씩 커지는 자연수의 개념과 맞물려 있어서 생각보다 쉽지 않다. 물론 알고 나면 쉬운 문제다.

그런데 답을 (1, 9)처럼 괄호 안에 쌍으로 적는 방식은 나중에 중학교의 함수에서 순서쌍이라고 배우는데, 종종 초등학교에서도 사용한다. 순서쌍은 이름 그대로 순서가 있는 쌍이다. 그러나 문제에서 순서를 생각하지 말라고 했으니 순서쌍이란 이름을 사용할 수는 없다. 성질을 알았다면 다음 문제는 좀 더 쉬울 것이다.

빈 칸에 7, 8, 9, 10을 한 번씩만 넣어 각 줄에 있는 수의 합이 같게 하시오. 순서는 상관 없습니다.

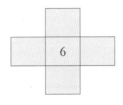

$(7, 10), (8, 9)$

사실 초등학교 2학년 시기는 논리적, 추상적 사고보다는 감각적, 직관적 사고가 중심이 된다. 남의 설명을 듣고 이해하기보다는 스스로 머리를 움직여 사고한다. 무언가를 설명했을 때 왜 그런지 이해하지 못해도 암기한다.

그래서 나는 이 시기에는 아이의 사고력을 기르기 위해 어려운 문제를 주지 말라고 한다. 암산력과 구구단이 부족하면 반드시 보충해야 하지만 논리적 사고가 떨어지면 조급하게 생각할 필요는 없기 때문이다. 2학년 수학은 1학년에 비해 응용 문제가 많아지는데, 여기에 어려운 문제를 더한다면 수학에 대한 흥미를 잃을 수 있다. 쉬워도 문제가 다소 복잡해지면 아이들은 수학에 어려움을 느끼고 수학 성적이 떨어질 수 있다.

사고력을 기르려면 수학 문제보다 책을 읽는 게 좋다. 수학 책에서 왜 국어 이야기를 하느냐고 의아해할 수 있겠지만, 국어는 물론이고 수학, 영어 등 모든 과목은 언어로 되어 있다. 그리고 이 과목들은 고학년으로 갈수록 더 어려워진다. 책을 읽지 않는 아이가 학교 공부를 잘할 확률은 아주 낮다.

문장제에서
덧셈식과 뺄셈식 만들기

문장제에 대해 알려면 먼저 덧셈과 뺄셈의 의미를 알아야 한다.

무정의 용어이지만 덧셈에는 첨가와 병합이라는 의미가 있다. '3+5=8'이라는 식을 두 가지 관점에서 살펴보자. 먼저, 3이라는 기준에 5를 더하면 8이라는 새로운 기준이 만들어진다. 이를 '첨가'라고 한다. 이는 다음과 같은 문제로 출제된다.

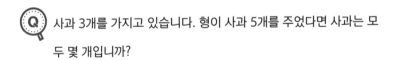

Q 사과 3개를 가지고 있습니다. 형이 사과 5개를 주었다면 사과는 모두 몇 개입니까?

그런데 학교에서 숙제로 문장제를 만들라고 하면, 간혹 아이들이 "사과 3개가 있습니다. 형이 배 5개를 주었다면 모두 몇 개입니까?"라는 잘못된 문제를 만든다. 사과와 배는 기준이 달라서 더할 수 없다. 더하려면 '과일은'이라는 말을 붙여 기준을 같게 해야 한다.

두번째는 '3 + 5 = 8'을 3이라는 기준과 5라는 기준을 더하면 8이 된다고 보는 것이다. 즉, 2개의 기준을 더하는 것인데, 이를 '병합'이라고 한다. '합'이라고도 할 수 있다. 덧셈을 병합의 관점에서 보면 문제도 달라진다.

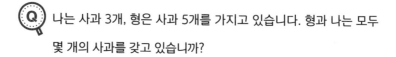

나는 사과 3개, 형은 사과 5개를 가지고 있습니다. 형과 나는 모두 몇 개의 사과를 갖고 있습니까?

각각을 기준으로 하기에 보통 이런 문제에는 '모두', '전부'라는 표현이 들어 있다. 더하기를 왜 이렇게 어렵게 설명하는지 궁금할 것이다. 첨가, 병합이라는 용어는 기억하지 않아도 된다. 단, 기준의 중요성은 반드시 깨달아야 한다. 기준을 알면 곱셈과 나눗셈 연산까지 쉬워진다.

뺄셈도 마찬가지로 두 가지 의미가 있다. 첫째는 앞의 수(처음 기준)에서 뒤의 수를 덜어내고 남은 수(새로운 기준)가 만들어지는 것이다. '제거'라고 한다. 둘째는 앞의 수에서 뒤의 수(처음 기준)를 빼면 새로운 기준이 만들어지는데, 이를 보통 '차'라고 한다. 다시 앞의 수와 뒤의 수를 모두 기준으로 하고 큰 수에서 작은 수를 빼는 것을 '차이'라고 한다(102쪽 참조).

앞에서도 말했지만 차와 차이는 분명히 다르다. 그런데 '차'와 '차이'를 구분하지 않은 문제가 있다. 잘못된 문제다. 초등 수학에서는 음수를 가르치지 않는다. 그런데 차와 차이를 구분하지 않고 문

제를 출제한다면 답은 음수가 되고, 음수를 알지 못하는 아이들은
문제를 틀릴 수밖에 없다.

3과 5의 차: $3 - 5 = -2$

3과 5의 차이: $5 - 3 = 2$

만약 아이가 뺄셈의 의미를 이해하지 못한다면 뺄셈은 '빼는
수가 기준'이라는 것만 기억해도 된다.

 다음 수 중에서 두 수의 차가 가장 큰 것을 고르시오.

> 56, 17, 43, 38, 62, 84

84, 17

모든 수는 가장 큰 수에서 가장 작은 수를 뺄 때 두 수의 차
가 가장 크다. 그래서 답이 84와 17이다. 그리고 문제에서 '차'라고
물어봤으니 답을 17과 84로 바꾸어 쓰면 음수(-67)가 되어 두 수의
차는 가장 작아진다. 다시 말해, 수를 바꾸어 써서는 안 된다.

자연수끼리 연산은 더하면 커지고 빼면 작아진다는 것이 아
이들이 얻은 결론이다. 그리고 커지면 덧셈($+$) 기호를 사용하고,
작아지면 뺄셈($-$) 기호를 사용해 식을 만드는 것이 문장제다. 글을
읽고 머릿속에 있는 기호의 개념 중에 알맞은 것을 꺼내어 사용하면
된다. 초등학교 2학년 때는 문장제를 읽고 커지고 작아지는 것만 구

분해도 어렵지 않다.

쉽지만 잘 읽어야 하는 문제

하지만 안타깝게도 아이들은 문제를 잘 읽지 않는다. 교과서나 문제집들이 단원에 맞는 문장제만 모아 놓은 탓도 있다. 그래서 쉬운 문제부터 시작해 잘 읽어야 하는 문제를 풀게 해야 한다.

소희네 반에 남학생이 24명, 여학생이 23명 있습니다. 소희네 반 학생은 모두 몇 명입니까?

운동장에 남학생 25명과 여학생 10명이 있었습니다. 여학생이 모두 교실에 들어갔다면 운동장에 있는 학생은 모두 몇 명입니까?

아니면 처음부터 덧셈과 뺄셈이 섞인 문장제를 풀어야 한다. 다음은 잘 읽어야 풀 수 있는 문제들이다.

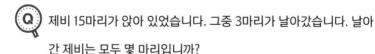

제비 15마리가 앉아 있었습니다. 그중 3마리가 날아갔습니다. 날아간 제비는 모두 몇 마리입니까?

3마리

'12마리'라고 답하는 아이들도 있다. 문제를 '남은 제비 몇 마리'라고 이해한 것이다. 아이들은 이런 문제를 허탈해한다. 하지만 이런 문제를 한두 개 정도 내서 문제는 잘 읽어야 하고, 잘 읽으면 답을 맞힐 수 있다는 사실을 알려주는 건 어떨까?

문제를 "제비 15마리가 앉아 있었습니다. 3마리가 날아왔습니다. 날아온 제비는 몇 마리입니까?"라고 바꾸어 '날아오다', '날아가다'를 구분 짓게 하는 것도 괜찮다.

Q 빨간 장미 27송이, 노란 장미 35송이, 흰 장미 30송이가 있습니다. 노란 장미와 흰 장미는 모두 몇 송이입니까?

65송이

이것도 잘 읽어야 하는 문제다. 아이가 92송이라고 한다면 역시 문제를 잘 읽어야 한다고 말해주자. 아이가 눈치채고 답을 65송이라고 바꿔 말하면 혼내지 말고 다시 말해주자. "왜 굳이 빨간 장미 개수를 알려줄까? 문제를 잘 안 읽는 친구들은 틀리라고!"

Q 영숙이네 문구점에는 지우개가 100개 있었습니다. 어제는 지우개를 33개 팔았고, 오늘은 27개를 팔았습니다. 지우개를 모두 몇 개 팔았습니까?

60개

문제의 답을 '40'이라고 말하는 아이들도 있다. '팔았다'라는 단어만 보고 빼기라고 생각해 남은 지우개 수를 말한 것이다. 이처럼 용어를 외워서 문제를 풀면 알면서도 답을 틀리는 실수가 잦아진다. 용어를 외우기보다 수가 커지는지 작아지는지를 생각해야 한다.

 10원짜리 동전 2개, 50원짜리 동전 3개, 100원짜리 동전 2개, 500원짜리 동전 3개가 있습니다. 동전은 모두 몇 개입니까?

10개

이런 문제를 말로 물어보면 아이들 대부분이 다시 말해달라고 한다. 답을 생각하다가 문제에서 뭘 구하라고 했는지 헷갈리는 것이다. 이런 문제를 아이에게 풀게 해도 되냐고 묻는 부모도 있다. 하지만 이런 문제에는 고등학교의 수열에서 사용하는 개념이 들어있다. 이 개념을 모르면 수열에서 항의 개수를 구하는 문제를 틀린다.

쉽지만 여러 번 계산해야 하는 문제

두 수의 덧셈, 뺄셈 다음은 세 수의 덧셈, 뺄셈이다. 세 수의 덧셈은 순서를 바꿔도 되지만 뺄셈이 있을 때는 앞부터 차례로 연산해야 한다. 순서대로 하면 되는 어렵지 않은 문제이지만 아이들은 귀찮아한다. 그런데 두 번 빼기나 다음과 같이 발전시킬 수 있는 식은 순서를 무시해도 된다.

Q 귤 26개에서 형이 9개를 먹고 동생이 4개를 먹었습니다. 남은 귤은 몇 개입니까?

→ $26 - 9 - 4 = \square$

→ $26 - (9 + 4) = \square$

13

뺄셈이 있을 때 순서대로 연산해야 하는 이유는 9에서 4를 빼는 오류를 범하지 않게 하기 위해서다. 만약 아이가 9를 빼고 4를 빼는 것이 13을 빼는 것과 같다는 사실을 안다면 순서를 무시해도 된다.

Q 세 수의 합이 24가 되도록 $\square$ 안에 알맞은 수를 써넣으시오.

$9 + \square + 7 = 24$

8

답을 구하는 방법을 식으로 쓰면 '$24 - 9 - 7 = \square$'이다. 이 식은 앞에서 말한 것처럼 '$24 - (9 + 7)$'로 발전시킬 수 있다. 그런데 24에서 9와 7을 더한 16을 뺄 때 빨리 암산이 되지 않는 아이는 세로셈으로 문제를 푸는 경우가 있다. 그렇게 하면 수학이 더 귀찮아진다. 그보다는 16에 얼마가 있어야 24가 될까 생각하는 편이 오답의 확률을 줄일 수 있다.

16과 24 사이에는 20이라는 숫자가 있다. 16이 20이 되려면 4가 필요하고 20에서 24가 되려면 역시 4가 필요하다. 4와 4가 필요하므로 답은 8이다. 이 방법은 연산이 약한 미국인들이 평소에 사용하는 방법이기도 하다.

아이들이 귀찮아하는 문제 중 시험에 가장 자주 나오는 문제는 '잘못된 계산 바로잡기'다. 이런 문제가 중학교, 고등학교까지 계속해서 나온다. 한 번만 잘 잡으면 문제가 없지만 그렇지 않으면 계속 틀리게 될 것이다.

 어떤 수에 10을 더해야 하는데 10을 뺐더니 17이 되었습니다. 원래대로 10을 더하면 합은 얼마인지 구하시오.

37

수 감각이 있는 아이라면 10을 더해야 하는데 뺐으니 20이 부족하다는 것을 깨닫고 바로 17에 20을 더해 답을 구한다. 하지만 이런 문제를 처음 접하는 아이는 빨리 답을 구해야 한다는 생각에 문제 자체를 이해하지 못할 수도 있다.

먼저 어떤 수가 무엇인지 알아야 바르게 계산한다. 그리고 문제를 끊어 읽어야 한다.

어떤 수에/ 10을 더해야 하는데 10을 뺐더니/ 17이 되었습니다.

문제를 끊어 읽어야 어떤 수를 빈 칸으로 두고 '$\Box - 10 = 17$'
이라는 식을 만들어 빈 칸 안에 들어갈 수를 구한다. 그다음 바르게
10을 더하면 합이 몇인지 구할 것이다. 지금은 아니지만 아이가 나
중에 등식의 성질을 배우고 나면 이 문제를 좀 더 쉽게 풀 수 있다.

$\Box - 10 = 17 \rightarrow \Box - 10 + 10 = 17 + 10 \rightarrow$
$\Box = 27 \rightarrow \Box + 10 = 37$

한 문제만 더 풀어보자.

 세 자릿수를 백의 자리와 일의 자리를 바꾸어 275를 더했더니 601
이 되었습니다. 처음 세 자릿수를 구하시오.

623

이 문제도 역시 바꾸어서 만든 어떤 수를 먼저 구해야 한다.

$\Box + 275 = 601 \rightarrow 601 - 275 = \Box$

빈 칸 안에 들어갈 수 326을 구한 다음 백의 자릿수와 일의
자릿수를 바꾸면 된다. 비교적 간단하지만 세 자릿수 연산이고, 또

자릿수를 바꿔야 하는 문제라서 아이들은 풀어보지도 않고 귀찮다고 생각할 수 있다. 또 아이들이 귀찮아하는 문제 중에 '가짓수'를 구하는 문제가 있다.

 지은이는 500원짜리 동전을 50원짜리나 100원짜리 동전으로 바꾸려고 합니다. 동전을 바꿀 방법은 모두 몇 가지입니까?

6가지

'표를 만들어 문제 풀기'다. 그런데 표 만들기로 문제를 푸는 것은 초등학교 저학년에게는 어려울 수 있다. 이해하기 쉽게 표를 그리면 표가 어렵고, 아무리 간단한 표도 숫자를 넣기 어렵다. 빈 칸에 숫자를 잘 채우고도 몇 가지인지 구하지 못하는 아이도 많다. 표를 만들어 문제를 풀려면 적어도 5학년은 되어야 한다. 그래서 초등학교 저학년 때는 개념만 받아들여도 된다.

이런 문제는 먼저 '큰 수'를 기준으로 잡는 것이 핵심이다. 여기서는 100원이 큰 수이므로 100원짜리가 5개, 4개, 3개, 2개, 1개, 0개가 되고, 100원짜리 개수를 기준으로 50원짜리 개수를 맞추면 된다.

합과
차의 관계

$$+ \div$$
$$\times$$

암산력을 기른 다음 가장 먼저 넘어야 할 산이 바로 합과 차의 관계로 문제 풀기다. 많은 아이가 어려워하는데, 그 안에 수 분해의 개념이 들어 있기 때문이다. 쉬운 문제부터 풀면서 개념을 알아보자.

Q 고양이가 7마리 있습니다. 쥐는 고양이보다 3마리가 더 많습니다. 고양이와 쥐는 모두 몇 마리입니까?

17마리

실제 문제에서는 이보다 더 큰 수가 나온다.

Q 수희는 일주일 동안 종이학을 170개 접었습니다. 종이비행기는 종이학보다 25개 더 접었습니다. 일주일 동안 접은 종이비행기는 모두 몇 개입니까?

2학년 때는 두 수의 연산보다 두 수의 관계로 확장해야 한다. 예를 들어 7과 5라는 수가 있을 때 그 합은 당연히 12이지만, 7과 5를 비교하기 쉽게 7을 분해하면 5＋2가 된다. 이 관점으로 보면 합인 12는 '5＋(5＋2)'로 분해된다. 이제 여기에서 합과 차를 알고, 역으로 수를 찾아내야 한다.

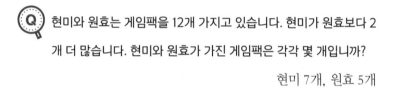 현미와 원효는 게임팩을 12개 가지고 있습니다. 현미가 원효보다 2개 더 많습니다. 현미와 원효가 가진 게임팩은 각각 몇 개입니까?

현미 7개, 원효 5개

현미와 원효가 가진 게임팩 합이 12이고, 차가 2라고 알려주고, 역으로 7과 5라는 수를 찾아내라는 문제다. 더 쉽게 풀어서 설명할 수도 있다.

현미가 원효보다 게임팩이 2개 더 많다고 했으니, 먼저 현미에게 게임팩 2개를 준다. 그리고 남은 10개의 게임팩을 똑같이 나누어 현미와 원효에게 각각 5개씩 준다. 그럼 현미는 먼저 받은 2개와 그다음 받은 5개를 합치면 게임팩 7개를 가지게 된다. 원효는 당연히 5개를 가지게 된다. 그런데 아직 나누기를 배우지 않아서 아이들이 반으로 나누지 못할 수도 있다.

숫자만 바꾸어서 나오는 이런 문제는 한 번 어긋나면 계속해서 틀린다. 그래서 처음에 잘 잡아야 한다. 이처럼 분해할 때 같은 수(5)가 나오는 문제도 있지만 그렇지 않은 문제도 있다. 대표적인 것이 수직선에서 겹치는 부분을 처리하는 문제다.

Q 다음 선분 ㄱㄴ의 길이를 구하시오.

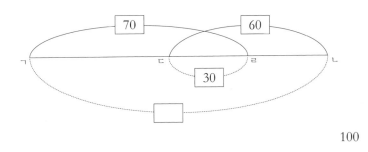

100

선분 ㄷㄴ의 길이 60에서 겹치는 부분 30을 뺀 길이와 선분 ㄱㄹ의 길이 70을 더해야 한다. $(60-30)+70=100$. 나는 이 방법보다 30이 두 번 겹치니 한 번 빼야 한다고 설명한다. 그럼 식은 '$70+60-30=100$'이 된다. 답을 구하기는 첫 번째 방법이 더 편하겠지만 '겹치는 부분'이 나중에 중요 개념인 '교집합'으로 바뀌기 때문에 두 번째 방법으로 가르치는 게 더 좋다. 만약 아이가 이해하지 못한다면 물건이나 그림을 사용해 구체적으로 보여주어도 좋다.

확률로 가는 첫 단추

$+ \div \times$

숫자 카드를 이용해 두 자릿수나 세 자릿수 등의 수를 만들거나 분수의 분모와 분자를 만드는 문제 유형이 많다. 특히 두 자릿수나 세 자릿수를 만드는 문제는 경우의 수로 넘어가서 확률로 이어지고, 고등학교에서는 순열로 이어진다. 다시 말해, 숫자 카드로 자릿수를 만드는 문제는 확률로 가는 첫 단추인 셈이다.

그러나 확률과 통계는 수학의 다른 영역과의 교류가 상대적으로 적어서 방정식이나 함수를 잘하는 아이도 따라가지 못하는 경우가 많다. 그래서 숫자 카드 문제는 당장 풀려고 급급해할 게 아니라 나중에 공부하는 데 도움이 되도록 접근해야 한다.

처음 숫자 카드를 접하는 아이에게는 숫자 카드의 특성을 알려주자. 아주 간단하다. 숫자 카드는 한 번밖에 사용할 수 없다. 정확하게 말하면 수 하나를 만들 때 한 번 사용한 카드는 다시 사용할 수 없고, 다음 수를 만들 때는 다시 사용할 수 있다. 만드는 수 하나

당 한 번만 사용할 수 있는 것이다.

그러나 아무렇게나 카드를 사용해 수를 만들면 경우의 수로 확장할 수 없다. 다음과 같은 순서로 자릿수를 만들어야 한다.

Q 다음 숫자 카드로 세 자리 자연수를 만들려고 합니다. 다음 물음에 답하시오.

① 백의 자릿수가 3일 때 만들 수 있는 세 자리 자연수를 모두 쓰시오.

② 백의 자릿수가 8일 때 만들 수 있는 세 자리 자연수를 모두 쓰시오.

③ 백의 자릿수가 5일 때 만들 수 있는 세 자리 자연수를 모두 쓰시오.

④ 숫자 카드로 만들 수 있는 세 자리 자연수는 모두 몇 개입 니까?

① 385, 358 ② 835, 853 ③ 538, 583 ④ 6개

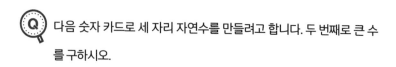

Q 다음 숫자 카드로 세 자리 자연수를 만들려고 합니다. 두 번째로 큰 수를 구하시오.

| 4 | 2 | 6 | 7 | 8 |

874

먼저 가장 큰 수인 8을 기준으로 세 자릿수를 만들면 된다.

이외에 2학년은 측정 단위와 시간에 대해서도 배우는데 이 두 가지는 문제집이 아니라 일상생활에서 반복해서 사용해야 한다. 시간에서 '~일 후'의 개념은 4학년에 나오는 '~일째'의 개념과 구분해야 한다.

아이들이 자주 틀리는 수학 개념

● 분류

나는 수학에서 가장 가르치기 어려운 게 분류라고 생각한다. 물론 그냥 알려주기는 쉽지만 아이 스스로 분류의 기준을 잡을 수 있도록 도와주는 것은 어렵다. 그래서 분류는 기준을 잡을 수 있게 꾸준히 도와주어야 한다.

분류란 '분류한 모든 것을 합하면 전체가 되는 것'이다. 예를 들어 모든 수를 7과 7이 아닌 수로 분류할 수 있을까? 있다. 7과 7이 아닌 수를 모두 합하면 모든 수가 되기 때문이다. 그럼 모든 수를 7보다 큰 수와 7보다 작은 수로 분류할 수 있을까? 없다. 7보다 큰 수와 7보다 작은 수를 합했을 때 7이 빠지기 때문이다.

분류는 분류의 기준과 함께 전체를 봐야 한다. 그래서 아이가 분류를 정확하게 할 줄 알게 되면 수학뿐만 아니라 모든 공부에서 확실하게 지식을 쌓을 수 있다.

● 시각과 시간

흐르는 시간의 한 지점을 시각이라고 한다. 즉, 일상생활에서 우리가 시계를 보면서 몇 시 몇 분이라고 하는 것은 시각을 말하는 것이다. 시간은 시각과 시각의 차이를 말한다. 그래서 다음과 같이 계산할 수 있다. 참고로 빼기를 제외한 시각과 시각은 계산할 수 없다.

시각 − 시각 = 시간

시각 + 시간 = 시각

시간 + 시간 = 시간

시간 − 시간 = 시간

● 도형

2학년 때는 원, 삼각형, 사각형, 오각형, 육각형을 보여주고, 도형의 구성 요소인 변과 꼭짓점을 가르친다. 아이들이 어려워하지는 않지만 처음 배울 때 정확하게 배워야 하는데, 간단하게 둘러맞춰 가르치는 것 같아 몇 가지만 짚고 넘어가겠다.

흔히 원을 보여주면서 "그림과 같은 모양의 도형을 원이라고 한다"라고 가르친다. 나머지 도형도 마찬가지다. 그리고 삼각형의 곧은 선을 변, 삼각형의 두 곧은 선이 만나는 점을 꼭짓점이라고 가르친다. 어차피 계속 나오는 것이니 처음에는 간단하게 알려줘도 괜찮다고 생각하겠지만, 나중에 가도 별반 달라지지 않는다.

25년간 아이들에게 수학을 가르치면서 내가 내린 도형의 정의는 '그림의 모양을 띤 모든 것'이다. 유클리드의 공리에 따르면 점은 위치만 있고 길이,

넓이, 부피가 없다. 따라서 점은 모든 도형의 최소 단위이지만 그릴 수 없어서 도형이라고 할 수 없다. 선은 점이 움직여서 만든 것으로 직선과 곡선이 있다. 그리고 직선이 움직여서 평면을, 곡선이 움직여서 곡면을 만든다. 내가 내린 변의 정의는 도형에서 각을 이루는 선분이다. 일직선에 있지 않은 세 점을 이은 세 선분으로 둘러싸인 도형을 삼각형, 끝점을 서로 이은 네 선분으로 둘러싸인 평면도형을 사각형이라고 한다. 교과서처럼 '그림과 같이'라고 도형을 정의해 버리면 그림이 없을 경우 삐져나온 도형이나 입체도형도 포함될 수 있는 것이다.

● 세모와 삼각형

1학년 때는 세모, 네모, 동그라미라고 배우다가 2학년부터는 삼각형, 사각형, 원이라고 배운다. 그래서 많은 아이가 세모와 삼각형을 똑같다고 생각하고, 그렇기 때문에 이 둘을 구별하는 문제가 시험에도 나오는 것이다. 이 시기 아이들은 "세모 모양과 삼각형은 무엇이 달라요?"라고 질문하지 않는다. 그래서 둘의 차이는 가르치는 사람이 알려주어야 한다.

예를 들면, 트라이앵글은 세모 모양이지만 삼각형은 아니다. 왜 그럴까? 해답은 정의에 있다. 삼각형은 일직선에 있지 않은 세 점을 이은 세 선분으로 둘러싸인 도형을 말한다. 이 조건에 맞지 않으면 삼각형이 아니다. 세 선분으로 둘러싸여 있지 않거나 선분이 삐져나오면 삼각형이 아니다.

초등학교에서는 마치 사각형이 도형의 기본인 것처럼 나오지만 사각형을 분해해 단위로 삼으면 결국 삼각형이 된다. 어느 도형보다 삼각형을 보는 눈을 길러야 한다.

초등 수학 Column

2학년 때
꼭 등식의 성질을 가르쳐야 할까?

수학에서 가장 중요한 기호를 꼽으라고 한다면 나는 주저없이 등호(=)라
고 말하겠다. 사칙연산을 하는 수학에서 모든 수는 커지거나 작아지며, 그
중 변하지 않는 것은 모든 변하는 것의 기준이 된다. 그래서 모든 수학 문
제에는 등식의 성질이 있다.

그런데 우리는 이 중요한 기호를 너무 찬밥 취급한다. 초등학교에서는 등
식의 성질을 가르치려면 음수의 개념도 가르쳐야 하는데, 그러면 난도가
너무 높아져 안 된다고 한다. 정작 음수를 배우는 중학교에서도 충분히 다
루지 않고 임시방편으로 '이항'을 알려준다.

등식의 성질이 중요하다고 말하면 아이가 어려워할 거라고 걱정하는 부모
도 있다. 하지만 사실 수학에서 중요한 개념 중 어려운 것은 거의 없다. 2학
년 때 가르쳐도 어려워하지 않았다.

아이들 대부분은 '등호의 왼쪽과 오른쪽이 같다'고 생각하지 않고 오른쪽은
답을 쓰는 곳이라고 착각한다. 먼저 이 부분부터 바로잡아야 한다. 등식의

성질을 알려주고 다음 문제들의 빈 칸을 채우게 하자.

① 5 = $\boxed{}$

② $\boxed{}$ = 0

③ 173 = $\boxed{}$

④ 100 + 7 = 100 + $\boxed{}$

⑤ 100 + 7 = 100 + 5 + $\boxed{}$

⑥ 100 + 57 = 100 + $\boxed{}$ + 7

⑦ 20 + 3 = 19 + 1 + $\boxed{}$

⑧ 20 + 4 = 19 + $\boxed{}$ + 4

⑨ 9 = $\boxed{}$ - 1

⑩ 10 = $\boxed{}$ - 1 + 1

① 5 ② 0 ③ 173 ④ 7 ⑤ 2

⑥ 50 ⑦ 3 ⑧ 1 ⑨ 10 ⑩ 10

부모의 걱정과 달리 아이들은 문제를 어려워하지 않고 재미있어하며 쉽게 풀 것이다. 2학년부터는 등식의 성질이 곳곳에 나오기 시작하고 어려운 문제는 대부분 등식의 성질로 풀 수 있다. 그래서 등식의 성질을 가르쳐야 한다. 2학년 때는 계산에 필요 없는 수를 지우는 문제에 등식의 성질이 사용된다. 다음 문제를 살펴보자.

다음 계산에서 필요 없는 수에 × 표시를 하시오.

① 4＋15＋6＋12＝31

② 43－7－4－6＝33

① 6 ② 7

①은 왼쪽을 모두 더하면 37이 되고, 오른쪽은 31이다. 일의 자릿수만 모두 더하면 17이 되는데, 십을 뺀 일의 자릿수가 오른쪽의 일의 자릿수와 같게 1이 되려면 6이 없어져야 한다. ②도 왼쪽을 모두 빼면 26이 되고, 오른쪽은 33이다. 수 감각이 있는 아이라면 43이 33이 되려면 얼마를 더 빼야 하는지 알 것이다.

3학년 수학 개념
이렇게 먹어야 한다

3학년을 위한 수학 통역

주안점	빠르기
교과서 목차	1학기: 덧셈과 뺄셈, 평면도형, 나눗셈, 곱셈, 길이와 시간, 분수와 소수 2학기: 곱셈, 나눗셈, 원, 분수, 들이와 무게, 자료의 정리
교과서 중요 개념	선분, 반직선, 직선, 각, 직각, 직각삼각형, 직사각형, 정사각형, 나눗셈, 검산, 분수, 단위분수, 소수, 원, 진분수, 가분수, 대분수, L(리터)와 kg(킬로그램)
교과서에 없는 중요 개념	몫창, 선분의 올바른 정의, 직각의 정의, 각도의 정의, 직사각형의 정의, 나눗셈의 정의, 분수의 정의, 원의 정의, L와 kg의 관계, 반으로 만들기, 나머지 처리 능력, 숫자 카드로 가장 큰 수 또는 작은 수 만들기, 문장제에서 곱하기와 나누기의 의미로 식 만들기

조선생의 교과서 분석

1학년에서 암산력을 기르고 2학년에서 구구단을 익혔다면, 3학년에서는 이 두 가지를 가지고 두 자릿수 곱하기 한 자릿수, 두세 자릿수 나누기 한 자릿수를 빠르게 해야 한다.

3학년은 원천 빠르기를 완성하는 시기다. 3학년 이후로 빨라지는 것은 기술적인 빠르기로 원천 빠르기의 한계가 있다. 암산을 막는 교과서의 최대 약점은 빠르기에 있고, 빠르기는 집에서 부모가 길러주어야 한다. 이때 빠르면 평생 빠르고, 이때 느리면 평생 느리게 된다.

연산의 빠르기는 머리와는 관계가 적고 오로지 훈련에 좌우된다. 암산력도 구구단도 빨라질 때까지 연습하면 빨라진다. 3학년의 곱셈과 나눗셈도 연습으로 빨라져서 탄성을 끊어 낸다면 다시는 느려지지 않는다. 그다음 4학년부터는 학습 방향을 바꾸어 시간이 걸려도 정확도와 논리를 잡아야 한다.

연산은 꾸준히 해야 한다고 말하는 사람이 많지만 그것은 사교육의 미개팅일 뿐이다. 필요한 연산을 정확하게 원하는 만큼 완성하면 된다.

빠르기

양동이 안에 물을 넣고 잉크 한 방울을 떨어뜨리면 시간이 지나면서 잉크가 물에 퍼지게 된다. 이후 수백만 년의 세월이 지난다고 해도 물에 퍼진 잉크가 다시 뭉쳐 처음처럼 한 방울이 될 가능성은 0이다. 밀도를 높이는 좋은 변화는 변화하려고 할 때만 이루어진다. 연산의 빠르기도 마찬가지다.

많은 부모가 수학이 요구하는 빠르기와 정확도 중에 정확도를 우선시한다. 점수 때문이다. 빨리 푼다고 점수를 더 주는 것도 아니고, 빨리 풀어도 자꾸 틀린다면 점수를 잃기 때문이다. 맞는 말이다. 자꾸 틀리면서 빨리 푼다면 소용없다. 그러나 문제 풀이가 지겨워서 대충 풀려고 마음먹은 아이들을 제외하고 자꾸 틀리면서 문제를 빠르게 푸는 아이는 없다.

아이는 완성품이 아니라서 교육에는 항상 순서가 있다. 3학년까지는 빠르기와 정확도라는 2개의 축 중 빠르기 위주로 해야 한다.

빠르기 위주로 하면 정확도도 높아지지만 정확도 위주로 하면 빠르기를 잃는다. 빠르기는 3학년에서 완성된다. 이때 빠르기를 잡지 않으면 당장 1~2년 뒤 오답이 늘고 문제 풀이 속도가 느려서 아이가 고생하는 모습을 보게 될 것이다. 실제로 지금까지 수학을 가르치면서 빠르기를 잡지 못해 후회하는 부모들을 무수히 보았다.

사실 3학년까지는 수학 문제가 어렵지 않다. 어떤 공부법을 택하든 집에서 문제집 한두 권만 풀어도 어느 정도 점수는 받는다. 그러면 흔히 선택한 공부법이 올바르다고 착각하고 정확도 위주로 아이를 가르친다. 그래서 빠르기를 놓치게 되고, 4학년에 올라가서 큰 수 연산이나 분수 연산의 암산을 받아들이지 못하게 된다.

빠르기는 지금 초등학교에서 사용하려고 익히는 게 아니다. 연산의 최종 목표는 고등학교 1학년 공통 수학을 풀 만큼의 빠르기를 기르는 것이다. 그 빠르기의 근원적인 부분이 바로 초등학교 3학년에서 결정된다.

3학년 때 빠르기를 완성하지 않았다고 가정해보자. 당장 4학년에서 큰 수의 연산을 배우기가 어려울 것이다. 큰 수의 연산을 수월하게 넘겼다고 해도 5학년 약분은 백이면 백 어려워한다. 그래서 학교에서 가르치는 분수의 알고리즘대로 길게 쓰면서 분수의 사칙연산을 간신히 해 나가는 길을 택한다. 누군가는 과정이 복잡해도 풀기만 하면 된다고 생각할 것이다. 6학년만 되어도 분수의 사칙연산을 잊어버리는 아이들이 많으며, 중학생 절반이 분수의 사칙연산을 못한다는 사실을 모르는 사람이다.

교과서가 요구하는 대로 문제를 정확하고 빠르게 분수의 알고리즘에 따라 풀면서 암산을 하나도 하지 않는다고 가정해보자. 초등학교 6학년, 중학교 1학년에서 암산 3~4개를 해야 한다. 그 시기에 암산 3~4개를 하는 아이는 그럭저럭 버틴다. 간혹 실수해서 문제를 한두 개 정도 틀려도 90점까지는 받을 수 있다. 그러나 문제가 요구하는 것보다 암산 실력이 부족한 아이는 이미 수포자의 길에 들어섰거나 수학 성적이 바닥을 치고 있을 가능성이 높다.

수학은 인풋과 아웃풋이 비교적 정확한 과목이다. 내가 알려주는 로드맵대로 한다면 3학년 빠르기에서 암산을 3~4개 할 수 있다. 그럼 4학년과 5학년 분수에서 요구하는 암산 5~6개도 할 수 있다. 분수의 모든 계산을 암산 처리하면 10~11개까지도 가능하지만 거기까지 하면 연산 부작용이 생긴다. 그래서 5~6개에서 그치게 하고 있다.

5학년 분수에서 암산을 5~6개 하는 이유는 중학교 2학년 연립방정식에서 암산을 5~6개 해야 하기 때문이다. 그다음 3학년에서는 인수분해에서 1~2개가 추가되어 총 6~8개의 암산을 해야 한다. 이때 암산이 3~4개에 머무른 아이들은 대다수 수포자가 된다. 중학교 3학년의 인수분해가 빨라지면 이차방정식의 인수분해를 해야 하는 대부분의 고등학교 수학 문제도 빠르게 풀 수 있다.

이처럼 암산이나 빠르기도 전체적인 큰 그림을 그리고 가야 하는데, 부모들은 기본을 외면하고 선행 학습만 시키거나 잘못된 방향으로 수학 성적만을 뒤쫓는 공부를 시킨다. 극히 일부만 그 과정에서 효과를 보게 되고, 대부분은 더 힘든 과정을 거쳐서 초라한 성적표만 받게 된다.

수학은 공부의 범위를 정확하게 정하고 시간을 최대한 단축해야 한다. 빠르기가 완성되면 곧바로 방법을 바꾸어 정확도 위주로 공부를 해야 한다. 정확도 위주로 공부할 때는 문제 수를 대폭 줄이고 시간 제약을 주지 않는 보완이 필요하다. 대신 한 번 빨라지면 다시는 속도가 떨어지지 않는다. 빠르기가 완성된 아이는 아무리 천천히 하라고 해도 다른 아이들보다 빠르고 확장을 훨씬 쉽게 한다.

＋
÷
－
×

두 자릿수×한 자릿수

곱셈과 나눗셈에서는 빠른 암산력과 구구단이 뒷받침되어야 한다. 암산력은 1학년 과정이고, 구구단은 2학년 과정이다. 3학년 말에 곱셈과 나눗셈이 섞인 문제 20개를 1분 20초 안에 푼다면 빠르기가 완성되었다고 볼 수 있다.

구구단을 거꾸로 한꺼번에 외우기 시작해 50초대가 되면 두 자릿수 곱하기 한 자릿수의 세로셈을 시작한다. 가장 먼저 해야 되는 일은 곱하기의 의미를 배우는 것이다. 정의는 다시 말하지만 반드시 외워야 한다.

곱하기: 같은 수의 더하기가 귀찮아서 한꺼번에 더하기

곱하기의 의미는 2학년에서 구구단을 외우면서 배웠지만 벌써 잊어버렸을 것이다. 여전히 많은 아이가 "12×3을 더하기로 바꾸

시오"라는 문제에 '12＋3'이라고 답한다. 수학에서 '바꾼다'는 중학교 수학의 '대입(대신 집어넣기)'처럼 항상 같아야 바꿀 수 있다. 곱하기의 자세한 설명은 2장을 참조하자.

*올바른 표기는 '배꼽'입니다만, 곱하기의 개념을 좀 더 쉽게
이해시키기 위해 예외적으로 '배곱'이라고 표기합니다.

12의 3배가 뭐야?

'12×3'이요.

'12×3'을 더하기로 바꾸면?

'12+12+12'요.

그럼 나누기는 뭐야?

같은 수의 빼기요.

아직 나누기는 모르지?

네!

나누기 들어가면 설명해줄게.

곱셈은 두 자릿수 곱하기 한 자릿수만 빠르게 하면 된다. 두 자릿수 곱하기 한 자릿수에서 빠르기의 절반이 완성되는데 무조건 많이 해서는 소용이 없고 다음 방법을 따라야 한다.

곱하기도 잘하는 방법이 있다

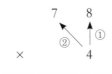

첫째, 곱하기의 방향은 반드시 아래에서 위로 향해야 한다. '4×8'이 생각나지 않는다고 '8×4'로 해서는 안 된다. 일의 자릿수끼리의 곱셈을 할 때는 먼저 일의 자릿수를 먼저 쓰고, 십의 자릿수는 쓰지 않고 머릿속에 담는다. 예를 들면 '8×4=32'에서 일의 자릿수인 2를 쓰고, 십의 자릿수인 3은 쓰지 않고 기억만 하는 것이다.

둘째 일의 자릿수와 십의 자릿수를 곱한 수(4×7=28)에 앞서 기억한 십의 자릿수 3을 더한다. 이때 많은 아이가 8과 3만 더하고 십의 자릿수인 2를 잊어버린다. 반드시 전체를 한 번에 더해야 한다.

받아올림한 수를 적었다가 더하면 당장은 정확도가 높아지겠지만 속도는 느려진다. 아이가 어려워한다면 먼저 3에서 2를 빼서 28에 더해 30을 만든다. 그리고 남은 1을 더한다. 이 과정을 거치면 머릿속에서 암산을 3개 하는 효과가 있다.

앞에서도 말했듯이 곱셈의 빠르기를 위해서는 아무 단이든 구구단을 잘 외워야 하고 덧셈 암산이 필요하다. 이 중에 어느 하나라도 부족하면 절대 빨라질 수 없다. 부족한 부분이 있다면 그 부분부터 채워야 한다. 초등학교 3학년 때는 얼마든지 수학의 부족한 부분을 채울 수 있다.

암산력과 구구단이 완성된 상태에서 이 방법대로 두 자릿수 곱하기 한 자릿수 문제 20개를 1분에서 1분 10초 안에 하면 빠르기는 완성이다. 그 시간 안에 들어갈 때까지 6개월이 걸리든 1년이 걸리든 끝까지 해야 한다. 대신 큰 수의 연산은 할 줄만 알면 된다.

빠르기가 완성되면 그다음 세 자릿수 곱하기 한 자릿수, 네 자릿수 곱하기 한 자릿수는 1~2주 연습으로 자신감만 키워주자. 두 자릿수 곱하기 두 자릿수는 네 자릿수 곱하기 한 자릿수보다 어렵지만 자릿값을 배우는 목적 외에는 별다른 게 없다. 처음 가르칠 때 왜 세로셈에서는 왼쪽으로 한 칸씩 자리를 옮기는지 그 이유만 확실히 설명하면 된다. 그리고 곱한 수들은 다시 곱하지 않고 더하는 것을 연습해 혼동하지 않는다면 자릿값을 알게 된 것이다. 이제 4학년 큰 수의 곱셈 준비는 끝났다.

자주 나오는 문제

Q 다음 숫자 카드를 한 번씩만 사용해 □□×□ (두 자릿수×한 자릿수) 곱셈식을 만들려고 합니다. 곱이 가장 큰 식을 구하시오.

$$53 \times 7$$

모두 곱해 어떤 곱셈식이 가장 큰지 알아보는 문제는 아이들 대다수가 싫어하지만 문제를 쉽게 풀 방법을 알려주기 전에 일일이 곱하게 하자. 한 번 해보면 머리를 쓰면 손발이 덜 고생한다는 사실을 스스로 깨달을 것이다.

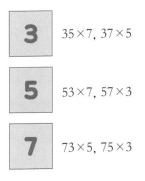

3 35×7, 37×5

5 53×7, 57×3

7 73×5, 75×3

만들 때는 앞자리에 수 하나를 두고 뒤의 수를 바꾸면 된다. 각 수마다 식이 2개씩 만들어지므로 식은 총 6개다. 중간에 곱하기가 있지만 결국 3장의 숫자 카드로 세 자릿수를 만드는 방법과 같다.

이 문제에서 아이들이 가장 혼동하는 것은 가장 큰 수를 두 자릿수 중 십의 자리에 쓸 것인가, 아니면 곱하는 자리에 쓸 것인가이다. 다시 말해 '53×7'과 '73×5' 중 무엇이 더 큰지 혼동하는 것이다. 각각 곱해보면 알겠지만 '5×7', '7×5'는 서로 바꾸어 곱해도 같다. 그래서 여기에서 중요한 것은 십의 자릿수가 아니라 일의 자릿수끼리의 곱이다. '3×5'보다 '3×7'이 더 크다. 답은 '53×7'이다.

이런 문제는 한 자릿수를 곱할 때는 곱하는 수에 가장 큰 수를 쓰고, 나머지 수는 큰 수의 자리부터 차례로 적으면 된다. 반대로 곱이 가장 작은 식을 만들 때는 곱하는 수에 가장 작은 수를 쓰고 나머지 수는 큰 수의 자리부터 점점 커지는 수를 차례로 적으면 된다. 이 방법을 깨닫는다면 일일이 곱하지 않아도 바로 답을 알아낼 수 있다.

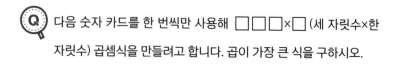 다음 숫자 카드를 한 번씩만 사용해 ☐☐☐×☐ (세 자릿수×한 자릿수) 곱셈식을 만들려고 합니다. 곱이 가장 큰 식을 구하시오.

753×9

앞의 설명을 이해했다면 이 문제도 쉽게 풀 수 있다. 곱이 가장 작은 식은 곱하는 수에 가장 작은 수 3을 넣으면 된다.

몽창으로 나눗셈을 준비하자

답이 없는 구구단을 한꺼번에 거꾸로 외워서(역창) 33~36초 안에 끝나는 아이는 잘 때 흔들어 깨워 물어도 구구단을 말한다. 이쯤 되면 구구단을 완벽하게 했다고 생각하기 쉽지만 아직 완벽하다고 할 수 없다. 여기에서 다시 몽창을 해야 한다. 아무거나 물어보는 분산창을 할 수도 있지만 분산창은 실행이 어렵고 몫창보다 효과가 떨어진다. 몫창은 구구단에 있는 숫자를 불렀을 때 아이가 곱해서 나오는 수를 빠르게 말하는 것이다.

　몫창은 나눗셈을 빠르게 하는 효과가 있지만, 내가 몫창을 배우라고 말하는 이유는 직접적으로 21, 24, 28, 32, 36이 나오는 구구단을 아이들이 자주 틀리기 때문이다. 또한, 몫창은 5학년에서 약수를 잘 구하게 하고, 약분을 잘하게 한다. 그리고 소수를 배울 때 소인수분해를 잘하게 돕는다.

즐거운 몫창 시간이야. 8!

이사팔, 사이팔, 팔일팔.

12!

이육십이, 육이십이, 삼사십이, 사삼십이.

16!

이팔십육, 팔이십육, 사사십육.

　내가 자주 아이들에게 연습시키는 몫창은 8, 12, 15, 16, 18, 21, 24, 28, 32, 36, 42, 48, 49, 54, 56, 63, 64, 72, 81이다. 이 중

에 아이들이 자주 혼동하는 24, 28, 32는 반드시 해야 한다. 16, 49, 63, 64를 잘하지 못하면 제곱수를 몇창 끝에 하자. 완벽할수록 좋다. 아이가 몇창을 잘한다고 해도 세 자릿수 나누기 한 자릿수가 끝날 때까지 계속하자.

수학 교과서에서 비중이 가장 큰 나눗셈

나눗셈은 덧셈과 뺄셈 그리고 곱셈을 모두 사용하는 마지막 계산이다. 3학년 교과서에는 두 자릿수 곱셈보다 나눗셈이 먼저 나온다. 그것도 무려 10쪽에 걸쳐서 자세히 설명한다. 나눗셈의 등분제 설명에 2쪽, 포함제 설명에 2쪽, 역연산의 관계 설명에 6쪽을 할애한다. 초등학교부터 고등학교까지 통틀어 그 정도로 자세히 설명하는 수학 개념은 나눗셈이 유일하지 않을까.

그러나 열심히 가르쳐도 아이에게 나눗셈이 무엇이냐고 물어보면 선뜻 대답하지 못한다. 아이가 말로 설명하지 못해도 이해한다고 생각하는 부모는 아이에게 '12÷4'가 무엇인지 물어보자. 답이 아니라 '12÷4'의 의미를 묻는 것이다. 대답하지 못한다면 지금까지 아이가 푼 수백 개의 나눗셈 문장제는 모두 답을 찍은 거라고 봐야 한다. 정의도 의미도 모른다면 앞으로 중·고등학교와 관련된 확장도 이루어지지 않는다.

"정말 아이들이 나눗셈의 의미를 모른다는 말인가요?" 되문고 싶을 것이다. 그렇다. 대다수가 모른다. 아이가 문장제를 풀 때 그 풀이식이 덧셈이나 뺄셈, 곱셈이 아니면 남은 것은 나눗셈밖에 없다. 그렇게 유추해서 풀면 수백 문제가 아니라 수천 문제를 풀어도 나눗셈의 개념을 알지 못한다. 고등학생조차 나눗셈이 무엇인지 모르고 있다가 개념을 배우고 나서야 자신이 푸는 다항식의 나눗셈을 이해한다.

선생들의 설명이 잘못되어서 아이들이 모르는 게 아니라 교과서에 정의가 써 있지 않기 때문이다. 가르치는 순서를 바로잡아야 한다. 먼저 등분제와 포함제를 가르친 뒤 나눗셈의 정의를 이해시키고 외우게 해야 한다. 완전하게 외우면 그때는 문장제를 풀고 나눗셈의 정의를 아이가 직접 설명하게 시켜야 한다. 이렇게만 하면 지금까지 푼 나눗셈 문제의 반만 풀어도 훨씬 실력이 좋아질 것이다.

나누기: 같은 수의 빼기를 몇 번 했는지 세기 귀찮아서 만든 것

'같은 수의 빼기를 몇 번' 하는지를 세는 것으로, '몇 번(묶음의 수)'이 몫이 된다. 이 방법을 포함제라고 한다.

등분제는 분수로 만들면 분수의 성질로 끝나는 것이라서 특별히 가르칠 필요가 없다. 게다가 등분제로 포함제는 설명하기 어렵지만 포함제로 등분제는 설명할 수 있다. 그래서 둘 중 하나를 가르친다면 포함제를 가르쳐야 한다. 게다가 문장제도 포함제 문제가 더

많다.

나누기의 정의를 외우기 전에 등분제와 포함제의 의미도 가르치자. 등분제와 포함제 구분이 어렵지 않으니 먼저 간단하게 살펴보자.

포함제: 참외 56개를 8개씩 똑같이 나누어주려고 합니다. 몇명에게 나누어줄 수 있습니까?

등분제: 참외 56개를 8명에게 똑같이 나누어주려고 합니다. 한 명이 몇 개씩 받을 수 있습니까?

문제의 답을 구하는 식은 모두 '56÷8=7'이고 단위만 개, 명으로 다르다. 등분제는 분수로 바꾸면 되니 중·고등학교에 가서도 거의 문제가 되지 않는다. 설사 이해를 못한다고 해도 분수를 배우면서 자연스럽게 이해할 수 있어 큰 노력이 필요하지 않다. 한마디로 쉽다. 그러나 분수에서는 등분제로 나누기를 설명하는 자체가 불가능하다.

포함제는 중·고등학교에서 더 확장된 개념을 배운다. 등분제보다 훨씬 이해하기 어렵고, 당장 다 배울 수도 없다. 양에 대한 수 감각이 필요하며, '같은 수의 빼기'란 번거로운 작업이 선행되어야 식을 세울 수 있다. 한 번 배우면 다시는 언급하지 않으니 교과서의 분수 나누기에서도 언급하지 않을 것이다.

게다가 포함제로 나누기의 정의를 외우지 않으면 중·고등학교에서 직접 0으로 나누어 '부정'과 '불능'으로 개념을 이해하는 데 걸림돌이 될 수 있다.

세 자릿수÷한 자릿수

나누기의 정의를 외웠다면 왜 그런지도 알아야 한다. 예를 들어 '15−3−3−3−3−3=0'에서 3을 반복해서 빼는 것을 좀 더 간단하게 '15÷3=5'같이 나누기로 바꾼 것이다. '15에서 3을 몇 번 뺄 수 있을까?'라는 다소 긴 질문을 짧게 '15÷3'으로 표현할 수 있다.

그럼 '16÷3'은 무슨 뜻이야?

'16에서 3을
몇 번 뺄 수 있을까'라는 뜻이에요.

그럼 뭐라고 대답할 거니?

5번하고 1이 남아요.

그래. 이때 5를 '몫'이라고 하고 1을
'나머지'라고 한다.
5로 나누었을 때 나머지가 될 수 있는
수는 무엇일까?

5가 안 되는 수들이니 1, 2, 3, 4요.

왜 나누어 떨어지면 안 돼?

아! 0에서 4까지요.

어떤 수를 36으로 나눌 때 나머지가 올 수 있는 가장 큰 수를 구하시오.

35

나누기를 표현하는 방법은 세 가지인데 그중 나머지가 있게 하는 방법은 포함제다. 교과서에는 "어떤 정수를 양의 정수로 나누었을 때 나머지는 그 수보다 작은 음이 아닌 정수"라는 포함제의 정의가 끝끝내 나오지 않는다.

수학을 잘하기 위해서는 정의, 정리, 개념 등을 알아야 하고, 이를 모른다면 잘할 수 없다. 나누기 정의는 4학년 문장제가 끝날 때까지 수시로 외우고 확인해야 한다. 개념에 대한 이해 숙지는 시간이 걸려도 충실하게 하고 연산에 해당하는 셈은 직관직으로 빠르게 해야 한다. 이는 나누기의 정의를 외우는 것과 나누기를 하는 것은 다르다는 말이다.

앞에서 '15÷3'이 15에서 3을 몇 번 뺄 수 있는지 확인하는 것이라고 말했다. 매번 빼는 수고를 할 수 없으니 결국 논리가 아니라

3학년 수학 개념 이렇게 먹어야 한다

감각이 필요하다. 나누기의 의미를 아는 것만으로는 나눗셈을 잘할 수 없다. 또한 곱셈으로 몫을 어림하는 일을 빠르게 해야 한다. 나눗셈의 정의를 외웠음에도 나눗셈이 어렵다면 그만큼 곱셈에 대한 연습이 부족한 탓이다.

먼저 가로셈을 튼튼히 하자

아이들이 구구단을 벗어나는 셈을 처음에 어려워할 것이다. 빼기를 여러 번 하는 것(포함제)으로 설명할 수 있겠지만, 그러면 십 단위로 나누어지는 수를 분할하여 설명해야 한다. 예를 들어 '25÷2'라면 20에서 2를 10번 빼고 5에서 2를 두 번 빼서 전부 12번을 빼고 1이 남는다고 가르쳐야 한다.

물론 이것은 세로셈을 배우면 사라진다. 그러면 더 편하게 문제를 풀 수는 있지만 감각을 살릴 기회는 잃게 된다. 가로셈이 세로셈보다 어렵지만 아이에게 연습을 시켜야 하는 이유가 여기에 있다. 가로셈을 먼저 충분히 연습하고 세로셈으로 넘어가야 한다.

세로셈을 할 때는 두 자릿수 나누기 한 자릿수 연습을 가장 많이 해야 한다. 풀 때도 식을 전혀 쓰지 않게 해야 한다. 많은 아이가 그렇게 풀기를 거부하겠지만 연습으로 빠르게 할 수 있게 되면 쓰라고 해도 쓰지 않을 것이다. 그러면 다음은 세 자릿수 나누기 한 자릿수까지 완전하게 하면 된다.

두 자릿수까지만 하면 당장 4학년의 세 자릿수 나누기 두 자릿수를 어려워할 것이고, 5학년에서는 약분을 어려워할 것이다. 나눗셈은 사칙연산의 마지막 과정이다. 당연히 어렵지만 작은 수를 할 때 충실히 해야 한다. 나눗셈은 나중에는 모두 분수로 사용된다. 나눗셈을 대충 넘어간다면 빠르기도 완전하지 못하고, 중요한 분수도 어려워 쩔쩔 매게 될 것이다.

'나누어 떨어지는 방법'을 배우자

나눗셈의 빠르기를 익히는 동안 반드시 두 가지를 연습해야 한다. 첫째는 검산식이다. "어떤 수를 4로 나누었더니 몫이 8이고 나머지가 2였습니다. 어떤 수는 무엇입니까?"라는 문제에서 어떤 수를 빈칸으로 두고 '$\square \div 4 = 8 \cdots 2$'라는 식을 세울 수 있다. 이를 검산식으로 만들면 '$\square = 4 \times 8 + 2$'가 된다.

검산식은 5학년 배수와 약수, 고등학교 나머지 정리 등에서 사용된다. 검산식으로 만들어야 풀리는 문제는 대다수 문제집이나 교과서에서 다루고 있으니 그 문제를 풀어 연습하면 된다.

둘째는 나누어 떨어지게 식을 바꾸는 방법이다. 이 문제는 간혹 문제집에서 중간 과정 없이 나오기도 하지만 중요도에 비해 비중 있게 다루어지지는 않는다. 그래서 여기에서는 '나누어 떨어지게 식을 바꾸는 방법'을 중점적으로 다룰 것이다.

나누어 떨어진다는 말은 나머지가 0이라는 말이다. 초등학교 3학년의 나눗셈은 나누어 떨어지는 셈과 나누어 떨어지지 않는 셈이 있다. 나누기는 모두 분수로 들어가고, 분수에서 주된 연습 대상은 약수와 배수가 된다. 그래서 나누어 떨어지는 방법을 익혀야 어려운 약수와 배수의 문장제를 해결할 수 있다.

다시 말하지만 나누어 떨어지는 문제는 문제집에서 잘 다루지 않는다. 그래서 부모가 문제를 만들어 주어야 연습할 수 있다. 예를 들면 다음과 같은 문제를 만들어 아이가 풀게 해야 한다.

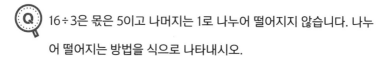

$16 \div 3$은 몫은 5이고 나머지는 1로 나누어 떨어지지 않습니다. 나누어 떨어지는 방법을 식으로 나타내시오.

$$(16 - 1) \div 3 = 5$$

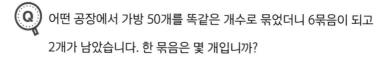

어떤 공장에서 가방 50개를 똑같은 개수로 묶었더니 6묶음이 되고 2개가 남았습니다. 한 묶음은 몇 개입니까?

8개

50에서 어떤 수를 6번 빼면 2개가 남는다고 한다. 빈 칸을 사용하여 뺄셈식을 구하면 '50 − □ − □ − □ − □ − □ − □ = 2'이고, 같은 수의 빼기인 나눗셈으로 식을 바꾸면 '50 ÷ □ = 6…2'가 된다. 여기에서 나누어 떨어지게 식을 변형하면 '(50 − 2) ÷ □ = 6'이 된다. 그러면 '48 ÷ □ = 6'으로 빈 칸에 들어갈 수는 8이다.

5학년에서는 같은 문제를 '50을 어떤 수로 나누었더니 2개가 남았습니다'라고 좀 더 어렵게 변형한다. 나누는 수와 몫이 문제에서 언급되지 않는 것이다. 나누어 떨어지는 셈으로 바꾸는 연습을 하지 못한 아이들은 이 문제에 손도 못 댄다.

문장제에서 곱셈식과 나눗셈식 구분하기

3학년은 덧셈과 뺄셈 구분이 어렵지 않다. 이제 문장제에서 곱셈과 나눗셈을 구분하는 연습을 해야 한다. 나누기의 정의를 외운 것을 사용해야 한다는 말이다. 아이들이 문장제를 풀 때 초등학교에서는 곱셈과 나눗셈을 가장 혼동하고, 중학교부터는 덧셈과 곱셈을 혼동한다.

문장제를 가르치는 부모는 아이가 문제도 읽지 않고 숫자만 보고 답을 구하는 버릇을 고쳐야 한다고 생각한다. 수학에서 문제를 대충 푸는 버릇이 안 좋은 결과를 초래한다는 것을 잘 알기 때문이다. 아이도 처음부터 숫자만 보고 문제를 풀려고 하지는 않았을 것이다.

이 버릇을 없애려면 첫째, 항상 단원별 문제가 아니라 덧셈, 뺄셈, 곱셈, 나눗셈 식이 조금이라도 섞인 문장제를 풀게 해야 한다. 둘째, 나누기의 기호와 용어의 정의를 외웠는지 확인한다. 곱하기의 정의는 대부분 알고 있지만 나누기의 정의는 모르는 아이가 많다.

셋째, 아이가 답만 적는다면 거꾸로 식만 적고 왜 그런 식이 나왔는지 설명하게 해야 한다. 넷째, 고등학교에 들어갈 때까지 꾸준하게 책을 읽혀야 한다. 국영수를 이해하는 기본은 독서다.

문장제에서 곱셈식 만들기

 진현이네 팀은 한 줄에 12명씩 6줄로 앉아 응원을 합니다. 진현이네 팀에서 응원을 하는 어린이는 모두 몇 명입니까?

72명

이런 문제를 풀 때 아이들은 '12명씩 6줄'과 '모두'라는 말에 힌트를 얻어 곱셈식을 세운다. 그래서 '12명씩 6줄'이란 말 외에도 12의 6배, 12와 6의 곱, 12씩 6묶음 등이 모두 '같은 수의 더하기'라고 알게 해야 한다. '모두'는 곱하기도 더하기의 일종이니 '합'이라는 의미다. 만약 모두라는 말이 없다면 72명이 아닌 더 적은 수가 응원을 했다 해도 말이 되기 때문에 문제의 오해를 없애기 위해 붙인 단서라는 사실을 설명해주면 좋다.

 어린이 5명이 우유를 매일 1팩씩 마셨습니다. 3주일 동안 마신 우유는 모두 몇 팩입니까?

105팩

이 문제의 정답으로 '15'를 적는 아이가 꽤 많다. 물어보는 것이 3주일인데 숫자만을 곱해 3일 동안 먹은 양을 구한 것이다. 물론 문제를 안 읽어서 그렇다. 그래서 대부분 '1주는 7일, 3주는 21일'이라는 풀이를 아이에게 알려주어 문제를 풀게 한다. 이렇게 해도 상관은 없지만 아이에게 '기준'을 알려주는 것이 더 좋다. 먼저 3주의 기준이 되는 '1주(7일)'의 양을 구하라고 하는 것이다. 이 기준은 곱셈에서 활용해도 좋지만 나눗셈에서 더 큰 효과가 있다.

문장제에서 곱셈식, 나눗셈식 만들기

 어린이 24명이 의자에 앉으려고 합니다. 긴 의자에 6명씩 앉는다면, 긴 의자는 최소한 몇 개 있어야 합니까?

4개

긴 의자에 6명씩 앉는다고 했으니 '6 + 6 + (⋯) = 24'가 될 때까지 더하면 된다. 같은 수의 더하기이니 곱셈식으로 만들면 '6 × ☐ = 24'가 된다.

나눗셈식으로도 답을 구할 수 있다. 의자 하나에 6명씩 앉히는 방법을 반복해 24명 모두를 앉힌다고 생각해보자. 그러면 '24 − 6 − 6 − (⋯) = 0'이 되고, 같은 수의 빼기이니 나눗셈식으로 만들면 '24 ÷ 6 = ☐'이 된다.

문제를 "어린이 27명이 의자에 앉으려고 합니다. 긴 의자에 6명이 앉는다면 긴 의자는 최소 몇 개 있어야 합니까?"라고 바꾸어 보자. 직관적으로 답을 '5개'라고 할 수 있다. 그러나 포함제로 보면 우선 긴 의자 '4개'가 필요하고 '3명'이 남는다. 이런 문제는 '올림'이라는 개념이 필요하다.

 상민이는 흰 바둑돌과 검은 바둑돌을 각각 54개씩 2통에 나누어 담았습니다. 바둑돌은 모두 몇 개입니까?

108개

답을 27개라고 할지 모른다. 아이들은 '나누어'라는 말이 나오면 앞뒤 보지 않고 나누어 답을 구하려고 한다. 그래서 '나눈다'는 말이 있어도 곱셈과 나눗셈 모두가 될 수 있다는 사실을 가르쳐야 한다.

4학년부터는 '복잡한' 문장제가 나온다. 그래서 3학년에 나오는 문장제는 상대적으로 쉽다. 쉬울 때 정확하게 잡지 않으면 아이가 문장제를 어려워하게 된다. 미리 준비할 수 있다면 괄호의 사용, 등식의 성질, 기준 등을 같이 '조금' 알려주는 것도 좋다. 예를 들어 "어떤 수에 4를 나누어 2를 빼고 3을 곱한 수가 15입니다. 어떤 수를 구하시오"라는 문제는 '($\square \div 4 - 2) \times 3 = 15$'처럼 괄호와 역연산이 필요하다. 이처럼 깔끔하게 식을 만들기 위해서는 '등식의 성질'이 필요하다. 그리고 이보다 중요한 것은 '기준'이다.

3개에 600원인 초콜릿이 있습니다. 초콜릿 7개는 얼마입니까?

1400원

초콜릿 1개의 값만 알면 답을 구할 수 있는 문제다. 이런 문제는 아이가 6학년이 되어 비례식으로 풀 수 있을 때까지는 다음처럼 풀어야 한다. 많이 나오는 유형이고, 좀 더 발전된 문제도 나오니 반드시 이해하고 넘어가자.

먼저 아이에게 초콜릿 1개의 값을 물어본다. 아이가 200원이라고 할 것이다. 그러면 구한 방법을 물어서 '600÷3'을 이끌어 내야 한다. 1개의 값을 구하는 방법을 알았다면 몇 개든 상관없이 답을 구할 수 있다. '200×7=1400'으로 답을 구해야 한다. '600÷3×7=1400'으로 답을 구하려면 1년은 더 기다려야 한다. 다음 문제도 풀어보자.

 아빠의 나이는 52살이고, 아들의 나이는 10살입니다. 아빠의 나이가 아들 나이의 4배가 되는 해는 지금부터 몇 년 후입니까?

4년

몇 년이 지나도 아빠와 아들의 나이 차는 변하지 않는다. 아빠와 아들이 똑같이 나이를 먹기 때문이다. 그런데 4배가 되려면 실제로는 아들 나이의 3배 차이가 나야 한다.

(아빠와 아들의 나이 차)÷(4−1)=14

어렵다면 아빠와 아이의 나이를 한 살씩 더해가며 언제 4배가 되는지 알아내는 방법도 있다. 만약 그림을 그려도 이해가 되지 않는다면 이 내용은 비례배분이므로 6학년 수학을 참고해야 한다.

3학년에서도 키워야 하는 수 감각

3학년에서도 빠르기와 함께 수 감각을 키우는 노력을 해야 한다. 역연산도 수 감각을 요구하지만 수 자체로 감각을 키우는 노력이 있어야 한다. 감각을 키우기 위해 가장 먼저 해야 하는 일은 '반으로 만들기'다.

구구단에 익숙한 아이들은 처음에 '20÷2'나 '23÷2'처럼 2로 나누기가 반으로 만드는 것이란 생각을 하지 못한다. 반의 반은 4로 나누기, 반의 반의 반은 8로 나누기라는 것을 깨닫는 게 첫 단추다. 뿐만 아니라 2로 나누기는 5로 나누기에도 도움이 되어 1부터 10까지의 수 중에 3, 6, 7을 제외한 수들에 대한 감각을 살릴 수 있다. 다음은 구구단을 연습한 2~3학년 아이들과 수 감각을 기르는 대화다.

통나무가 있어. 딱 반을 잘랐더니 5cm래.
원래 통나무의 길이는 얼마일까?

10cm요.

 통나무를 딱 반으로 잘랐더니 6cm래.
원래 통나무의 길이는 얼마일까?

12cm요.

 통나무를 딱 반으로 잘랐더니 7cm래.
원래 통나무의 길이는 얼마일까?

14cm요.

 통나무를 딱 반으로 잘랐더니 8cm래.
원래 통나무의 길이는 얼마일까?

16cm요.

 통나무를 딱 반으로 잘랐더니 9cm래.
원래 통나무의 길이는 얼마일까?

18cm요.

 통나무를 딱 반으로 잘랐더니 10cm래.
원래 통나무의 길이는 얼마일까?

20cm요.

왜 이렇게 잘하지?

2단이잖아요.

이번에는 거꾸로 낸다.
20cm 통나무를 딱 반으로 자르면 몇 cm일까?

10cm요.

22cm 통나무를
딱 반으로 자르면 몇 cm일까?

11cm요.

24cm 통나무를
딱 반으로 자르면 몇 cm일까?

12cm요.

26cm 통나무를
딱 반으로 자르면 몇 cm일까?

13cm요.

요즘 아이들은 3000원의 절반은 알아도 30의 절반은 어려워
한다. 이 대화에서도 일의 자릿수를 반으로 만들거나 아이가 1씩 큰
수를 말하다가 답을 잃은 것이다.

처음에는 나눗셈을 '23에서 2를 몇 번 뺄 수 있을까?'로 등분
제보다는 포함제에 치중해 공부한다. 등분제는 분수에서 기본 감각
을 익히게 되어 포함제로 교차 확인을 해야 한다. '반'이라는 개념을
그리고 다시 '반의 반', '반의 반의 반'으로 연결해 분수로 나타내면

$\frac{1}{2}$, $\frac{1}{4}$, $\frac{1}{8}$이다.

반을 알면 쉬워지는 문제

Q 같은 크기의 사과 2개와 배 2개의 값은 2200원입니다. 사과 1개와 배 1개의 값은 얼마입니까?

1100원

생각하기에 따라서 어려운 문제가 될 수 있다. 아이가 어려워한다면 사과 1개와 배 1개의 가격이 1000원일 때, 사과 2개와 배 2개의 가격이 2000원, 사과 3개와 배 3개의 가격이 3000원일 때를 그림으로 보여주자. 아이가 그림을 보고 반이라는 개념을 아는 순간 답이 바로 나올 것이다. 다음은 합과 차를 알려주고 각각의 부분을 구하는 문제다.

Q 현수가 가지고 있는 30cm 자가 부러졌습니다. 부러진 자를 재어보니 한쪽이 다른 한쪽보다 4cm 더 길었습니다. 작은 부분의 길이는 몇 cm 입니까?

13cm

부러진 자를 그림으로 그려서 차이가 나는 부분에 4cm를 표시

하면 두 개의 길이가 같은 부분이 생긴다. 그래서 '□+□+4=30'
이라는 식을 만드는 것이 이 문제를 푸는 전통적인 방법이다.

작은 부분을 구하는 방법을 식으로 나타내면 '30÷2=□···4'
가 되어 나누어 떨어지게 식을 바꿔야 한다. 그러면 식은 '(30−4)÷
2=13cm'가 된다.

전체에 차이를 더하면 큰 부분이 2개가 되니 2로 나누면 큰
부분의 길이가 나온다. 물론 어느 한쪽을 구하면 다른 한쪽을 구하는
방법은 차를 이용하면 된다. 둘 중 하나를 충분히 연습하면 다른 방
법은 저절로 되는 것이다. 이런 유형은 다음과 같은 문제로 나온다.

(Q) 수학책을 펼쳐서 두 쪽의 합이 177쪽일 때 왼쪽의 쪽수는 몇입니까?

(Q) 동생과 누나의 나이 합이 22살이고 동생의 나이가 누나보다 2살
적다고 합니다. 누나의 나이는 몇 살입니까?

(Q) 낮이 밤보다 2시간 긴 날은 낮이 몇 시간입니까?

(Q) 연속하는 두 자연수의 합이 87이라면 두 자연수는 무엇입니까?

(Q) 어느 반의 학생은 모두 37명입니다. 남학생이 여학생보다 3명이
적다면 이 반의 남학생은 몇 명입니까?

모두 같은 문제이지만 다른 문제처럼 둔갑했을 뿐이다. 반의 개념을 알면 모두 같은 문제인 것을 알 수 있고, 그 순간 쉬운 문제가 된다.

등식의 성질로 푸는 문제

Q 음악공책 3권과 영어공책 3권 값은 2700원이고, 음악공책 2권과 영어공책 3권 값은 2200원입니다. 음악공책의 값은 얼마입니까?

500원

복잡해 보이지만 어른들 눈에는 답이 보일 것이다.

음악공책 3권과 영어공책 3권의 값이 2700원이니 기준이 되는 음악공책 1권과 영어공책 1권 값은 900원이다. 이 기준으로 음악공책 2권과 영어공책 2권 값은 1800원이 된다.

그런데 음악공책 2권과 영어공책 3권의 값이 2200원이라고 했다. 영어공책 한 권의 값만큼 커졌을 테니 2200원에서 1800원을 뺀 400원이 영어공책 한 권의 값이다. 구하라는 값은 영어공책이 아니라 음악공책이므로 '(음악공책 1권)＋400＝900(원)', 음악공책 한 권의 값은 500원이다.

그런데 아이가 등식의 성질을 안다고 가정해보자. 음악공책 3권과 영어공책 3권 값 2700원에서 음악공책 2권과 영어공책 3권 값

2200원을 빼면 곧바로 음악공책 한 권의 값인 500원이 나온다.

　이런 문제를 풀게 할 때 부모는 방정식으로 쉽게 푸는 방법이 있는데 알려줄 수 없다고 하소연한다. 방정식으로 해도 좋지만 이항 등이 아니고 등식의 성질로 가르친다면 얼마든지 상관없다. 미지수는 □△○ 기호를 사용하면 된다. 그러면 초등학교 저학년 아이도 얼마든지 이해한다. 앞에 나온 식에 □△ 기호를 넣으면 '□+□+□+△+△+△=2700', '□+□+△+△+△=2200'처럼 간단한 덧셈식이 된다. 다음도 등식의 성질로 푸는 문제다.

 기름을 같은 종류의 통에 담아 팔고 있습니다. 기름 2L를 담으면 8000원, 기름 3L를 담으면 9500원에 팔고 있습니다. 기름을 담은 통의 값은 얼마입니까?

5000원

　'같은 종류의 통'이라는 말이 무슨 뜻인지 이해하지 못하는 아이가 많다. 통의 종류는 같고, 통에 담긴 기름 양만 다르다는 것을 알면 좀 더 쉽게 이해할 것이다. 기름통의 가격이 같아서 두 통의 차이는 기름 1L뿐이고, 1L의 가격은 1500원이라는 것을 알 수 있다. 기름통의 가격을 빈 칸으로 두고 기름 2L의 경우 '□+1500+1500=8000원'이라는 식이 만들어진다.

도형의 정의

도형은 연산에 비해 반복 학습을 덜해도 되는 단원이다. 생활 속에서 보는 대부분의 사물이 직사각형, 삼각형, 원형으로 되어 있기 때문이다. 노력하지 않아도 일상에서 반복적으로 노출되고 있다. 그런데 본다고 해서 모두가 같은 것을 보는 건 아니다.

개념의 기본이 되는 것은 정의다. 도형 역시 교과서에 정의가 제대로 나와 있지 않아서 정리나 성질 등을 설명할 수 없다. 결국 정리나 성질을 이해 없이 암기해야 하는 상황에 놓인다.

초등학교부터 고등학교까지 나오는 정의나 개념을 통틀어도 많지 않다. 무작정 암기하기보다 하나하나 개념을 제대로 이해하고 넘어가자.

선분의 정의는 확실하게 배우자

3학년 교과서에서 '두 점을 곧게 그은 선'을 선분이라고 하는데, 이것을 선분의 정의라고 할 수 없다. '곧은'이라는 말에는 선분보다 상위 개념인 직선의 성질이 이미 있어 같은 말을 되풀이하는 꼴이다. 정의가 틀렸다고 해도 당장 아이들이 선분을 배우는 데는 문제가 되지 않는다. 아직 쉽기 때문이다. 그래도 정의는 확실하게 배워야 한다.

> **교과서의 선분**: 두 점을 곧게 그은 선
> **조선생의 선분**: 서로 다른 두 점을 가장 짧게 이은 선

선분은 거리라는 개념에서 사용된다. 그래서 '가장 짧게 이은'이라는 표현을 붙였다. '두 점에서 가장 가까운 거리'를 가리키는 '최단 거리'를 '최단'이라는 말을 생략한 채 '거리'라고 사용한다면 어떻게 설명할 것인가? '거리란 가장 짧은 길이'라는 개념이 없다면 당장 평행선 사이의 거리를 구할 수 없다.

초등학교 저학년 아이늘에게 이 이야기를 들려줄 때 어려워하지 않고 무척 재미있어했다. 수학에서 정의는 대충해서는 안 되는 것이다. 정의를 가지고 정리를 만들고 정의로 무수히 많은 성질이나 원리를 증명하며 뻗어 나간다. 정의를 모르면 관련 개념을 모르고, 그러면 수학을 포기할 수밖에 없다. 그래서 이 책에서 수학의 정

의와 개념을 꼭꼭 씹어 완전히 자기 것으로 만드는 방법을 알려주는 것이다.

대수롭지 않아 보이는 정의의 차이에서 중·고등학교에서 직선의 결정 조건, 삼각형 변들간의 관계, 길이와 거리의 구분 등의 이해도가 달라진다.

직선과 각 그리고 도형의 정의

교과서의 직선: 선분에서 양쪽으로 끝없이 늘인 곧은 선

교과서의 반직선: 한 점에서 시작해 한쪽으로 끝없이 늘인 곧은 선

조선생의 반직선: 선분에서 한쪽 방향으로의 연장선

중학교에서 배우던 반직선을 초등학교에서 배우게 되었다.

반직선은 출발점과 방향이 정해진 선이다. 따라서 출발점과 방향만 같으면 결국 방향의 크기가 없어서 모두 같은 반직선이 된다. 예전에는 반직선을 표시할 때 직선의 끝부분을 화살표로 나타냈지만 지금은 사용하지 않는다.

교과서의 각: 한 점에서 그은 두 반직선으로 이루어진 도형

교과서의 직각: 그림과 같이 종이를 반듯하게 두 번 접었을

때 생기는 각

각이 무엇인지 정리하고 나서 직각을 알려주어야 3학년 도형을 해결할 수 있다. 각의 구성 요소 중 반직선을 각각 '변'이라고 하고, 변과 변이 만나는 점을 '각의 꼭짓점'이라고 한다. 그냥 꼭짓점이라고 하지 않고 '각의 꼭짓점'이라고 정의한 것에 주목하기 바란다.

앞으로도 꼭짓점의 종류가 많아서 각각의 꼭짓점에 대한 정의가 계속 나올 것이다. 보통 삼각형이나 사각형을 둘러싼 선분을 변이라고 하고, 변과 변이 만나는 점을 꼭짓점이라고 한다. 6학년 다면체에서는 3개 이상의 모서리가 만나는 점을 꼭짓점이라 한다. 각뿔과 원뿔에서 꼭짓점이라고 할 때는 밑면에 대한 꼭짓점을 말한다. 여기까지가 초등학교에서 다루는 부분이다.

그래서 아이들이 꼭짓점을 직선이 만나는 점이라고 생각한다. 이 생각에 빠지면 곡선에는 꼭짓점이 없다고 생각하게 된다. 그러다 중학교에서 포물선이나 곡선을 만나면 꼭짓점이 있구나 두루뭉술하게 넘어가게 된다.

도형의 정의는 처음부터 확실하게 배우자

다음은 내가 정리한 도형의 정의다.

삼각형: 일직선에 있지 않은 세 점을 이은 세 선분으로 둘러
싸인 도형
직각삼각형: 한 각이 직각인 삼각형
사각형: 끝점을 서로 이은 네 선분으로 둘러싸인 평면도형
직사각형: 네 각이 같은 사각형

직각을 배우게 되면 직각으로 되어 있는 도형을 배우게 된다.
그리고 한 각이 직각인 삼각형을 직각삼각형, 네 각이 모두 직각인
사각형을 직사각형이라고 배운다. 다음은 네 각이 직각이고, 네 변
의 길이가 같은 사각형인 정사각형을 배운다. 이 중 '직사각형은 네
각이 직각인 사각형'이라는 표현은 올바른 정의가 아니라 초등학생
을 위한 표현이다. 중학교에서는 '네 각이 같은 사각형'이라고 정의한
다. 이 부분은 초등학교 때 바로잡아주는 것이 좋다. 중학교에 올라
가서도 배우고, 이왕 배울 내용은 처음부터 정확하게 배워야 한다.

도형 문제는 대부분 사다리꼴과 같은 사각형을 보여주고 직
사각형이 안 되는 이유를 묻거나 직사각형이 정사각형이 안 되는 이
유를 묻는다. 정의를 정확하게 숙지하고 있다면 이유를 묻는 서술형
문제에서도 어려움을 피할 수 있다. 그런데 그보다 훨씬 더 큰 혼동
은 직사각형과 정사각형의 포함 관계를 말로 서술할 때다.

직사각형은 정사각형이다. (×)
정사각형은 직사각형이다. (○)

아이들이 어려워하는 문제들에는 이해하기 어려운 개념이 도사리고 있다. 이 문장들을 이해할 수 있는 개념으로 바꿔 보자.

직사각형은 정사각형이다.

→ 네 각이 같은 사각형은 네 각이 같고 네 변의 길이도 같다. 네 각이 같아도 네 변의 길이는 다를 수 있으니 틀린 말이다.

정사각형은 직사각형이다.

→ 네 각과 네 변의 길이가 같은 사각형은 네 각이 같다.

그러나 이처럼 풀어서 이해를 시켜도 아이들은 명확하게 인식하지 못할 수 있다. 그럴 때 나는 다음과 같이 빗대어 물어본다.

 수민아, 너는 네 가족이야?

당연하죠.

 그러면 네 가족은 수민이야?

네? 뭔가 이상해요.

 당연히 이상하지. 네 가족에는 엄마, 아빠, 형도 있으니까 가족을 수민이라고 할 수는 없어. 이처럼 네 각이 같은 것 중에 네 변의 길이도 같은 것이 있는 거야.

이 개념은 4학년 정삼각형과 이등변삼각형에서 "세 변의 길이가 같은 것은 두 변의 길이가 같다. 그러나 두 변의 길이가 같다고 해서 나머지 한 변의 길이도 같다고 할 수 없다"고 나온다. 5학년 사각형의 포함 관계에서는 다양한 유형의 문제로 나온다. 그리고 중·고등학교에서 집합과 명제로 이어진다.

3학년 2학기에는 원을 다루는데, 아이들이 도형 중에 가장 어려워하는 것이 원이다. 원은 6학년에서 좀 더 확장해서 배운다.

고등학교 교과서의 원: 한 점에서 같은 거리에 있는 점들의
모임(집합, 자취)

초등학교 교과서의 어디에도 이런 정의는 쓰여 있지 않다. 대신 활동을 통해 정의를 깨닫는 데 중점을 둔다. 컴퍼스로 그리기, 종이에 구멍을 두 개 뚫어서 그리기, 실을 이용해 같은 거리 만들기, 운동장 같은 넓은 장소의 한 자리를 중심으로 막대기로 그리기 등으로 정의를 이해하게 한다.

하지만 이해하는 것과 달리 원의 정의를 외워서 문제 풀이를 해야 하며, 그때는 반지름을 사용해야 한다. 원은 반지름만 같으면 같은 원이고 모두 닮은 도형이다. 그래서 반지름만 있으면 어떤 원도 그릴 수 있다. 하나의 원만으로는 문제가 나오지 않고 크고 작은 원을 붙여서 반지름과 지름을 혼동하게 하거나, 원들에 딱 맞는 직사각형의 둘레 길이를 구하는 문제가 나온다.

+
÷
×

분수의
시작

분수의 중요성은 앞으로 이 책에서 귀가 따갑게 들을 것이다. 그래서 이 장을 읽어야 할 초등학교 3학년 아이는 분수의 정의, 단위분수가 무엇인지만 알면 된다. 어차피 3학년 분수 내용은 4학년에서도 계속해서 배울 수밖에 없다.

우선 분수가 갖는 가장 일반적인 특징은 전체와 부분의 관계로 살펴보자.

분수의 정의와 종류

조선생의 분수: 분모만큼 나누어 분자만큼 표시한 수

중·고등학교의 분수: 분모와 분자가 정수(분모 ≠ 0)

동그라미를 그린 다음 아이에게 $\frac{3}{4}$만큼 표시해보라고 하자. 대다수가 먼저 4등분을 한다. 그 이유를 물으면 분모가 4이기 때문에 분모에 따라 나눴다고 답할 것이다. 그다음 4등분한 부분 중 3곳에 색칠을 한다. 그 이유를 물으면 이번에도 분수가 3이기 때문이라고 답할 것이다. 분수란 '분모만큼 나누어 분자만큼 표시한 수'이기 때문이다.

그런데 만약 20의 $\frac{3}{4}$만큼 표시하라고 하면 어떻게 할까? 분수의 정의대로 풀면 20을 분모만큼 4로 나누고 다시 거기에 3을 곱해 '20÷4×3'이라는 식을 만들 수 있다. 이때 왜 나누고 곱해야 하는지 정의대로 정확하게 설명해주면 좋다.

많은 학원 선생이 '~의'가 나오면 무조건 곱하라고 가르친다. 그렇게 하면 문제를 분수의 의미로 풀지도 못하고, 왜 그렇게 풀어야 하는지 이유도 모르게 된다. 다음은 내가 정리한 분수의 정의다.

진분수: 진짜 분수
가분수: 가짜 분수
대분수: 자연수 + 진분수

진분수는 분모가 분자보다 크고, 가분수는 분자가 분모보다 크거나 같다고 하는데 이것은 분수의 생김새를 말하는 것이다. 대분수는 자연수와 진분수가 나란히 써 있는데 사이에 더하기가 생략되어 있다. 중학교부터는 진분수와 가분수밖에 없다. 그 말은 즉, 대분수는 초등학생을 위한 분수라는 의미다.

 분수의 종류로 무엇이 있을까?

진분수, 가분수, 대분수요.

 진분수가 뭐야?

진짜 분수요.

 가분수는 뭐야?

가짜 분수요.

 엄마가 평소에
'사과 $\frac{5}{5}$만큼 갖고 와'라고 말해?

아니요.

 그렇지. 일상생활에서 쓰지
않는다고 해서 가짜 분수라고 하는 거야.
그런데 만약 $\frac{5}{5}$만큼 가져오라고 하면
얼마만큼 가져가야 할까?

있는 사과 전부인지
사과 한 개인지에 따라 달라요.

대분수는 뭐야?

자연수 더하기 진분수요.

그럼 $\frac{2}{3}$ 더하기 600은 얼마야?

$600\frac{2}{3}$요.

맞아. 대분수에 더하기가
생략되어 있다는 걸 잊지 마.

　　분수의 정의를 완전히 익힌 아이와 나눈 대화다. 일상에서 대
화를 통해 정의를 외우고 이해하기는 아이가 쉽게 수학 실력을 키우
는 방법이다. 이 외에도 1보다 작은 분수, 1보다 큰 분수, 1보다 크
거나 같은 분수가 무엇인지 묻고 구분하는 실력을 키워주는 게 좋다.

분수의 정의를 배우고 반드시 익혀야 할 것들

먼저, 분수가 갖는 수의 크기 비교다. 분수는 자연수와 달리 한눈에
크기를 비교할 수 없다는 특징을 갖고 있다. 보통 크기 비교를 위해
서는 가분수는 대분수로 바꾸고, 자연수끼리 분수끼리 비교하게 만
든다. 가분수와 대분수의 상호 교환은 나눗셈이 잘된 아이라면 어렵

지 않게 해낸다. 그런데 추가로 '몫'의 의미를 알려준다면 혼동을 좀 더 피할 수 있다.

아이들이 자주 혼동하는 부분은 분자가 같고 분모가 다른 것과 분모가 같고 분자가 다른 것이다. 이것은 '분모가 같을 때는 분자 큰 것이 크고, 분자가 같을 때는 분모 작은 것이 크다'를 외우면 해결된다. 하지만 그러면 이해하는 공부가 아니라는 사실을 염두에 두자. 몫의 의미를 배우면 분수만 봐도 크기 비교가 되어 외울 필요가 없다.

$\frac{2}{3}$나 $\frac{2}{5}$처럼 분자가 같은 분수를 혼동하는 이유는 3과 5만을 비교해 자연수에서 형성된 큰 수가 크다는 개념만을 생각하기 때문이다. 그럴 때는 '2÷3'과 '2÷5'로 바꾸어 "사과 2개를 3명이 나누어 먹는 것과 5명이 나누어 먹는 것 중 어느 쪽이 사과를 더 많이 먹습니까?"라는 문제를 만들면 아이들이 쉽게 답을 구할 수 있다.

둘째, 비교하는 양 구하기는 '단위분수'를 이용해 구한다. 단위분수는 분수의 또 하나의 기준으로 중요하다. 이 부분은 뒤에서 자세히 설명하겠다.

셋째, 최소한 '배분'은 알아야 한다. 한 분수의 분모와 분자에 0이 아닌 같은 수를 곱하거나 나누어도 그 크기는 같다. 이것이 분수의 위대한 성질이다. 그래서 5학년에 올라가서 분모와 분자에 같은 수를 곱하는 '배분'과 나누는 '약분'을 배우게 된다.

배분은 교과서에는 나오지 않는 용어이지만 중요한 만큼 많은 연습이 필요하다. 배분과 약분을 같이 공부하면서 연습 분량은 줄이지 말자. 줄인 만큼 분수가 어려워진다.

　　마지막으로 자연수에서 1을 가져오는 빼기를 가르쳐야 한다. 4학년 첫 단원에서 배우는 분모가 같은 분수의 덧셈과 뺄셈은 아이들이 무척 쉬워한다. 1을 분수로 바꾸는 것은 분모와 분자가 같으면 되기 때문에 아주 쉽다고 생각하지만, 문제는 분수끼리 안 빠질 때다. 많은 연습이 필요하다. '$1 - \frac{3}{8}$'에서 1을 가분수로 바꾸려면 $\frac{8}{8}$로 바꾸어야 한다. 이런 연습이 충분히 되어야만 '$3\frac{1}{8} - 1\frac{3}{8}$'과 같은 문제를 어렵지 않게 해결할 수 있다.

Q $3\frac{1}{6}$은 $\frac{1}{6}$의 몇 배입니까?

19배

　　$\frac{1}{6}$이 1이 되려면 몇 개를 더해야 할까? $\frac{1}{6}$이 2가 되려면 몇 개를 더해야 할까? $\frac{1}{6}$이 3이 되려면 몇 개를 더해야 할까? 여기까지는 잘하다가 다음 질문에서 막힌 것이다. $\frac{1}{6}$이 $3\frac{1}{6}$이 되려면 몇 개를 더해야 할까?

　　많은 아이가 3배라고 오답을 말하고, 많은 선생이 $3\frac{1}{6}$을 가분수 $\frac{19}{6}$로 바꾸라고 가르친다. 당장 문제는 풀 수 있겠지만 제대로 된 가르침은 아니다. 다시 강조하지만 비록 어렵더라도 처음부터 개념을 확실하게 배워야 한다. 배는 곱하기, 곱하기는 같은 수의 더하기다. 그리고 대분수는 자연수와 진분수 사이에 더하기가 생략되어 있다는 것을 기억해야 한다.

분수란 자연수와 달리 2개의 숫자로 되어 있다. 물론 분수의 분모는 전체를, 분자는 부분을 의미한다. 그런데 왜 2개의 숫자가 하나가 되었을까?

어떤 것을 똑같이 나눌 때는 전체를 나타내는 수와 부분을 나타내는 수가 필요하기 때문이다. 비를 나타낼 때도 기준이 되는 수와 비교하는 수가 필요하다. 또 나눗셈의 몫을 구할 때도 나누는 수와 나누어지는 수가 필요하다.

아이들은 분수의 분모와 분자의 수가 각각 보이기 때문에 단일한 수로 인식하지 않는다. 그래서 4학년에 올라가서도 분모가 같은 분수의 덧셈과 뺄셈만 공부할 게 아니라 분수의 정의를 다루는 3학년 내용을 복습해야 한다.

중요한 기준 '단위분수'

앞에서 잘 알아야 한다고 말한 단위분수다.

분수에는 여러 가지 기준이 있다. 1이 기준, 분모가 기준, 단위분수가 기준이다. 예를 들어, $\frac{3}{4}$은 기준인 단위분수 $\frac{1}{4}$을 3개 더한 것이다.

단위분수: $\frac{1}{2}$, $\frac{1}{3}$, $\frac{1}{4}$처럼 분모가 1보다 크고 분자가 1인 분수

단위분수를 제대로 이해하지 못하면, 분수의 사칙연산을 모두 이해하지 못하는 일이 벌어진다. 그리고 단위분수의 문제는 그림을 그려서 부분과 전체의 관계를 익혀야 한다. 그냥 분모의 수를 곱해 문제를 풀게 해서는 안 된다. 이유를 알고 양의 의미를 완전히 이해해야 한다.

"어떤 수의 $\frac{1}{3}$이 2일 때 어떤 수는 무엇입니까?"라는 문제는 소수가 쉬워하고 다수가 어려워한다. 어려워하면 원이나 사각형을 분모의 수만큼 똑같이 나누어 각 부분의 $\frac{1}{3}$만큼에 모두 2를 써 놓고 '같은 수의 더하기'를 '곱하기'로 바꿔야 한다. 이런 과정을 무수히 반복해야 완전히 이해할 수 있다.

하지만 분모가 작은 단위분수는 아이가 쉽게 흥미를 잃을 것이다. 분모가 아주 큰 단위분수, 곱하기는 쉬운 수로 몇 번 반복하는 게 훨씬 효과가 좋다. 예를 들면, "어떤 수의 $\frac{1}{300}$이 7일 때 어떤 수는 무엇입니까?"라는 문제에서 원을 300개로 나누는 시늉만 하면 된다. 그래도 아이가 알아차리고 그림을 다 그리기 전에 2100이라고 답할 것이다. 210이라고 한다면 실력이 부족한 게 아니라 수 감각이 부족한 것이다.

그다음 "$\frac{5}{8}$는 $\frac{1}{8}$이 몇입니까?"라는 문제에 4라고 답한다면 그림을 그리는 연습, 곱하기(같은 수의 더하기)의 개념이 부족하다고 봐야 한다. 이런 문제들은 기본 문제이지만 확장을 위해서는 중요하다. 단위분수를 이해했다면 다음은 다른 개념을 혼합한 문제를 풀어보자.

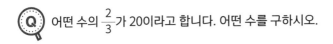

어떤 수의 $\frac{2}{3}$가 20이라고 합니다. 어떤 수를 구하시오.

30

$\frac{2}{3}$는 $\frac{1}{3}$이 2개이므로 어떤 수의 $\frac{1}{3}$은 10이 된다. 어떤 수는 30이다.

물론 분수의 의미인 '분모만큼 나누어 분자만큼 표시한 수'로 풀 수도 있다. 이 문제에서 어떤 수를 빈 칸으로 두고, 분모인 3으로 나누고, 분자인 2로 곱해서 20을 만들 수도 있다. □÷3×2=20.

그러나 이 방법은 기준인 단위분수를 고쳤다가 푸는 것보다 좀 더 번거롭다. 그래도 두 방법을 모두 연습하는 게 좋다. 이 문제는 길게 문장제로 만들 수 있다. "A반에 남학생이 18명 있고, 남학생은 A반 전체의 $\frac{2}{3}$에 해당합니다. A반의 학생 수는 몇 명입니까?"

색종이 한 묶음의 $\frac{3}{4}$은 30장입니다. 색종이 5묶음은 몇 장입니까?

200장

분수를 하다 보면 알게 모르게 나눈다는 생각이 아이의 머리를 지배하고 있다. $\frac{1}{4}$이 10장이니 1묶음은 40장이다. 5묶음은 같은 수 40씩을 더하는 곱하기가 된다.

어떤 수의 $\frac{3}{7}$이 15입니다. 어떤 수의 $\frac{5}{7}$는 얼마입니까?

25

어떤 수의 $\frac{1}{7}$이 5이니 어떤 수의 $\frac{5}{7}$가 25라는 답이 바로 나올 것이다. 기준인 단위분수가 같기 때문이다. 기준이 다른 경우는 어떤 수를 구해야 한다.

Q 은규가 가지고 있던 사탕의 $\frac{6}{7}$을 먹었더니 사탕 5개가 남았습니다. 은규가 먹은 사탕은 몇 개입니까?

30개

가지고 있던 사탕을 1로 봐야 남은 사탕이 $\frac{1}{7}$이고, 이것이 5개라는 것을 알 수 있다. 그럼 구하고자 하는 $\frac{6}{7}$은 같은 수의 더하기인 곱셈을 해주면 된다. 실제 문제는 숫자가 좀 더 커질 뿐 묻는 개념은 같다.

수학에 무기력한 아이들

초등학교 1학년 교과서에는 수 세기, 도트, 작은 수의 덧셈과 뺄셈이 있다. 보기에도 어렵지 않고 실제로도 별게 아니다. 그러나 암산력까지 갖추려면 족히 2년 이상이 걸린다. 수학 연산에서 가장 중요한 '두 자릿수 더하기 한 자릿수' 문제는 교과서 익힘책 문제까지 다 합해도 100개가 안 된다. 문제를 단지 몇 개월만 풀고 끝내는 것이다. 결국 이 부분을 사교육으로 채울 수밖에 없다.

이때 연산 문제와 함께 문장제를 풀게 하는데 더하기와 빼기는 무정의 용어라서 설명할 것이 없다. 커지거나 합하라고 하면 더하기, 작아지거나 차라고 하면 빼기를 사용하면 된다. 실제로 학교나 학원에서도 개념을 가르치지 않고 문제를 주고 풀라고 한다.

구구단을 가르치면서 곱하기의 정의를 가르치지 않지만 워낙 많이 나오기 때문에 곱하기가 무엇인지 대부분 알게 된다. 곱하기가 되니 나누기도 똑같이 하면 된다고 생각하지만 곱하기보다 나누기가 좀 더 복잡하기 때문에 이쯤에서 아이들은 문제를 풀지 않고 찍기 시작한다.

아이들은 이때부터 '수학에는 내가 모르는 무언가가 있다'라는 생각을 하게 된다. 나누기를 모르는 상태로 수백 문제를 풀어도 개념을 알 수 없다. 수백 문제를 풀어도 모르는데 아이들은 그 많은 문제를 풀면서 무엇을 느낄까? 자괴감이다.

나눗셈 다음부터는 분수가 무엇인지, 분수의 성질이 무엇인지, 왜 통분해야 하는지, 곱하기는 왜 분모끼리 분자끼리 곱해야 하는지, 나눗셈은 왜 그런 방식으로 연산을 하는지도 배우지 않는다. 단, '이렇게 푼다'는 기술만 배울 뿐이다.

하지만 푸는 기술은 결국 가르치기 위한 도구로만 작용할 뿐이다. 기술은 어찌 보면 배우는 아이들을 위한 것이 아니라 가르치는 선생들을 위한 것이다. 그것을 아이의 수학 실력과 상관없이 모든 아이에게 가르쳐 실력을 더 나아지게 하지 않고 무기력하게 만든다.

암산력과 구구단을 통해서 곱셈과 나눗셈의 빠르기를 완성하면 두뇌 발달 상태도 그렇고, 4학년부터는 제대로 수학 실력을 키울 준비가 되어 있다. 올바른 개념 공부를 시작하는 그 출발점으로 곱하기와 나누기의 정의부터 외우고 문제에 적용하기를 바란다. 정의를 모르고도 개념을 안다는 말에는 귀도 기울이지 말자.

4학년 수학 개념 이렇게 먹어야 한다

4학년을 위한 수학 통역

주안점	수 감각
교과서 목차	1학기: 큰 수, 각도, 곱셈과 나눗셈, 평면도형의 이동, 막대그래프, 규칙 찾기 2학기: 분수의 덧셈과 뺄셈, 삼각형, 소수의 덧셈과 뺄셈, 사각형, 꺾은선그래프, 다각형
교과서 중요 개념	만, 억, 조, 각도기의 사용법, 예각과 둔각, 밀기, 뒤집기, 돌리기, 달력에서 규칙 찾기, 동분모의 덧셈과 뺄셈, 이등변삼각형과 정삼각형의 정의와 성질, 예각삼각형과 둔각삼각형, 수선, 평행선, 사다리꼴, 평행사변형의 성질, 마름모, 다각형, 대각선
교과서에 없는 중요 개념	자릿값, 큰 수의 사칙연산, 이등변삼각형과 정삼각형의 포함 관계, 0과 1에서 시작하는 차이, 문장제, 삼각수, 소수, 거듭제곱

조선생의 교과서 분석

교과서는 예전에 비해 큰 수의 연산이 확실하게 줄었고, 대신 도형의 비중이 더 많아졌다. 그러나 도형은 올바른 정의만 외워도 될 정도로 학습 부담이 적다.

3학년까지 배운 자연수의 사칙연산을 확장하는 시기가 바로 4학년이다. 4학년은 부족한 연산을 채우기에 늦지 않은데, 1학기 곱셈과 나눗셈 단원을 넘어가면 연산이 부족하다는 사실을 모르고 지나치곤 한다. 아이들이 교과서만 쫓다가 연산 실력을 확장하지 못하고 5학년으로 올라가서는 절대 안 된다. 4학년은 자연수 사칙연산을 확장할 마지막 기회다.

자연수의 확장 방향은 큰 수의 연산이 아니라 작은 수 여러 개의 암산과 수 감각이다. 수 감각은 한순간에 이루어지지 않으며, 무조건 계산만 한다고 이루어지지 않는다. 5학년의 배수와 약수도 분수에서 사용하려면 일정 시간 연습이 필요하고 어느 정도 수 감각이 필요하다. 분수도 자연수의 확장이고, 분수의 연산에서 필수 불가결한 약수와 배수도 잘하기 위해서는 시간이 필요하다. 따라서 5학년에 올라가기 최소 몇 달 전부터 배수와 약수만을 연습하기를 권한다.

결론적으로 4학년에서는 배수, 약수, 소수, 거듭제곱을 외우고 수 분해까지 공부하는 게 좋다.

큰 수에 대응하는
더 큰 수

$+$ $-$
$\div$ $\times$

"조보다 더 큰 수는 뭐예요?"

아이들은 큰 수를 궁금해한다. 조 다음에 경, 경 다음에 해, 계속해서 큰 수를 알고 싶어 하고 배우는 족족 친구에게 자랑하려고 한다. 기본적으로 마음 한구석에 궁금증을 가지고 있는데 이를 막지 않으면서 수학을 가르치는 게 좋은 교육이다. 그런데 4학년에서 다루는 수가 무척 크고, 계속 문제 풀이를 한다면 아이가 수학 자체를 싫어하게 될 수 있다. 그런 실수를 범하지 않으려면 먼저 큰 수에 부담감을 줄여야 한다.

13자리 이상의 수를 쓰고 읽어보라고 하자. 호기심이 많은 아이는 처음부터 경의 자릿수까지 해도 된다. 네 자릿수씩 끊어서 읽기를 배우지 않았다면 아이는 오른쪽 첫 번째 자리부터 일, 십, 백, 천 하나하나 세다가 혼동할 것이다. 이때 네 자릿수씩 끊어 읽고 만, 억, 조, 경을 써서 몇 번 읽게 하면 큰 수 읽기가 쉽다는 걸 알게 된

다. 몇 번 반복해서 읽으면 큰 수에 대한 부담에서 어느 정도 벗어난
다. 그다음 자리의 개수를 가르친다.

만에는 0이 몇 개 있니?

4개요.

그럼 만은 몇 자릿수야?

4자릿수요.

그래? 만 원을 숫자로 써 볼래?
4자릿수야?

5자리요.

왜?

0이 4개 있고요.
앞에 1이 있어서 5자리에요.

맞아. 그러면 억에는
0이 몇 개 있니?

8개요.

그럼 억은 몇 자릿수야?

9자리요.

조에는 0이 몇 개 있니?

12개요.

그럼 조는 몇 자릿수야?

13자릿수요.

문제집을 풀기 전에 이렇게 대화를 해보자. 아마 그날 문제집을 푼 것보다 효과가 클 것이다. 이 과정을 통해 만의 만 배가 억이고, 억의 만 배가 조가 된다는 사실을 자연스럽게 깨닫게 된다.

얼마 전 한 유튜버가 '1000만×만'이 암산이 안 되어 당황하면서 썼다 지웠다 반복하는 모습을 보였다. 초등학교 4학년 때 만의 만 배가 억이라는 사실을 확실하게 배우지 않았기 때문이다. '만×만=억'이니 '1000만×만=1000억'이다.

10이 곱해진 개수만큼 0이 늘어나고 자릿수는 10이 곱해진 개수보다 1개 더 많다. 이것을 큰 소수를 분수로 바꾸기, 순환 소수 만들기, 거듭 제곱 등에 다양하게 활용한다. 앞에서 아이와 나눈 대화는 고등학교 로그에서 지표와 진수의 관계를 쉽게 알려주기 위해하는 것이다. 내가 가르친 아이들은 초등학교부터 고등학교까지 수학 공부를 놓지 않는다. 처음부터 중학교, 고등학교 부분까지 대비해 가르치기 때문이다.

다음은 중학교에서 가르치지 않지만 시험에서 단골로 출제되는 문제다. 초등학교 4학년 아이들도 풀 수 있도록 문제를 쉽게 변형했다.

 10×10×10×10×10×25를 계산하면 몇 자릿수가 됩니까?

7자릿수

큰 수를 기계처럼 외운 아이는 찍어서 8자릿수라고 할 수 있다. 10을 5번 곱했으니 6자릿수이고, 25가 있으니 8자릿수라고 생각한 것이다. '1×25'를 안 하고 더해서 오답을 만든 셈이다. 정확도는 기본이지만 원리를 알아야 문제를 푸는 의미가 있다.

큰 수에서 아이들이 가장 많이 혼동하는 것은 두 가지다. 첫째는 자릿값, 자리가 나타내는 수의 차이다. '27356'에서 7은 천의 자리에 있고, 7이 나타내는 수는 7000이다. 아이들이 정확하게 알지 못하면 문제 답 칸의 길이로 판단하게 된다.

둘째는 배의 문제다. '7천의 1000배'에서 배를 곱하기로 바꾸고, 다시 0의 개수를 붙여주지 못하면 7000000이 나오지 않는다. 총 0의 개수와 수를 네 자리씩 끊어 읽는 것이 머릿속에 그려져야 한다.

두 수의 크기를 비교하여 부등호를 알맞게 써넣으시오.

3792682546809 ☐ 13792682546809

<

이렇게 큰 수를 비교하라고 하면 아이들이 어려워할까? 아니다. 오히려 자릿수만 세면 풀리는 문제라서 좋아할 것이다. 그러나 아이가 설사 어렵지 않게 문제를 풀었다고 해도 큰 수의 크기 비교를 할 때는 가장 먼저 자리 개수를 확인하라고 가르쳐야 한다. 다음 문제를 풀어보자.

 두 수의 크기를 비교하여 부등호를 알맞게 써넣으시오.

3792682516809 ☐ 2792682516809

>

두 수의 자리 개수는 같다. 그러면 다음은 두 수의 첫 자릿수를 확인해야 한다. 다시 말해 큰 수의 비교는 자리 개수가 가장 중요하고, 그다음은 첫 자릿수다. 실제로 시험 문제는 더 작은 수로 나온다. 규칙을 확실하게 하기 위해서는 큰 수로 하고 연습 문제 수를 줄이는 편이 좋다.

$+$ $-$
$\div$ $\times$

수 감각을 위한
소수

원래 소수와 거듭제곱, 소인수분해는 중학교 1학년 과정이다. 그런데 중학교에 올라가자마자 바로 이 세 가지를 배우고 곧바로 수 감각이 필요한 어려운 문제를 풀어야 한다. 소인수분해는 수 분해를 통해서 수의 특성을 알아보는 것이다. 그래서 그 도구인 소수와 거듭제곱을 미리 배우고 연습하여 수 감각을 키워야 한다.

4학년은 수를 확장하는 학년이고, 큰 수의 확장도 수의 한 갈래는 맞다. 하지만 큰 수의 확장 이전에 수 감각을 키우는 게 선행되어야 한다. 간혹 초등학생이 중등 수학까지 염두에 두고 배우면 어렵지 않냐고 묻는 사람이 있다. 나는 25년간 수학을 가르쳤다. 자연수의 사칙연산과 분수를 배우느라 소수, 거듭제곱이 중학교 때 나오는 것뿐이다. 어렵지 않아 초등학생도 몇 달만 공부하면 익힐 수 있다. 미리 배우면 분수의 연산을 지나며 사용하게 되고, 저절로 수 감각을 살릴 수 있다. 중학교에 올라갈 때까지 기다릴 필요가 없다.

소수부터 준비하자

소수: 자연수 중에서 1과 자신의 수로만 나누어지는 수, 또는
양의 약수가 2개인 수

자연수의 성질을 잃지 않게 분해했을 때 최소 알갱이를 소수라고 한다. 소수는 0.1과 0.2와 같이 1보다 작은 수가 아니라 1보다 큰 자연수 중에 있다.

중학교 1학년에서 정식으로 소수를 배울 때 '소수는 약수가 2개인 수'라는 설명만 있을 뿐이다. 그리고 곧바로 소인수분해로 들어간다. 간혹 고등학생이 되어서도 "선생님, 0.5도 소수가 맞죠? 그런데 소수를 자연수래요"라고 묻는 아이가 있다. 소수에 대한 연습과 이해가 충분히 이루어지지 않아서 그렇다. 자연수를 이루는 최소 단위가 1이라면 소수는 1이라는 것을 깨뜨리지 않고 나눌 수 있는 또 하나의 기준이 된다.

먼저 소수란 '1과 자신의 수로만 나누어지는 수'라고 암기하자. 그리고 다음과 같이 1부터 60까지 자연수를 쓰자. 소수를 찾는 '에라토스테네스의 체'라는 방법이다.

1	2	3	4	5	6	7	8	9	10
11	12	13	14	15	16	17	18	19	20
21	22	23	24	25	26	27	28	29	30
31	32	33	34	35	36	37	38	39	40
41	42	43	44	45	46	47	48	49	50
51	52	53	54	55	56	57	58	59	60

 1이 소수야?

네.

 1의 약수가 2개구나?

아! 소수가 아니에요.

 그래. 1은 소수가 아니니까 × 표시하자.
2는 소수야?

네.

 그럼 2에 ○ 표시하고
나머지 2의 배수를 찾아서 모두 × 표시하자.

전부요?

응. 전부. 3은 소수야?

네.

그럼 3에 ○ 표시하고
나머지 3의 배수를 찾아서 모두 × 표시하자.

배수는 5학년에서 배운다. 미리 배웠으면 에라토스테네스의 체로 소수를 익히는 데 별 문제가 없겠지만, 만약 아이가 배수를 모르면 배는 곱하기고, '배수는 자연수(사실은 정수)를 곱한 수'라고 간단하게 알려주고 시작하자.

7까지만 하면 60 안에서 소수만 남게 된다. 이 과정에서 살아남은 수는 2, 3, 5, 7, 11, 13, 17, 19, 23, 29, 31, 37, 41, 43, 47, 53, 59이다. 기원전 200년경 에라토스테네스가 이 방법을 개발한 이후로 지금까지 소수를 구하는 다른 방법은 나오지 않고 있다. 60까지 소수를 외워서 항상 구분할 수 있다면 고등학교까지 소수로 어려움을 겪을 일은 없다. 그렇다고 무조건 외울 필요는 없다. 다음처럼 몇 번만 물어보면 된다.

1이 소수야?

 아니요.

 뭐가 아니야?

알았어요. 소수가 아니에요.

 2가 소수야?

네. 소수예요.

 2 말고 2의 배수를 다 지운 거 기억하니?
이제 홀수만 물어본다. 3이 소수야?

네. 소수예요.

 5가 소수야?

네. 소수예요.

 9가 소수야?

네. 소수예요.

그래? 9를 1과 9로 나누고,
다른 수로는 나눌 수 없구나.

소수가 아니에요.
3으로 나눌 수 있어요.

아이들이 9, 39, 49, 51, 57에서 조금 혼동하겠지만 몇 번 반복하면 괜찮다. 이 소수들은 5학년에서 약분, 최소공배수, 분수의 곱셈과 나눗셈 과정에서 다시 몇 번 반복해주자. 그렇게 해야 소수를 완벽히 익힐 수 있고, 중학교에서 큰 수를 소인수분해할 때 곧바로 머릿속으로 답을 찾아낼 수 있다.

연산은 수 감각이 필요하다

수가 커지면 부모들은 불안한 마음에 '하나하나', '차근차근', '꼼꼼히' 연산에 집중할 것을 요구한다. 지나치게 신중함을 가르치면 아이들은 오히려 위축되어 버린다. 정확도를 강조하기 이전에 수학에서 요구하는 수 감각을 어떻게 길러줄지 생각해야 한다.

4학년에 나오는 큰 수의 연산은 자릿값을 알려주려는 목적 이외에는 없다. 이전에 빠르기를 했다면 교과서에 나오는 문제만 풀어도 충분하다. 바로 앞에서 다룬 소수나 거듭제곱도 머릿속의 단위를 정리하고, 수 감각을 기르기 위한 것이다.

아이가 수 감각이 뛰어나다면 어떻게 가르치든 수학을 잘할 것이다. 그러나 뛰어나지 않아도 크게 걱정할 필요는 없다. 반복적인 연습으로 어느 정도 기를 수 있다. 감각은 책상에 앉아서 계산만 하는 것이 아니라 일상생활에서 사용하는 게 더 좋다. 더 많은 반복을 할 수 있기 때문이다. 다음은 일상에서 부모와 아이가 마주 앉아 수 감각을 키우는 방법들이다.

첫걸음은 반을 잘하는 것이다. 반은 나중에 '÷2'나 '$\times \frac{1}{2}$'로 다시 연습하겠지만 부모가 가르칠 수 있다면 일상에서 반복할 수 있게 미리 알려줘도 좋다. 다만 아이들이 구분할 수 있도록 '반으로 나눈다', '반으로 만든다'를 정확하게 알려주어야 한다.

반으로 나눈다: $\div \frac{1}{2}$, $\times 2$

반으로 만든다: $\div 2$, $\times \frac{1}{2}$

반은 작은 수가 아니라 큰 수에서 출발해야 한다. 아이들이 5000원의 반을 2500원이라고 바로 말해도 50의 반은 바로 나오지 않는다. 어른들이 생각하면 똑같다고 생각할 수 있지만 수 감각이 발달하지 않은 아이들은 다르다.

먼저 10000원의 반, 5000원의 반, 2500원의 반을 연습하고, 다시 1000의 반, 500의 반, 250의 반을 연습한다. 아이가 잘 따라 하면 1000의 반의 반이나 1000의 반의 반의 반을 물어보자. 반대로

250이 $1000 \times \frac{1}{4}$, 125가 $1000 \times \frac{1}{8}$과 같다는 것도 알려주자.

반을 쉽게 알 수 있는 100, 1000이 아닌 수는 수를 분해하는 연습을 해야 한다. 예를 들어 '76의 반'은 70과 6으로 나누고 각각 반을 나눈 다음 더하면 된다. 70의 반은 35, 6의 반은 3, 더하면 38이 된다. 60과 16으로 나누어도 된다. 아이가 편한 방법을 찾는 게 중요하다.

전부 하려고 하지 말고 아이가 혼동하는 수를 3~4개 정도 골라서 연습하고, 같은 수를 여러 번 반복해 연습한다. '반'을 잘만 활용해도 수 감각이 떨어진다는 소리는 듣지 않을 것이다.

둘째, 덧셈과 곱셈을 혼동하지 않는다. 초등학교에서는 곱셈과 나눗셈을 가장 많이 혼동하지만, 중학교에 가면 덧셈과 곱셈밖에 없다. '$2+2+2$'와 '$2 \times 2 \times 2$'의 답을 모두 6이라고 말하는 아이들이 있다. 중학생 중에서는 5^3을 125가 아닌 75라고 말하는 아이들도 많다. 모두 연습을 안 해서 그렇다. 다음 문제들을 아이가 반복 연습하게 하자. 암산을 잘하는 아이도 쉽게 틀릴 수 있는 문제들이다.

$$2+2+2$$

$$2 \times 2 \times 2$$

$$2+2+2+2$$

$$2 \times 2 \times 2 \times 2$$

$$3+3$$

3×3

$3 + 3 + 3$

$3 \times 3 \times 3$

$3 + 3 + 3 + 3$

$3 \times 3 \times 3 \times 3$

$5 + 5$

5×5

$5 + 5 + 5$

$5 \times 5 \times 5$

$5 \times 5 \times 5 \times 5$

셋째, 곱해서 10, 100, 1000, (…)이 되는 수를 생각한다. 아이가 큰 수를 싫어하면 많이 시키기도 어렵고, 억지로 시켜도 수 감각은 늘지 않는다. 그래서 스스로 규칙을 발견하는 연습이 필요하다.

예를 들어 평소 '차근차근' 연산하라고 배운 아이는 '86×5×20'을 풀 때 앞에 수 86과 5를 먼저 곱한다. 아무리 계산을 잘하는 아이도 거기서 머무르면 수의 성질을 활용하지 못하게 된다. 그렇다고 아이가 많은 문제를 풀면서 저절로 쉬운 방법을 발견할 때까지 기다릴 수도 없다.

먼저 '10×10', '10×10×10', '10×10×10×10' 수를 늘려가

며 연습한다. 아이가 0의 개수를 세어서 쓸 때까지 큰 수로 하는 것이 좋다. 그리고 '$3 \times 10 \times 10 \times 10$'이나 '$10 \times 10 \times 3 \times 10$', '$10 \times 86 \times 10 \times 10$'을 계산하면서 100이나 1000을 만드는 수가 있으면 쉽다는 사실을 아이가 깨닫게 하자. 이것이 바로 규칙을 발견하는 연습이다.

그다음 '2×5', '$2 \times 5 \times 2 \times 5$', '$2 \times 5 \times 2 \times 5 \times 2 \times 5$'로 각각 10, 100, 1000을 만드는 연습을 한다. 그리고 '$2 \times 2 \times 5 \times 5$', '$5 \times 2 \times 2 \times 5$', '$2 \times 2 \times 2 \times 5 \times 5 \times 5$', '$5 \times 2 \times 2 \times 5 \times 5 \times 2$'처럼 순서를 바꿔 다시 연습한다. 이렇게 연습하면 '$86 \times 5 \times 20$'과 같은 계산에서 좀 더 쉽게 할 수 있는 방법을 찾으려 할 것이다.

감각이 발달하면 '25×32'에서 25에 4를 곱하고, 32를 4를 나누어 '100×8'로 바꾼다. '60×35'도 35에 2를 곱하고 60을 2로 나누어 '30×70'으로 바꾼다. 그러면 쓰면서 계산하지 않아도 암산이 가능하다.

간혹 아이가 틀릴지 모른다고 생각해 암산을 하지 말라고 하는 부모가 있다. 차근차근 꼼꼼히 계산하라고만 하면 아이의 수 감각을 키울 수 없다. 작은 수의 연산은 빠르게 해야 하고, 큰 수의 연산은 하는 방법만 알면 좀 더 다양한 방법으로 암산할 수 있게 해주어야 한다. 그렇게 해야 수 감각을 키울 수 있다.

$+$
$\div$
$\times$

더하기와 곱하기 혼동을 막는 거듭제곱

1을 100번 곱하면 100이라고 생각하고, '4×3'은 4를 3번 곱한 거라고 생각하는 아이도 있다. '4를 3번 더한 것'을 곱한 것이라고 착각하는 것이다. 우리 아이는 아닐 거라고 생각하겠지만 많은 아이가 더하기와 곱하기를 혼동한다. 물론 '4를 3번 곱한 것'이라고 말해도 아이가 답은 '12'라고 할 것이다. 답이 맞으면 부모도 이 부분은 신경 쓰지 않고 그냥 넘어간다.

중·고등학교에 가면 뺄셈(−)과 나눗셈(÷)이 없어지고 식에서는 결국 덧셈(+)과 곱셈(×)밖에 보이지 않게 된다. 초등학교에서는 별 문제가 안 되었던 곱셈과 덧셈이 중·고등학교에 가서 헷갈리기 시작하는 것이다.

소수를 배우고 거듭제곱을 외우면 수 분해와 분수에서 큰 노력 없이 수 감각을 기를 수 있다. 하지만 여기에는 곱하기와 더하기를 잘 구분할 수 있게 하려는 의도도 있다. 중학교에서 '2×2×2'를

2^3이라고 표현하는데 2^3을 8이 아니라 6이라고 대답하는 아이들이
많다. 2의 거듭제곱을 외우려면 가장 기본인 '$2 \times 2 \times 2 = 8$'을 혼동하
지 말아야 한다.

고등학교까지 사용하는 거듭제곱을 총정리했으니 살펴보자.

조선생의 거듭제곱: '거듭'해서 '제' 자신을 '곱'하는 것
중학교 교과서의 거듭제곱: 같은 수나 문자를 여러 번 곱하는
것

2의 거듭제곱	$2 \times 2 \times 2 = 2^3 = 8$ $2 \times 2 \times 2 \times 2 = 2^4 = 4 \times 4 = 16$ $2 \times 2 \times 2 \times 2 \times 2 = 2^5 = 8 \times 4 = 32$ $2 \times 2 \times 2 \times 2 \times 2 \times 2 = 2^6 = 8 \times 8 = 64$ $2 \times 2 \times 2 \times 2 \times 2 \times 2 \times 2 = 2^7 = 64 \times 2 = 128$ $2 \times 2 \times 2 \times 2 \times 2 \times 2 \times 2 \times 2 = 2^8 = 128 \times 2 = 256$ $2 \times 2 \times 2 \times 2 \times 2 \times 2 \times 2 \times 2 \times 2 = 2^9 = 256 \times 2 = 512$ $2 \times 2 \times 2 \times 2 \times 2 \times 2 \times 2 \times 2 \times 2 \times 2 = 2^{10} = 512 \times 2 = 1024$
3의 거듭제곱	$3 \times 3 = 3^2 = 9$ $3 \times 3 \times 3 = 3^3 = 27$ $3 \times 3 \times 3 \times 3 = 3^4 = 9 \times 9 = 81$
5의 거듭제곱	$5 \times 5 = 5^2 = 25$ $5 \times 5 \times 5 = 5^3 = 125$ $5 \times 5 \times 5 \times 5 = 5^4 = 625$
제곱들	$11 \times 11 = 121$, $12 \times 12 = 144$, $13 \times 13 = 169$, $14 \times 14 = 196$, $15 \times 15 = 225$, $16 \times 16 = 256$, $17 \times 17 = 289$, $18 \times 18 = 324$, $19 \times 19 = 361$, $20 \times 20 = 400$, $60 \times 60 = 3600$

 영영은?

 0.

 일일은?

 1.

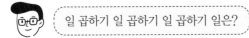 일 곱하기 일 곱하기 일 곱하기 일은?

 1.

 일을 100번 곱하면?

 그래도 1이요.

 이이는?

 4.

 삼삼은?

 9.

 십십은?

20.

 음, 10원짜리가 열 개면 20원이구나.

 100이요.

 십일십일은?

 121.

 십이십이는?

 142.

 뭐라고? 다른 숫자는 틀려도 일의 자릿수를 틀리는 사람이 어디 있어? 직접 곱해 봐라.

 144요.

 십삼십삼은?

 169요.

 십사십사는 안 물어본다.

 196이죠? 미리 곱해 놓았어요.

같은 수를 두 번 곱하는 것을 '제곱'이라고 한다. 제곱은 대화를 주고받듯 부모와 아이가 묻고 답하는 연습을 반복적으로 해야 한다. 아이들이 '10×10'을 20이라고 답하는 경우가 있는데, 그때는 "10원짜리가 10개면 얼마일까?"라고 되물어 '10×10'은 100이라고 알려주자.

초등학교는 물론 중학교, 고등학교에서도 거듭제곱을 외우라고 하지 않지만 이 기회에 다 외우고 넘어가기 바란다. 이외에 더 많은 것을 외울 필요는 없다. 딱 여기까지만 외워도 충분하다. 초등학교에서는 '13×13'까지만 외우면 6학년까지 문제될 게 없지만 그래도 이왕 외운다면 '20×20'까지 하는 게 좋다. 마지막에 '60×60'은 1시간이 3600초임을 알 수 있도록 추가했다. 여기까지 하면 초등학교에서 정사각형의 넓이를 알려주고 한 변의 길이를 묻는 문제를 풀 수 있다.

다음은 거듭제곱을 잘 외웠는지 확인하는 문제다.

Q ☐ 안에 들어갈 숫자는 모두 같습니다. 알맞은 수를 써넣으시오.
☐☐ × ☐ = 176

4

같은 수를 곱해서 일의 자릿수가 6이 나오는 것은 '4×4'와 '6×6'뿐이다. 6이 아니라면 남는 것은 4이다. 다음 문제도 거듭제곱의 문제다.

5일 동안 매일 전날보다 2배 많은 종이학을 접으려고 합니다. 첫날 2마리를 접었다면 마지막 날 접은 종이학은 몇 개입니까?

32개

'2×2×2×2×2＝32'이다. 일일이 곱하기보다는 '2×2×2'와 '2×2'를 연습한 후에 '8×4＝32'로 구하는 것이 좋다.

덧붙이는 말이지만, 오래전부터 나는 초등학교 4학년부터 소수나 거듭제곱을 공부해야 한다고 말했다. 많은 학원이나 학습지가 내 말을 받아들인 것까지는 좋았지만 필요한 부분을 넘어서 더 강도 높은 방향으로 아이들을 가르치는 상황이 되어 속상하다. 50의 제곱, 70의 제곱까지 시켜서는 안 된다. 구구단 19단을 외우게 하는 것처럼 무의미한 일일 뿐만 아니라 더 나쁘다. 큰 수의 연산을 많이 한다거나 불필요한 연산, 과도한 연산은 부작용만 초래할 뿐이다. 앞에서 언급한 부분까지만 배우면 된다.

4학년
논리력 문제

4학년은 사칙연산을 모두 배우고 논리력이 자라나는 시기다. 그래서 다양한 것을 배워야 하는데 큰 수의 연산이나 도형, 동분모의 덧셈 뺄셈처럼 논리력이 많이 필요하지 않은 문제만을 주어서는 안 된다. 교과서에서 가르치지 않는 부분이라고 해도 아이의 논리력을 키울 수 있는 문제들을 이 시기에 풀게 해야 한다. 적어도 아이에게 학귀산, 0과 1에서 시작하는 차이를 구분하는 문제, 삼각수, 다양한 규칙이라도 가르치기 바란다. 이번 장에서는 그중 학귀산과 0과 1에서 시작하는 차이를 구분하는 문제를 다룰 것이다.

학귀산

학귀산은 학과 거북이의 전체 마리와 전체 다리의 개수를 알려주고,

학의 다리가 2개, 거북이의 다리가 4개라는 점을 이용해 학과 거북이의 수를 각각 맞히는 문제다. 보통 이 문제는 '예상하여 풀기'나 '표 그리기'로 접근하는데, 아이들이 가장 싫어하는 해결 방법이다. 그리고 그것보다 아이들이 쉽게 학귀산 문제를 풀 수 있는 방법이 있다.

 거북이와 학이 10마리 있습니다. 다리 수를 세어보니 32개였습니다. 거북이는 몇 마리입니까?

6마리

학귀산을 예상하여 풀기나 표 그리기보다 쉽게 접근하는 방법은 '극단적으로 가정하기'다.

만약 10마리가 모두 거북이라면 다리는 40개여야 한다. 하지만 다리 수는 40개보다 적은 32개다. 여기서부터 거북이 한 마리를 학 한 마리로 바꾸기 시작한다. 그럼 한 번 바꿀 때마다 다리가 2개씩 줄어들게 된다. 다리 수가 32개가 되려면 거북이 4마리를 학으로 바꾸어야 한다. 따라서 학은 4마리, 거북이는 6마리다.

5학년에서는 "400원짜리 우표와 200원짜리 우표 10장을 샀는데 3000원입니다", "놀이동산 입장료가 어른은 400원, 어린이는 200원입니다. 입장료로 3200원을 냈다면 어른은 몇 명입니까?"처럼 문제가 변형되어 출제된다. 내용만 다룰 뿐 푸는 방법은 똑같다. 그래서 문제가 처음 나왔을 때 제대로 이해만 해두면 이런 문제는 언제든 쉽게 풀어낼 수 있다.

0과 1에서 시작하는 차이를 구분하는 문제

먼저 0에서 출발하는 문제다.

Q 정삼각형의 땅에 기둥을 세우려고 합니다. 한 변에 10개씩 같은 간격으로 세우려면 기둥은 몇 개가 필요합니까?

27개

정삼각형의 한 변에 놓여진 기둥은 0부터 9까지 셀 수 있다. 0을 세지 않으면 각 변에 겹치지 않는 기둥이 각각 9개가 있다고 이해할 수 있다. 이 말이 이해가 안 된다면 길이가 같은 막대기로 겹치지 않게 정삼각형을 만들어보자. 정삼각형은 세 변이 같은 개수이므로 곱하기로 바꾸면 '9×3=27(개)'이다.

Q 긴 통나무를 10도막으로 나누려고 합니다. 한 도막을 자르는 데 8분이 걸린다고 합니다. 통나무를 10도막으로 나누는 데 걸리는 시간은 몇 분입니까?

72분

통나무를 10도막으로 나누려면 9번만 자르면 된다. 그래서 '9×8=72(분)'이다. 이런 문제는 아이가 암산으로 풀 정도로 작은 수로 내는 게 좋다. 구구단을 외운 저학년 아이도 재미있게 풀 것이다.

다음은 1에서 출발하는 문제다.

 엘리베이터가 1층을 올라가는 데 3초가 걸립니다. 3층까지 걸리는 시간은 몇 초입니까?

6초

9초라고 말하는 아이도 있을 것이다. 엘리베이터가 1층부터 출발하기 때문에 2층과 3층을 올라가는 시간만 계산하면 된다. 대표적인 유형은 가로수 문제다.

 길이가 100m인 도로 양쪽에 20m 간격으로 가로수를 심으려고 합니다. 총 몇 그루가 필요합니까?

12그루

먼저 도로 한쪽만 생각해보자. 가로수는 도로의 처음 부분과 끝 부분에도 심어야 하므로 한쪽은 6그루, 양쪽은 12그루가 된다. 가로수 문제는 '도로의 처음과 끝에 반드시 나무를 심는다', '나무가 심어진 부분의 길이는 생각하지 않는다'를 전제로 풀어야 한다. 이 전제를 모르고 문제의 답을 고민하는 아이가 많다.

놓치면 안 되는 삼각수

초등학교에서 다루는 개념 중에는 중학교는 건너뛰고 고등학교에서 다루는 것들이 많이 있다. 삼각수도 그중 하나다. 중학교 3학년 때 문제로 나오지만 본격적으로는 고등학교에서 등차수열의 합으로 다루게 된다. 그런데 그때는 아이들이 시간에 쫓겨 공식을 외워서 풀려고만 한다.

이해가 아니라 공식 암기로 문제에 접근한다면 문제를 전혀 풀지 못하거나 문제가 조금만 변형되어도 제대로 풀지 못한다. 그래서 삼각수는 원리에 충실하게 접근할 수 있는 초등학교 4학년 때 반드시 가르쳐야 한다. 삼각수, 사각수, 오각수 등이 있지만 삼각수만 하면 된다.

자연수의 합부터 구하자

'$1+2+3+(\cdots)+98+99+100$'을 계산하라는 문제는 등차수열의 합 개념을 포함하고 있어 시간을 많이 투자해야 한다. 일일이 더하면 시간이 오래 걸리기 때문에 다른 방법이 필요한데, 그것이 바로 '수 세기', '많은 수의 더하기'이다. 수 세기의 자세한 내용은 유튜브 '조 안호 수학연구소TV'를 참고하기 바란다. 많은 수의 더하기는 고등 수학까지 곱하기와 소거의 방법밖에 없다.

여기서는 같은 수의 더하기인 곱하기를 사용할 것이다. 같은 수의 더하기가 되기 위해 다음과 같이 두 수씩 짝을 지어 더하면 짝지 은 두 수의 합이 101로 일정하다. 그리고 둘씩 짝을 지어서 101의 개수 는 전체의 절반인 50개가 된다. 그래서 답은 '$101 \times 50 = 5050$'이다.

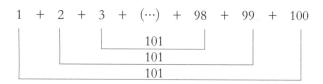

1부터 10까지 또는 20, 30까지 여러 문제를 만들어서 연습해 야 한다. 간혹 '$15+16+17+18+(\cdots)+25+26+27+28+29$'처럼 1부터 출발하지 않은 수의 합을 구하라는 문제가 있다. $(15+29)$, $(16+28)$, $(17+27)$ 합이 같다는 사실을 안다면 전체 개수를 구 하면 된다. 여기서도 수 세기가 필요하다. 각 수에서 14를 빼면

'1＋2＋3＋(…)＋14'로, 정의에 따라 전체 개수는 14개가 된다. 한 문제만 더 풀어보자.

 나열된 수 중에서 한가운데 수는 무엇입니까?

2, 3, 4, 5, 6, 7, 8

5

한가운데 수를 구하는 방법은 무엇일까? 처음 수와 마지막 수를 더해서 2로 나누면 알 수 있다. 또 평균의 개념으로 접근할 수도 있다. 전체를 더하면 35인데 개수가 모두 7개이니 7로 나누어도 5가 된다. 지금 언급하는 개념은 고등학교에서 미지수와 함께 다시 다루게 된다. 이제 삼각수를 살펴보자.

그림으로 보는 삼각수

 다음과 같은 규칙으로 바둑돌을 놓았습니다. 10번째에 놓을 바둑 돌의 개수는 몇 개입니까?

55

삼각수는 그 모양이 삼각형이라서 붙여진 이름이다. 같은 수를 연산하는 대부분의 규칙과 다르게 삼각수는 1씩 커지는 수를 더한다. 첫 번째는 바둑돌 1개, 두 번째는 첫 번째 1개에 2개를 더하여 '1 + 2', 세 번째는 '1 + 2 + 3'으로 늘어난다. 이와 같은 규칙으로 열 번째는 '1 + 2 + 3 + (…) + 8 + 9 + 10'이 된다. 개수를 구하는 방법은 바로 앞에서 배운 대로 '11 × 5 = 55'이다.

중요한 것은 개수를 구하는 방법이다. 네 번째 늘어놓은 바둑돌을 살펴보자. 한 변에 놓인 바둑돌의 개수는 4개다. 같은 것을 한 개 더 만들고 뒤집어 붙이면 다음 그림과 같이 된다.

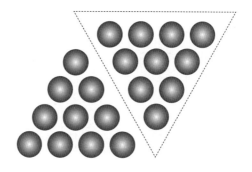

그림을 보면 바둑돌의 개수는 가로에 4개가 있고, 세로에는 가로 개수에 1을 더한 수가 있다. 그럼 '4 × (4 + 1) = 20'이 되고, 원래 세모 모양의 개수는 그것의 반인 10개가 된다. 이것을 나중에 고등학교에서 미지수를 넣어 n번째 공식으로 나타내면 '$\frac{n}{2} \times (n + 1)$'이 된다.

중·고등학교 함수로 이어지는 규칙

$+$
$\div$
$\times$

초등 수학은 홀수 학년이 중요하다. 1학년에서 암산력, 3학년에서 빠르기, 5학년에서 분수의 연산을 확실하게 해야 하기 때문이다. 그래서 수 세기, 규칙, 삼각수, 학귀산, 조건에 맞는 수 개수 등 자연수의 감각을 키우는 연습은 4~6학년 중 어느 학년에 해도 상관없지만 본격적으로 분수를 다루기 전, 논리력이 커지는 4학년 시기에 해두는 게 가장 좋다. 5학년은 분수와 도형으로 시간이 없고, 6학년은 분수 확인과 확장, 등식의 성질 그리고 중학교 입학 준비로 시간이 없다.

초등학교 규칙은 추론 능력을 키워주기도 하지만 중·고등학교 함수로 이어진다. 수학의 최종 도착지는 함수이고, 고등학교 수학의 80~90%가 함수이다. 쉬운 규칙은 아이들도 쉽게 하지만 감각이 필요한 문제는 많이 다루지 않으면 곳곳에서 걸리고 만다. 그래서 평소 선행 학습을 중요시하는 부모라면 무조건 앞서가기보다 교과의 연계 과정을 살펴보기 권한다. 초등 수학은 중등·고등 수학으로 이어져 계속 나오기도 한다. 제때 정의를 외우고, 개념을 정확하게 이해하려는 노력이야말로 진정한 선행 학습이다.

규칙은 크게 보면 단순히 커지거나 작아지거나 계속 반복한다. 그리고 이것이 전부다. 커지거나 작아진다는 것은 기준이 필요하다. 그래서 처음에 어떤 수가 있는지가 가장 중요하다. 그다음 커지고 있는지 커진다면 얼마씩 커지는지, 작아진다면 얼마씩 작아지는지를 보는 것이 규칙을 푸는 첫 번째 열쇠다.

수가 점점 커지는 규칙

초등 수학에서는 커지는 규칙 문제가 대부분이다. 점점 작아지면 0에 접근하거나 음수에 도달하는데 그 부분은 아직 안 배운 개념이 도사리고 있어 잘 다루지 않는다. 계속해서 커지는 규칙 문제를 연습해보자.

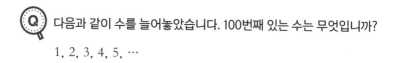

Q 다음과 같이 수를 늘어놓았습니다. 100번째 있는 수는 무엇입니까?

1, 2, 3, 4, 5, …

100

정말 쉬운 문제다. 여기서도 수 세기가 들어간다. 처음 있는 수가 1이고, 다음 수 2는 1이 커져 있다. 자연수이고, 자연수에 1씩 커지는 규칙이다. 어릴 때부터 수 세기를 해 온 아이는 규칙대로 100번째에 100이 있다는 사실을 금방 알아챌 것이다.

자연수는 서수(순서를 나타내는 서수사)의 의미도 있어서, 173이라는 수는 173번째 있는 수이기도 하다. 중·고등학교에 가면 '1부터 n까지의 수'의 개수를 묻는다. n까지이므로 당연히 n개이지만 'n이 모르는 수이므로 몇 개인지 모른다'라고 발전하는 경우가 많다. 미지수, 마지막에 있는 줄임표(…)에 대한 개념, 순서수에 대한 개념이 부족하기 때문이다.

 다음과 같은 규칙으로 수를 늘어놓았습니다. 10번째 있는 수는 무엇입니까?

1, 4, 7, 10, 13, …

28

이 문제에서 6번째 수를 묻는다면 1~2학년도 풀 수 있다. 10번째도 몇 개 되지 않아서 몇 번만 더하면 구할 수 있지만 규칙을 다루는 이유는 당연히 규칙을 알기 위해서, 규칙을 통해 더 큰 수의 크기를 어림하거나 계산하기 위해서다. 문제에서 처음 수가 1이고, 두 번째 수는 3이 커졌다. 세 번째 수도 두 번째 수보다 3이 커졌다. 문제의 수들에는 다음과 같은 규칙이 있음을 알 수 있다.

$$1, 1+3, 1+3+3, 1+3+3+3, 1+3+3+3+3, \cdots$$

그래서 10번째 수는 1이 하나에 3을 9번 더한 수, 즉 '$1+3 \times 9 = 28$'이다. 이 규칙으로 100번째 있는 수($1+3 \times 99 = 298$), 1000번째 있는 수($1+3 \times 999 = 2998$)도 구할 수 있다.

커지는 것은 더하기도 되지만 1보다 큰 수를 곱해도 만들어지는데 곱해서 만들어지는 것은 거듭제곱의 문제가 되어 초등학교 교과 과정을 벗어난다. 그래서 초등 수학에서 규칙은 주로 더해서 만들어지는 문제다.

규칙은 모두 함수로 발전한다. 단순히 커지거나 작아지는 것은 직선으로, 거듭제곱은 중학교의 포물선으로 발전한다. 또 이런 규칙으로 수가 나열되는 것을 고등학교에서는 수열이라고 하고, 같은 수의 더하기로 만들어지면 등차수열, 같은 수의 곱하기로 만들어지면 등비수열이라고 한다. 고등학교에서는 이 두 수열이 기본이다.

이제 반복되는 규칙을 더 살펴보자.

Q 다음 그림처럼 검은 바둑돌과 흰 바둑돌이 반복되도록 바둑돌을 늘어놓았습니다. 31번째에 있는 바둑돌은 무슨 색입니까?

검은색

이 문제는 어른이 보기에는 너무 쉬운 문제다. 그러나 아이들

입장은 다르다. 2의 배수에 대한 감각이 없기 때문이다. 검은 바둑돌 1개와 흰 바둑돌 1개(● ○)를 하나로 보면 같은 규칙이 계속 반복되는 걸 알 수 있다. 30번째까지는 이처럼 묶을 수 있는데 31번째는 30번째인 흰 바둑돌 다음이니 답은 검은 바둑돌이 된다.

이런 문제는 중학교까지 '2개부터 7개까지의 수가 한 마디를 이루어 반복되는 규칙'으로 나온다. 좀 더 마디가 긴 규칙을 다루어 보자.

Q 다음과 같은 규칙으로 숫자가 반복됩니다. 30번째 있는 수는 무엇입니까?

7, 2, 8, 9, 4, 7, 2, 8, 9, 4, …

4

처음에 나온 수가 다시 나오기 전까지가 한 마디다. 이 문제는 그렇게 보면 한 마디 안에 5개의 수가 있음을 알 수 있다. 첫 번째 수가 7이고, 다섯 번째 수가 4다. 10번째, 15번째, 20번째도 5의 배수이니 이 규칙대로 하면 30번째 수는 4가 된다.

이 문제는 중학교 2학년에서 '0.7289472894(…)'처럼 순환 소수에서 소수점 아래 100번째 수를 묻는 문제로 변한다. 고등학교에서는 "7, 2, 8, 9, 4, 7, 2, 8, 9, 4,(…) 수열에서 100번째 항까지의 합을 구하시오"라는 문제로 바뀐다.

다음과 같은 규칙으로 숫자가 반복됩니다. 100번째 있는 수는 무엇입니까?

7, 2, 8, 9, 4, 3, 7, 2, 8, 9, 4, 3, …

9

한 마디 안에 수가 모두 6개다. 6의 배수로 가면 96까지가 6의 배수로 3이다. 97번째는 7, 98번째는 2, 99번째는 8, 100번째는 9다.

그런데 '100에서 가장 가까우면서도 100을 넘지 않는 6의 배수인 96을 빨리 구하는 것'이 문제가 된다. 그나마 할 줄 아는 아이들도 '100÷6=16…4'로 나누고 다시 '16×6'를 해 96이란 수를 얻는다. 좀 더 쉽게 '(100−4)÷6=16'으로 나누어 떨어지는 식을 만든 다음 '(100−4)=16×6'으로 변형하는 방법도 있다. '16×6'보다 '100−4'를 계산하는 게 더 쉬울 것이다.

많은 아이가 큰 수에 겁부터 먹는데, 규칙을 확실하게 해주면 큰 수 문제는 쉬운 문제로 변한다. 이것은 규칙만이 아니라 수의 확장에서도 지속적으로 필요한 개념이다.

한 마디 안에 같은 수가 나오는 규칙

 다음과 같이 숫자가 반복됩니다. 48번째까지의 수 중에 7은 몇 번

나옵니까?

2, 7, 4, 7, 1, 7, 2, 7, 4, 7, 1, 7, 2, 7, 4, 7, 1, 7, …

24

먼저 반복되는 수의 마디를 찾아야 한다. 한 마디 안에 같은 수가 반복되어 이전 문제보다 마디 찾기가 어렵지만 처음에 나오는 숫자 몇 개의 반복을 찾다 보면 한 마디를 구분할 수 있게 된다.

처음에 나오는 수 2, 7, 4가 또다시 나오는 곳까지가 바로 한 마디다. 하나의 마디에 숫자가 6개(2, 7, 4, 7, 1, 7)이니 48번째까지 마디가 8번 반복된다. 한 마디 안에 7이 3번 나오므로 '3 × 8 = 24(개)'다. 또 다른 문제를 풀어보자.

 2에 3을 110번 곱해서 나온 수의 일의 자릿수는 무엇입니까?

8

이번에는 나열되는 수를 직접 구해야 한다. 게다가 '2에 3을 100번 곱해야' 하는 귀찮은 문제다. 문제만 읽고 이미 질려 버린 아이가 있을지도 모른다. 무식해 보이는 문제이지만 규칙만 찾으면 어느 문제보다 쉽다는 사실을 알게 된다. 문제에서 물어보는 수는 일의 자릿수다.

어떤 두 수의 곱에서 일의 자릿수는 일의 자릿수끼리의 곱으로 만들어진다. 이 사실을 먼저 알아야 한다. 예를 들어 '27 × 78'에서 다른 수는 몰라도 일 자릿수는 일의 자릿수 곱($7 \times 8 = 56$)을 통해 6이 된다. 자, 이제 다시 문제로 돌아가자.

$$2 \times 3 = \underline{6}$$
$$6 \times 3 = 1\underline{8}$$
$$8 \times 3 = 2\underline{4}$$
$$4 \times 3 = 1\underline{2}$$
$$2 \times 3 = \underline{6}$$

즉, 3을 여러 번 곱할 때 일의 자릿수 6, 8, 4, 2가 반복된다. 따라서 '$110 \div 4 = 27 \cdots 2$'로, 답은 두 번째 수인 8이다.

Q 올해 동생의 생일은 화요일입니다. 동생 생일에서 171일 후는 무슨 요일입니까?

금요일

그동안 이런 문제는 '$171 \div 7 = 24 \cdots 3$' 식을 세워, 화요일에서 3일째인 금요일이라고 답을 구했을 것이다. 원래 이 문제는 '후'라는 말을 가르치기 위한 문제로, 연산 능력을 평가하는 문제가 아니다. 171일 후를 묻고 있으므로 171일째가 아니라 그다음 날인 172일째 요일을 구해야 한다.

도형에서 가장 중요한 삼각형

＋ － ÷ ×

큰 틀에서 보면 초등학교부터 고등학교까지 다루는 도형은 삼각형, 사각형, 원이 전부다. 그중 가장 중요한 것이 삼각형이다. 몇 각형이든 대각선으로 분할하면 삼각형이 만들어지기 때문이다.

도형을 삼각형으로 만든다는 것은 자신이 아는 방식으로 게임의 룰을 바꾸는 일과 같다. 분할은 분석의 시초가 되고, 자신이 아는 모양으로 조합하면 문제가 사고할 수 있는 수준으로 바뀌게 된다. 그러면 대부분의 도형 문제는 쉽게 풀 수 있다. 그래서 다른 도형을 공부하기 전에 반드시 가장 기본이 되는 삼각형을 잡아야 한다.

삼각형을 그려 놓고 바라보면 우선 변과 꼭짓점이 보이고 다음은 각이 보인다. 그다음에 무엇이 보이냐고 물었을 때 넓이가 보여야 한다. 직관적인 것들을 다루는 초등학교 도형에서는 어려운 내용이 없다. 다만 너무 당연해서 가르치지 않는 개념이 있는데, 그것을 반드시 알고 넘어가야 한다.

삼각형을 잡자

첫째, 세모 모양과 삼각형은 다르다. 세모 모양은 현실 속에 있지만 삼각형은 이상적인 형태로 바라보면 현실에서는 존재하지 않는다. 현실 속에서 보이는 세모의 공통점을 추출하고 공부를 위해 종이에 그려 놓은 것뿐이다.

그래서 이 차이를 구분할 수 있게 "트라이앵글은 삼각형입니까?"라고 묻는 문제가 나오기도 한다. 물론 트라이앵글은 세모 모양이지만 삼각형은 아니다. 모든 것의 이유는 정의에서 나온다. 삼각형은 '일직선에 있지 않은 세 점을 이은 세 선분으로 둘러싸인 도형'을 말한다.

둘째, 삼각형의 한 변은 나머지 두 변의 길이의 합보다 작다. 이 정리는 선분의 정의 '서로 다른 두 점 사이를 가장 가깝게 그은 선'에서 나오며, 교과서에는 이 정의가 나오지 않은 채 문제만 다룬다. 구체적으로 어떤 문제가 나오는지 살펴보자.

Q 다음 중 삼각형을 만들 수 있는 선분을 찾으시오.

① 5cm, 7cm, 13cm

② 5cm, 7cm, 12cm

③ 5cm, 7cm, 11cm

③

초등 수학 문제로, 직접 같은 길이의 막대를 이용해 삼각형을 만들어보면 ①과 ②는 아니라는 사실을 금방 알 수 있지만 언제까지 막대로 모양을 만들며 문제를 풀 수는 없는 노릇이다. 또, 모양을 만들다 보면 틀려도 얼추 비슷해 보여서 맞다고 착각할 수도 있다.

이 문제를 풀기 위해서는 삼각형의 정의, 선분의 정의를 알아야 한다. 선분이란 정의를 다시 살펴보자. 다음과 같이 삼각형 ABC가 있다.

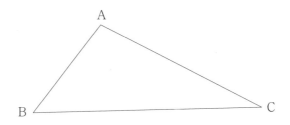

선분AB는 점A에서 점B까지 가장 짧은 길이다. 따라서 점A에서 점C를 거쳐 점B로 가는 길이는 그보다 당연히 길다. 그러나 모든 변은 같은 조건을 갖는다. 삼각형 선분 중에 가장 길어 보이는 선분BC조차 점B에서 점A를 거쳐 점C까지의 길이보다 짧다. 그래서 '삼각형의 한 변은 나머지 두 변의 길이의 합보다 작다'란 말이 항상 성립한다.

셋째, 삼각형에서 가장 큰 각과 마주 보는 변의 길이가 가장 길다. 이 개념은 초등학교, 중학교에서 거의 다루지 않지만 문제로 나온다. 고등학교에 올라가 각들과의 관계, 각과 변과의 관계를 다루면서 '왜 이런 생각이 안 들었을까' 뒤늦게 깨닫게 된다. 한 번이라도 아이에게 '가장 큰 각의 대변이 가장 길다'라는 말을 해준다면 아이가 깨닫는 시기를 조금 더 앞당길 수 있지 않을까? 조금 더 생각을 확장하면 가장 짧은 변과 중간 크기 변의 끼인각이 가장 큰 각, 가장 긴 변과 가장 짧은 변의 끼인각이 중간각이 된다는 것도 알게 될 것이다.

4학년에서 다루는 도형의 정의

먼저 교과서에 나오는 정의다.

> **각도**: 각의 크기
>
> **이등변삼각형**: 두 변의 길이가 같은 삼각형
>
> **정삼각형**: 세 변의 길이가 같은 삼각형
>
> **예각삼각형**: 세 변이 모두 예각인 삼각형
>
> **직각삼각형**: 한 각이 직각인 삼각형
>
> **둔각삼각형**: 한 각이 둔각인 삼각형
>
> **수선**: 두 직선이 수직으로 만날 때 한 직선을 다른 직선의 수선이라고 함
>
> **평행과 평행선**: 한 직선에 수직인 직선을 그었을 때 두 직선은 만나지 않으며, 이 두 직선을 평행하다고

하여 평행선이라고 함

사다리꼴: 평행한 변이 한 쌍이라도 있는 사각형

평행사변형: 마주 보는 두 쌍의 변이 평행한 사각형

대각선: 서로 이웃하지 않는 두 꼭짓점을 이은 선분

마름모: 네 변의 길이가 모두 같은 사각형

4학년 평면도형은 이 정의들만 잘 외우면 어렵지 않다. 단, 교과서의 정의에 내가 정리한 정의를 함께 외우기 바란다.

각도: 각의 크기를 육십분법으로 나타낸 것

평행: 한 평면 위의 두 직선이나 두 평면이 만나지 않는 것

대각선: 마주 보는 각에 그은 선분

평면도형의 이동 중에 '밀기'는 무척 쉽고, '뒤집기'는 데칼코마니를 배우면 이해하게 될 것이다. 그런데 '돌리기'는 아이들이 어려워한다. 나도 어릴 적에 그랬지만 여전히 직접 그림을 그린 종이를 돌려 보는 아이가 많다. 다음은 평면도형의 이동에서 알아야 할 몇 가지 사실이다.

밀기, 뒤집기, 돌리기가 섞이지 않도록 조심하자. 밀기, 뒤집기, 돌리기에서 중요한 것은 도형의 모양이 변하지 않는다는 공통점이다. 밀기, 뒤집기, 돌리기는 중학교에서 각각 평행이동, 대칭이동, 회전이동으로 이름이 바뀐다. 아이들이 어려워하는 돌리기, 즉

회전이동은 중·고등학교에서는 실제로 다루지 않는다.

교과서에서는 정의나 정리 등을 직접 체험해보며 알아내라고 한다. 특히 4학년 교과서에서 평행사변형의 성질이 그렇다.

① 두 쌍의 대변의 길이가 같다.
② 두 쌍의 대각의 크기가 같다.
③ 동측 내각의 합이 180도이다(평행선 공리).

교과서에서는 변의 길이와 각을 재보는 활동으로 이 성질들을 알아내라고 한다. 아이들이 쉽게 이해하기를 바라는 목적이겠지만 몇 개를 체험하고 모든 것이 그렇다는 결론을 내리는 일은 합리성과는 거리가 멀다.

평행사변형의 성질도 평행선 공리와 삼각형의 합동을 가르치면 모두 증명이 가능하다. 아이에게 수학의 모든 것은 될 수 있으면 '항상 성립함을 증명으로 해야만 한다'고 알려주어야 한다. 여러 개의 모호한 지식보다 적지만 깔끔한 지식이 수학에서 더 필요하다고 본다.

＋
÷
×

혼합계산

혼합계산은 초등학교 5학년의 첫 단원이다. 이 책에서 4학년 마지막에 다루는 이유는 5학년에서는 분수에만 충실하라는 뜻이다. 혼합계산은 말 그대로 여러 가지 연산을 우선순위에 맞추어서 계산하도록 하는 과정이다. 혼합계산 연산은 괄호, 곱셈과 나눗셈, 덧셈과 뺄셈 순이다. 세부적인 순서는 다음과 같다.

① 소괄호( ), 중괄호{ }, 대괄호[ ] 순서로 연산한다.
② 곱셈과 나눗셈이 있으면 먼저 나온 순서대로 연산한다.
③ 덧셈과 뺄셈이 있으면 먼저 나온 순서대로 연산한다.

이 규칙을 알려주고 문제를 풀라고 하면 아이는 적어도 머릿속으로는 이해한다. 그리고 연습해서 '$83 - 13 \times 4 + \{(25 \div 5) + 13\}$'처럼 복잡한 식을 잘 푸는 아이도 '$2 + 3 \times 7$' 같은 단순한 문제에서 오답을 말한다. 여전히 앞부터 계산해야 한다는 습관의 벽을 넘지 못하기 때문이다.

173원짜리 장난감이 7개 있어.
그런데 엄마가 똑같은 장난감을 3개 사오셨어.
그럼 173원짜리 장난감은 몇 개일까?

10개요.

 장난감 가격은 총 얼마일까?

쉬워요. 1730원이요.

식으로 나타내면 더 쉽단다.
'173×7＋173×3'이지. 그리고 이 식을 다시
'173×(7＋3)'으로 나타내면 훨씬 쉽지.

문제를 하나만 더 내주세요.

173원짜리 장난감이 17개 있는데,
그중 7개를 버렸어. 173원짜리 장난감은
모두 몇 개일까?

에이, 10개요.

 쉽다고 하지 말고 이것을 식으로 나타낼 수 있니?

'173×(17－7)'이요.

교과 과정으로 보면 중학교 3학년 인수분해이지만 이 개념이 초등학교 4학년 때부터 나온다. 혼합계산을 가르치다 보면 식 중간에 빈 칸이 나오는 경우가 있다. 그럴 때 참 난감하다. 그런 문제를 내는 의도는 역연산을 하라는 의미다.

Q $24 \div 8 + \{(\square \times 2 - 3) + 4\} = 14$

$$\square = 5$$

의도대로 역연산으로 풀어보자. 중괄호를 ○로 보고 '$24 \div 8$' 부터 계산한다. 그러면 '$3 + ○ = 14$'이고, '$○ = 11$'이다. 따라서 '$\{(\square \times 2 - 3) + 4\} = 11$'이 된다. 앞으로 3번의 역연산을 더해야 빈 칸에 들어갈 수가 5라는 답을 얻게 된다. 편법이다.

사실 역연산은 등식의 성질보다 수 감각이 있는 아이들이 잘한다. 방정식으로 쉽게 풀 수 있어도 부모가 어떻게 알려주느냐가 중요하다. 알려줘도 '학교에서는 그렇게 안 가르친다'라는 말을 들을 수도 있다. 그럴 때는 연산을 더 풀게 해 해결하려고 하지 말고 정면 승부를 하는 편이 낫다. 제대로 원리를 알려주면 괜찮다.

왜 더하기보다 곱하기를 먼저 할까?

아이들은 괄호를 먼저 해야 한다는 것은 이해해도, 더하기보다 곱하기를 왜 먼저 해야 하는지는 잘 모른다. 궁금해도 잘 물어보지 않는다. 물어도 답을 제대로 듣지 못하거나 당연한 걸 묻는다고 핀잔을 들을 거라고 생각한다. 그러나 이유를 모르면 문제를 제대로 풀 수가 없다.

선생님. 왜 더하기보다 곱하기를 먼저 하는 거예요?

 좋은 질문이야. 먼저 곱하기가 무엇인지 살펴보자. 곱하기가 뭐야?

같은 수의 더하기요.

 좀 더 정확하게 말하면 같은 수를 더하기가 귀찮아서 한꺼번에 더하려고 만든 거야. 예를 들어 '2+3×4'에서 '3×4'를 더하기로 바꾸면 '2+3+3+3+3'이지. 이 상태에서는 아무거나 먼저 더해도 상관없어. 그런데 '3×4'는 '먼저 3을 4번 더했다'는 뜻이지!

이미 3을 4번 더해서 어쩔 수 없다는 뜻이에요?

 맞아. 만약 동생이 네 사과를 먹었다면 이미 먹은 사과를 도로 내놓으라고 할 수 없는 것과 같아.

3학년까지는 무슨 뜻인지 몰라도 외울 수 있지만 4학년부터는 궁금증을 해소해주어야 한다. 아이들 대부분은 가르치는 대로 받아들이지만 간혹 궁금한 것을 물어볼 때가 있다. 그때가 중요하다.

아이가 질문할 때 질문을 막는 방법이 두 가지 있다. 첫째는 중요한 질문이 아니라고 묵살하는 방법이다. 질문의 수준이 떨어진다면 아이의 수준을 빨리 깨닫고 더 많은 대화를 해야 한다.

그러나 호기심이 공부의 원천이라는 사실을 아는 부모는 첫 번째보다 두 번째가 더 문제다. 둘째는 아이가 궁금해하는 것 이외의 것을 장황하게 알려주는 방법이다. 알려주고 싶은 마음에 부모가 아는 모든 내용을 알려주면 아이는 다시는 질문하려고 하지 않을 것이다. 아이가 물어보는 것만 대답하자.

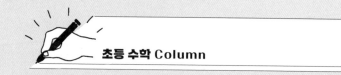

왜 큰 수의 곱셈과 나눗셈을 어려워할까?

아이들이 4학년 과정에서 가장 어려워하는 게 세 자릿수 곱하기 두 자릿수, 세 자릿수 나누기 두 자릿수이다. 특히, 3학년에서 빠르기를 완성하지 않은 아이들이 어려워한다. 이렇게 큰 수의 연산을 정답을 알 때까지 계속 시키면 아이도 부모도 죽을 맛이다. 아이가 어려워할 때가 기회다. 아직 늦지 않았으니 3학년의 작은 수에서 곱셈과 나눗셈의 빠르기를 완성해야 한다.

그래도 교과 과정인 큰 수의 연산을 무작정 방치할 수는 없다고 생각하는 부모가 있을 것이다. 큰 수의 연산은 하루에 한 문제만 풀게 하자. 아이가 한 문제를 풀어서 맞혔다면 그날은 그만 풀어도 괜찮다. 만약 틀렸다면 틀려도 괜찮다는 마음으로 한 문제를 더 풀게 하자. 또 틀리면 또다시 풀게 하자. 그래도 계속 틀리면 그만 풀게 해도 된다.

큰 수의 연산을 하루에 수십 문제를 푼다고 해도 실력은 늘지 않는다. 세 자릿수 곱하기 두 자릿수 연산에는 구구단, 암산력, 받아올림한 수를 처리

하는 두 자릿수 곱하기 한 자릿수 개념이 들어 있다. 큰 수의 곱하기를 많이 해도 구구단이나 암산력은 늘지 않는다. 대신 짜증과 대충 답을 찍고 싶은 생각만 아이 마음속에 자라날 것이다. 이런 대충병은 수학에 치명적이다. 큰 수의 나눗셈도 마찬가지다. 두세 자릿수 나누기 한 자릿수를 충실하게 하지 않고 할 줄 안다고 넘어가서 어려운 것이다. 나누기는 연산의 마지막 과정이므로 그전에 잘 배워야 뒤에서도 잘 풀 수 있다.

$$27\,\overline{)\,179}$$

먼저 어림수를 통해서 몫을 결정해야 한다. 27은 30쯤 되고, 179는 180쯤 된다. 그래서 18에 3이 6번 들어가서 몫은 6이다. 두 자릿수 나누기 한 자릿수가 암산이 되지 않으면 어림수로 몫을 찾는 일부터 어렵다. 만약 몫을 단번에 찾지 못하고 잘못 찾으면 귀찮은 일이 반복된다. 그다음 27에 6을 곱해 162를 얻고, 179에서 162를 빼 나머지 17을 구한다.

이처럼 세 자릿수 나누기 두 자릿수는 어림수를 통한 몫 찾기, 두 자릿수 곱하기 한 자릿수 그리고 암산력을 요구한다.

3학년에서 빠르기를 완성한 아이는 어림수를 추가로 알려주고, 나눗셈 과정에서 세로로 풀게 해도 된다. 그중에는 세 자릿수 나누기 두 자릿수마저 아래를 쓰지 않고 몫과 나머지를 단번에 구하는 아이도 있다. 아이가 할 수 있다면 그렇게 하도록 내버려두자. 대신 머릿속에서 완전히 처리하지 못하고 찌글찌글 몇 글자를 쓴다면 내버려두어서는 안 된다. 안 쓰려면 끝까지 암산으로 하거나 오답이 많아서 쓰려면 정확한 식을 써야 한다.

세 자릿수 곱하기 두 자릿수가 어렵다는 것은 암산 3~4개가 아직 서툴러서 자릿값을 인식하지 못한다는 말이다. 나누기의 정의도 모르는 아이는 곱셈과 달리 나눗셈을 하나하나 내려쓰는 것을 쉽게 받아들이기 힘들다. 하루에 한 문제 풀기도 어렵다면 세 자릿수 나누기 두 자릿수 문제를 버리고 차라리 3학년 빠르기에 집중하기 바란다.

그리고 사실, 세 자릿수 나누기 두 자릿수를 못해도 수학에 크게 문제가 되지 않는다. 어차피 나누기는 분수로 바꾸고 대분수를 만들어 약분한다. 그때도 그렇게 큰 수는 없다. 세 자릿수 나누기 두 자릿수에서 어림수를 만들고 몫을 추정하는 수 감각을 기르는 것이 목적이지만 어렵다면 나누기 정의로 수를 분해해도 괜찮다.

숫자 카드로 큰 수의 곱 만들기

숫자 카드로 큰 수의 곱 만들기 문제는 4학년에서 '가장 큰 세 자릿수 곱하기 두 자릿수'로 나온다. 개인적으로 이런 문제가 안 나오기 바라지만 문제집에 많이 소개되고, 또 질문을 많이 받고 있어 이번 기회에 설명하고 넘어가고자 한다.

Q 숫자 카드 5, 6, 7, 8, 9가 있습니다. 카드를 한 번씩만 사용해 ☐☐☐×☐☐(세 자릿수×두 자릿수) 곱셈식을 만들려고 합니다. 곱이 가장 큰 식을 구하시오.

편의상 빈 칸 안에 숫자를 쓰면 ①②③ × ④⑤ 가 된다. 곱셈이란 같은 수의 더하기이니 가장 큰 수 9를 ④의 자리에 써야 하고, 그다음 큰 수 8을 ①의 자리에 써야 한다. 이 부분까지는 앞에서 다루었다. 가장 작은 수 5는 ③의 자리에 넣어야 한다. 여기까지 정리하면 '8□5×9□'이 된다. 세 번째 큰 수를 어느 자리에 넣어야 할지 헷갈린다면 먼저 곱하는 수에 큰 수를 직접 넣어보자.

$865 \times 97 = 83905$

$875 \times 96 = 84000$

이런 문제를 설명하면 부모와 아이는 빨리 푸는 방법을 원한다. 그렇다면 모두 기술에 익숙해진 상태다. 어느 문제든 기술은 존재하지만 자주 나오는 문제가 아니라면 기술을 배워서는 안 된다.

문장제를 푸는 법

알만한 문제를 무조건 어렵다거나 모른다고 하는 아이가 많다. 그래서 집에서 가르치는 부모는 물론이고 학원 선생도 아이가 숫자만 보고 계산하거나 아무렇게 답을 써서 난감해한다. 열심히 알려줘도 다음에 보면 별표가 가득하다.

하지만 반대로 아이의 입장을 생각해보자. 1~2학년에서는 수가 커지거나 작아지는 것만 확인하면 덧셈과 뺄셈을 구분해서 문제를 풀 수 있었다. 3학년에서는 단원이 곱셈이면 단원의 문장제도 곱하면 되는 문제고, 나눗셈도 마찬가지다. 그런데 4학년에서는 갑자기 연산 기호를 여러 개 사용해야 문제를 풀 수 있다. 문제를 이해하고 읽어도 보지만 이해가 되지 않는다. 어떤 기호를 써야 하는지 더더욱 헷갈린다.

아이는 어렵다 싶으면 얼른 별표부터 하고 나머지를 풀어서 그날 정해진 공부 분량을 끝낼 생각만 한다. 한 문제를 가지고 오래 씨름해서 그 문제를 풀었다고 해도 나머지를 못 풀면 어차피 혼난다고 생각한다. 아이 입장에서는 당연하다.

그러나 수능 수리영역은 대부분 문장제이고, 점수 비중이 높아서 반드시 풀어야 한다. 무작정 놔두고 보기보다 문장제를 해결할 방법을 찾아야 한다.

국어 실력이 부족하기 때문일까?

국어가 모든 학문의 기초는 맞지만 독해력만을 탓할 수는 없다. 국어 실력이 80점 정도만 되어도 수학은 100점을 맞을 수 있다. 글을 읽고 이해할 수만 있다면 문장제의 어려움은 독해 능력 때문이 아니다. 수학의 언어는 수식이다. 수학에서 사용하는 연산 기호나 용어의 정의를 정확하게 하는 게 더 중요하다.

연산 기호의 정의를 먼저 이해하자

문장제는 언어의 마지막 단계인 쓰기다. 그런데 수학은 듣기, 말하기 부분이 취약해서 결국 읽기, 쓰기만 남는다. 문장제는 쓰기를 요구하는 것이다. 기본적인 문장제는 자연수에 연산 기호 +, −, ×, ÷, =, ( )를 쓰는 수식을 요구한다.

수식을 읽기까지는 유형을 외워서 해결할 수 있지만 다시 꺼내 쓰는 일은 정확하게 머릿속에 있을 때나 가능하다. 수식의 의미가 머릿속에 없거나 조금이라도 뒤섞여 있다면 사용할 수 없다. 아이가 기본 문장제를 어려워한다면 연산 기호의 의미부터 짚어야 한다. 덧셈, 뺄셈과 달리 4학년은 곱셈과 나눗셈에서 많이 혼동한다. 문제를 살펴보자.

 반 학생 27명에게 색종이를 3장씩 나누어주려면 몇 장이 필요합니까?

81장

문제에 '나눈다'는 말이 있어서 아이가 답을 9장이라고 할 수 있다. 아이에게 나누기의 정의를 물어보면 모른다고 할 것이다. '나눈다'는 말이 있어도 모두 나누는 것이 아니라는 점을 기억하자. 항상 문장의 의미를 생각해야 한다. 학생들 수만큼 동그라미를 27개 그리고 그 안에 각각 3을 쓰기만 해도 아이는 문제의 답을 쉽게 알아낼 것이다. 연산 기호의 정의와 의미를 혼동하지 않아야 좀 더 수준 높은 문장제로 넘어갈 수 있다.

긴 문장제는 끊어 읽자

아이는 문제가 조금만 길어도 싫어한다. 다음 문제도 많은 아이가 한 번 읽어보고 길다는 이유만으로 무조건 별표를 한다.

> **Q** 하늘이네 반 학생들에게 국어와 수학 중에서 어느 과목을 좋아하는지 조사했더니 국어를 좋아하는 학생이 수학을 좋아하는 학생보다 4명이 많았습니다. 국어를 좋아하는 학생이 10명이라면, 하늘이네 반 학생은 모두 몇 명입니까?
>
> 16명

아이에게 긴 문제가 오히려 더 쉽다고 말해주자. 문제가 긴 이유는 쉽게 풀 수 있게, 문제 속에 힌트를 넣었기 때문이다. 그래서 문제에서 필요한 말과 필요 없는 말을 구분해야 한다.

문제에서 '국어와 수학을 동시에 좋아하는 아이가 없어야 국어와 수학을 좋아하는 아이들의 합이 하늘이네 반 학생 수와 같다'는 사실을 알려주고 있다.

문제의 단위나 기준을 생각하자

어떤 연산이든 연산이 가능하기 위해서는 수여야 하고, 기준이 같아야 한다.

Q 하루에 젖소 1마리가 우유 2L를 생산합니다. 젖소 5마리가 우유 50L를 생산하는 데 며칠이 걸립니까?

5일

간단한 문제이지만 처음 접하는 아이들은 어려워한다. 하지만 젖소 5마리가 하루에 10L의 우유를 생산한다는 점과 나누기의 정의를 알면 곧바로 답이 나온다.

그림을 그리고 수치를 기입하자

복잡한 문제는 단순화하기, 그림 그리기, 규칙성 찾기, 표 만들기, 예측해서 풀기로 해결할 수 있다. 하지만 대부분은 그림을 그리면 된다. 그림을 그리고 수치를 간단하게 적으면 기억해야 하는 것들에 대한 부담감이 적어져 생각하는 데만 머리를 쓸 수 있다.

 가 상자에는 나 상자가 3개 들어가고, 나 상자에는 다 상자가 3개 들어갑니다. 가 상자 2개에는 다 상자가 몇 개 들어갑니까?

18개

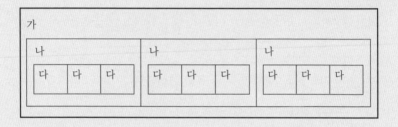

그림만 제대로 그려도 '(3×3)×2'라는 식을 만들고 문제를 풀 수 있다. 그림을 그릴 때는 크게, 굵게, 간단하게 그리고 빨리 그려야 한다.

이도저도 아니면 등식의 성질이거나 분수다

기호의 정의를 알고 그림을 그려서 문제가 무엇을 묻는지 알아도 어렵다면 '등식의 성질'과 '분수의 성질'을 물어보는 문제일 것이다. 초등 수학에서 어렵다면 대부분 이 둘을 묻는 문제다.

우유가 가득 찬 병의 무게는 500g입니다. 우유를 $\frac{1}{3}$ 먹고 무게를 재어보니 370g이면 원래 병을 제외한 우유의 무게는 얼마입니까?

390g

우유를 $\frac{1}{3}$ 먹었지만 병까지 먹지는 않았다. 그러면 우유의 $\frac{1}{3}$ 은 '500 − 370 = 130(g)'이다. 다음은 단위분수를 살펴야 한다. 어떤 수의 $\frac{1}{3}$ 이 130일 때 어떤 수를 구하는 것은 단위분수의 문제다. 답은 '130×3 = 390(g)'이다.

문장제를 좋아하는 아이도 있다. 이유를 물어보면 문제 수가 적어서 좋다고 한다. 하지만 어려운 문제가 많이 주어지는 것을 좋아하는 아이는 없다. 아이가 문장제를 좋아하게 하려면 우선 어려운 한 문제에 대한 가치를 이해하고, 어려운 만큼 시간을 들일 수 있게 해주어야 한다.

자연수에서 배운 개념은 모두 분수로 들어간다. 자연수의 문장제를 해결하지 못하면 분수의 문장제는 더 어려워져 그야말로 난공불락이다. 수학은 처음 나왔을 때가 가장 쉽다. 그때 못 잡은 개념은 다시 더 어려워졌을 때, 그것도 스스로 잡기는 거의 불가능에 가깝다. 좋은 선생은 아이가 충분히 실수하고 실수한 결과가 나타날 때까지 기다린다. 성급하게 "이렇게 하는 거야", "그렇게 하면 안 돼!" 하면 아이는 문제를 끝까지 해결하려는 마음이 사라진다. 하나하나 이해하도록 잘 설명하는 선생이 좋은 선생은 아니다. 아이가 문제를 풀면서 필요한 도구인 정의, 정리, 공리, 원리, 성질을 확실하게 잡고, 논리적으로 사고하도록 도와주고, 아이가 이룰 때까지 기다려주는 선생이 최고의 선생이다.

5장

5학년 수학 개념
이렇게 먹어야 한다

5학년을 위한 수학 통역

주안점	분수의 '혼동 없는' 사칙연산
교과서 목차	1학기: 자연수의 혼합계산, 약수와 배수, 규칙과 대응, 약분과 통분, 분수의 덧셈과 뺄셈, 다각형의 둘레와 넓이 2학기: 수의 범위와 어림하기, 분수의 곱셈, 합동과 대칭, 소수의 곱셈, 직육면체, 평균과 가능성
교과서 중요 개념	약수와 배수, 최대공약수와 최소공배수, 약분, 기약분수, 통분, 사각형의 둘레, 직사각형의 넓이, 평행사변형의 넓이, 삼각형의 넓이, 마름모의 넓이, 사다리꼴의 넓이, 수의 범위, 반올림, 합동, 대칭, 선대칭도형, 점대칭도형, 직육면체의 밑면, 평균, 일어날 가능성
교과서에 없는 중요 개념	분수의 위대한 성질, 소수(약수가 2개인 수), 단위 바꾸기, 나머지 처리 능력, 반의 반의 반, 7개의 소수, 모든 넓이를 삼각형으로 만들어 풀어야 한다는 사실, 선대칭의 위치에 있는 도형, 점대칭의 위치에 있는 도형

조선생의 교과서 분석

아이들이 수학에서 멀어지는 이유도, 중·고등학교 수학이 어려운 이유도 수의 관점에서 보면 모두 분수 때문이다. 자연수에서 배운 모든 개념이 분수로 들어오는 5학년 때 반드시 익혀야 하는 것은 분수의 혼동 없는 사칙연산과 평면도형의 넓이다.

그중 분수의 혼동 없는 사칙연산이 최대 과제다. 부모들이나 선생들이 아이들에게 분수를 가르칠 때, 교과서의 알고리즘을 가르쳐서 이해시키고 문제 몇 개를 풀게 하고 지나간다. 그렇게 분수를 대충 배우면 평생을 후회하게 된다. 지금 중학생의 절반이 분수를 못한다. 분수의 덧셈을 배우면 분수의 덧셈을 할 줄 알고 분수의 뺄셈을 배우면 분수의 뺄셈을 할 줄 안다. 다시 분수의 곱셈을 배우면 분수의 곱셈을 할 줄 안다. 그러나 분수의 나눗셈을 배울 때쯤에는 분수의 덧셈, 뺄셈을 잊어버린다.

기술과 유형의 암기는 항상 배울 때만 유효하다. 아이들의 수학 실력은 도미노처럼 한 번 무너지면 연속적으로 무너지게 되어 있다. 배우려면 거의 암산 처리가 될 정도로 해야 한다. 이때 암산의 개수는 5~6개다. 그렇게 해야 직관적으로 최소공배수와 최대공약수가 나온다. 분수를 놓치면서 이것저것 공부하는 것은 집 없이 살림살이를 구매하는 것과 같다. 분수를 해결하지 않고 앞으로 수학을 잘할 생각은 하지도 마라.

+ ÷ ×

배수와 약수

예전에는 아이가 5학년이 되면 약수와 배수를 가르치다가 서로 사이만 나빠져 결국 학원에 보내는 부모가 많았다. 지금은 교과서에 어려운 문제가 하나도 없다. 아이들이 교과서를 어려워하지도 않는다. 그만큼 교과서가 쉽기 때문이다. 그래서 아이가 교과서 문제를 푼다고 해서 수학을 잘한다고 생각해서는 안 된다.

약수와 배수를 잘하기 위해서는 첫째, 약수와 배수의 정의를 정확하게 잡아야 한다. 둘째, 약수와 배수를 연습해야 한다. 만약 연습하면서 아이가 싫어하고 시간이 오래 걸린다면, 자연수의 곱셈과 나눗셈을 철저히 하지 않았기 때문이다. 자연수의 곱셈과 나눗셈이 부족하면 분수 곳곳에서 문젯거리를 만들어 낼 것이다.

그다음 문제집을 통해서 약수와 배수의 개념이 확장된 어려운 문제를 접해야 한다. 왜냐하면, 약수와 배수가 중·고등학교에 갈수록 점점 더 어려워지면서 계속 나오는 중요한 개념이기 때문이다.

먼저 정수를 알고 배수의 정의를 외우자

배수를 처음 배우는 아이에게 2의 배수를 말하라고 하면 2, 4, 8, 16이라고 말하는 경우가 많다. 배는 곱하기라는 생각에 계속 2를 곱하는 것이다. 항상 그렇듯이 정의를 가장 먼저 이해하고 외워야 한다. 배수와 약수도 그렇다.

교과서에 나온 배수의 표현과 내가 정리한 정의를 살펴보자.

교과서의 배수: 어떤 수를 1배, 2배, 3배, (…)배 한 수
조선생의 배수: 어떤 정수에 정수를 곱한 수

배수나 약수를 올바르게 알려면 먼저 정수를 알아야 한다. 자연수끼리 더하거나 곱하면 항상 자연수가 된다. 자연수끼리 빼도 다시 자연수가 나오기도 하지만 '5 − 5 = 0', '2 − 5 = −3'처럼 자연수가 아닌 수가 나오기도 한다. 그래서 정수란 '자연수끼리 빼서 나온 수를 정리한 수'를 말한다. 다음은 내가 25년간 수학을 가르치며 정리한 정수와 자연수의 개념이다.

정수: 자연수끼리 빼서 나온 수를 정리한 수
정수의 종류: 음의 정수, 0, 양의 정수
자연수: 자연에 있는 수 또는 양의 정수

음의 정수는 음수, 양의 정수는 양수라고 말하는 학생이 있는데, 줄여서 말하면 안 된다. 그동안 우리가 자연수라고 부른 것은 양의 정수다.

평소 배를 2배로 사용하고 있어 혼동할 우려가 있지만 배는 곱하기가 맞다. 그러나 2의 배수는 다르다. 교과서의 정의대로 외웠다가는 중·고등학교에 올라가서 혼동한다. 남들이 하는 것처럼 하더라도 정의는 올바르게 알고 사용해야 한다.

정의에 따르면, '2의 배수'는 음의 정수와 0도 포함이다. 그래서 2, 4, 6, (…)을 2의 배수라고 할 수 있지만 2의 배수를 2, 4, 6, (…)이라고 하면 틀린 것이다. '2의 자연수 배수', '2의 양의 배수'라는 조건을 갖추어야 한다. 배는 아무거나 곱하면 되므로 아무 수나 나와도 되지만 배수는 정수에 정수를 곱한 수라서 결과가 정수여야 한다. 배는 '곱한 수'이지만 곱하기는 '같은 수의 더하기'다. 따라서 그 수를 하나씩 더해도 만들어진다.

10의 자연수 배수: 10, 20, 30, 40, 50, 60, (…)

11의 자연수 배수: 11, 22, 33, 44, 55, 66, (…)

13의 자연수 배수: 13, 26, 39, 52, 65, 78, 91, (…)

17의 자연수 배수: 17, 34, 51, 68, 85, (…)

19의 자연수 배수: 19, 38, 57, 76, 95, (…)

배수 문제에 짝수와 홀수가 같이 나오는데, 많은 사람이 짝수가 무엇인지 모른다.

> **2의 배수:** (⋯), −6, −4, −2, 0, 2, 4, 6, (⋯)
> **짝수:** 2의 배수. (⋯), −6, −4, −2, 0, 2, 4, 6, (⋯)
> **홀수:** 짝수가 아닌 수. (⋯), −5, −3, −1, 1, 3, 5, 7, (⋯)

짝수가 2의 배수이므로 0과 −2, −4, −6도 짝수다. 그런데 많은 중·고등학생이 0은 짝수도 홀수도 아니라고 알고 있어서 문제를 틀린다. 정의를 제대로 배우지 않아서 생긴 오류를 잡지 못한 것이다. 이제 약수를 배워보자.

약수의 정의도 외워야 한다

약수도 배수와 똑같이 정수가 문제가 된다. 그러므로 약수의 정의부터 알아야 한다.

> **교과서의 약수:** 어떤 수를 나누어 떨어지게 하는 수를 그 수의 약수라고 함
> **조선생의 약수:** 어떤 정수를 나누어 떨어지게 하는 정수, (실질적으로) 곱해서 정수가 되도록 하는 정수

먼저 교과서 표현을 살펴보자. 수학에서 '수'라고 하면 '실수實數'를 의미하기에 명백히 틀린 표현이다. 교과서의 표현에 의하면 어떤 수의 약수는 분수를 포함해 무수히 많다. 그래서 약수는 '자연수의 약수'라고 해야 한다.

다음은 내 정의를 살펴보자. 예를 들어 '$1 \times 8 = 8$', '$2 \times 4 = 8$'이므로 1, 2, 4, 8이 8의 약수라고 하면 틀리지 않지만 8의 약수가 1, 2, 4, 8이라고 하면 틀린다. 8의 약수는 ± 1, ± 2, ± 4, ± 8이다. 그러나 8의 자연수 약수는 1, 2, 4, 8이다.

내가 정리한 이 정의가 불편한 사람도 있을 것이다. 그러나 모든 초등학교, 중학교 공부는 고등학교를 목표로 한다. 그래서 초등학교 때부터 올바르게 개념을 익혀야 고등학교에 가서 혼란스러운 상황을 마주하지 않는다. 초등학교에서 양의 약수만을 배우지만 음의 약수도 있다는 사실을 미리 안다면 아이들이 혼동하고 다시 배우고 외우는 번거로운 과정을 겪지 않게 될 것이다.

구구단이 끝나고 뭇창을 연습한 아이들은 약수 구하기가 어렵지 않다. 그런데 문장제에서 약수와 배수를 구분하기는 어렵다. 게다가 공약수나 공배수, 최대공약수나 최소공배수 문제가 나오면 더 어려워한다. 그러면 부모들은 최대공약수나 최소공배수가 어려워서 못한다고 생각하고 관련 문제를 더 많이 풀게 하는데, 그보다 약수와 배수를 구분하는 연습이 필요하다.

'3의 배수'를 구하라고 하지 않고, '3으로 나누어 떨어지는 수'를 구하라고 문제를 꼬아서 내기 때문이다. 아이들이 '나누는 것'이니 '약수'와 관련된다고 생각하는 순간, 아무것도 이해할 수 없게 된다. 나누기는 약수라는 잘못된 틀에 갇힌 것이다. '나눈다'는 말이 배수와 약수에 동시에 쓰이기 때문에 혼동하는 것이다. 이를 피하기 위해서는 반복해서 배수와 약수를 이해하는 공부가 필요하다.

8로 나누어 떨어지는 수: 8의 배수
8을 나누어 떨어지게 하는 수: 8의 약수

배수와 약수를 구분하지 못하면 대부분의 문장제에서 헤맨다. 출발점이 잘못되면 생각이 꼬여서 벗어나기 어렵다. 그래서 배수와 약수를 구분하는 데 시간을 가장 많이 들여야 한다. 두 문제만 살펴보자.

 28이 배수인 자연수를 구하시오.

1, 2, 4, 7, 14, 28

문제에 배수라는 말이 있지만 자연수 약수를 구하는 문제다. 개념을 혼동하면 아이는 약수가 아닌 배수를 쓸 것이다.

 다음 설명 중 잘못된 것을 고르시오.
① 32는 4의 배수이다.
② 8의 배수는 32이다.

③ 32는 8의 배수이다.

④ 4는 32의 약수이다.

⑤ 4와 8은 32의 약수이다.

②

아이에게 8의 배수를 물어보자. 아이가 "8, 16, 24, 32 , (…)"
이라고 8의 배수를 말한다면 이렇게 말하자. "네가 말하는 모든 수
가 8의 배수인데 32만 말해도 될까?"

배수의 수 세기

 1에서 100까지의 자연수 중 짝수이면서 3의 배수가 되는 수는 몇
개입니까?

16개

이 문제는 배수를 묻는 것처럼 보이지만 사실 수 세기를 할
줄 아는지를 묻는 문제다. 몇 개인가를 묻는 문제는 항상 수 세기 문
제로 봐도 된다.

짝수는 2의 배수이다. 2와 3의 최소공배수가 6이므로 6의 배
수의 개수를 구하라는 문제다. 설사 6의 배수인 것을 안다 해도 6의
배수를 직접 다 쓰기도 싫어하는 아이들은 이런 문제는 넘어가고 싶

어 한다. 짝수, 최소공배수, 배수 등 여러 개념이 혼합되어 있기 때문이다.

그런데 이 문제에서 많은 선생이 100을 3으로 나누라고 말한다. 그러면 33이 나오고 나머지가 1이니 답은 33이라고 가르친다. 그런데 왜 100을 3으로 나누는지는 설명하지 않는다. 개념 없이 외운다면 금방 잊어버리고 불안감만 커질 뿐이다. 나중에 소수 나눗셈까지 배워서 소수를 반올림해 답을 틀리기도 한다.

조선생의 수 세기: 1,2,3, (…)에서 마지막 수가 총 개수

정의대로 만들려면 1부터 100까지 자연수 중에서 6의 배수를 모두 6으로 나눈다. 계산하면 마지막 수가 16이다.

6, 12, 18, 24, 30, 36, 42, 48, 54, 60, 66, 72, 78, 84, 90, 96
→ $(6 \div 6), (12 \div 6), (18 \div 6) (\cdots) (84 \div 6), (90 \div 6), (96 \div 6)$
→ (1), (2), (3) (…) (14), (15), (16)

수 세기 개념은 내가 개발한 것으로, 교과서에서 배우는 내용은 아니다. 확장력이 커서 개수를 세는 모든 문제뿐만 아니라 다양하게 사용할 수 있다. 수 세기를 가르쳤을 때 가장 좋아하는 아이들은 고등학생들이다.

최대공약수와 최소공배수

두 수의 약수를 찾고, 그 약수 중 공통 약수인 공약수를 찾고, 그중에 가장 큰 수인 최대공약수를 찾는다. 약수와 배수를 많이 연습해도 곧바로 나오기는 어렵다. 결국 최소공배수와 최대공약수가 잘 나오는 것은 분수의 사칙연산이 끝날 때까지 기다려야 할 정도로 오래 걸릴 것이다. 그래서 당장은 개념을 익히는 것이 중요하다.

공약수: 최대공약수의 약수들

최대공약수: 공약수 중에서 가장 큰 수

공배수: 최소공배수의 배수들

최소공배수: 공배수 중에 가장 작은 수

이 정의들을 제대로 외우지 않으면 당장 문제 풀이가 어렵다. 최대공약수를 구하는 방법, 최소공배수를 구하는 방법은 각각 두 가지다.

최대공약수를 구하는 방법
① 두 수를 나눌 수 있는 수 중 가장 큰 수
② 두 수를 각각 소수들의 곱으로 나타낼 때 공통인 곱

최소공배수를 구하는 방법
① 두 수를 소수들의 곱으로 나타낼 때 최대공약수와 각 수의
   나머지 소수들의 곱
② 큰 수의 배수들 중에서 작은 수의 배수가 되는 수

최대공약수와 최소공배수를 가르치면 앞에서 말한 약수와 배수를 혼동한다. 가장 먼저 최대공약수는 약수이고, 최소공배수는 배수라는 점을 각인해야 한다. 아니면 '최대'와 '최소'에 현혹되어 본질을 잊는다. 최대공약수의 약수, 최소공배수의 배수인 공약수와 공배수를 사용하지 못하는 경우도 많다.

그래서 혼동하지 않고, 곧바로 말할 수 있을 만큼 연습을 충분히 해야 한다. 이런 과정이 선행되어야 최대공약수와 최소공배수의 문장제를 풀 조건이 완성된다. 문장제를 풀 때도 약수와 배수를 상기시키는 연습을 계속해야 한다.

 고속버스터미널에서 부산행 버스는 8분마다 목표행 버스는 12분

마다 출발합니다. 두 버스가 오전 9시에 출발했다면, 다음에 두 버스가 동시에 출발하는 시각은 언제입니까?

9시 24분

먼저, 배수와 약수를 구분해야 한다. 문제에서 '8분마다'는 배수를 말한다. 시간은 음수가 없으니 여기서는 양의 배수만을 말하는 것이다. 그러면 곧바로 공배수를 떠올려 '다음에'라는 말에서 최소공배수를 찾아야 한다.

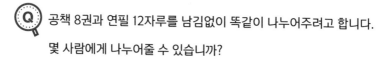 공책 8권과 연필 12자루를 남김없이 똑같이 나누어주려고 합니다. 몇 사람에게 나누어줄 수 있습니까?

1명, 2명, 4명

역시 배수와 약수를 구분해야 한다. 문제에서 '8을 나누어'라는 말이 보이는가? 바로 약수로 넘어가야 한다. 만약 아이가 '4명'이라고만 말한다면 '공약수는 최대공약수의 약수들'이라는 점을 상기하게 해야 한다.

대표적인 공배수와 공약수 문제들이다. 문제가 여기에서 한 걸음 더 나가면 아이들은 혼동한다. 나눗셈의 검산과 관련이 있기 때문이다. 다음 두 문제를 구분해둔다면 중학교 1학년의 자연수와 고등학교의 나머지 정리에 도움이 될 것이다.

14와 18을 어떤 수로 나누면 나머지가 모두 2입니다. 어떤 수를 구하시오.

4

많은 아이가 이 문제를 풀 때 직접 수를 넣어 가면서 찾는다. 하지만 그런 식으로 문제를 풀면 배울 수 있는 게 적다.

이런 문제도 먼저 배수와 약수를 구분해야 하는데 나누어 떨어지지 않아서 배수와 약수는 아니다. 이 문제에서 어떤 수를 빈 칸으로 두고 식을 만들어보자. '14÷□=○⋯2'다. 나누어 떨어지려면 나머지가 0이 되어야 한다. 그래서 나누어 떨어지게 식을 바꾸면 '(14−2)÷□=○'가 된다. 이를 다시 검산식으로 만들면 '(14−2)=○×□'이 되고 구하려는 어떤 수(□)는 곱해서 12가 되는 수, 즉 12의 약수라는 것을 알게 된다.

그래서 나누어 떨어지게 (14−2), (18−2), 즉 12와 16의 약수들로 생각이 옮겨지고, 공약수와 최대공약수를 구할 수 있게 된다. 그러면 4의 약수 1, 2, 4가 나오고, 그중 나머지가 2라고 했으니 2와 같거나 2보다 작은 수를 제외해야 한다. 4가 남는다.

이 문제를 정확하게 이해하지 않으면 아이는 나머지를 빼고 문제 푸는 방법을 외우려고 할 것이다. 그러면 다음 문제도 혼동하게 된다.

 어떤 수를 12로 나누어도 3이 남고, 16으로 나누어도 3이 남습니다. 어떤 수 중에서 가장 작은 수를 구하시오.

51

앞 문제와 유사하지만 배수와 약수로 구분했을 때 전혀 다른 문제다. 문제에서 '어떤 수를 12로 나누어도 3이 남고'를 식으로 나타내면 '□ ÷ 12 = ○ … 3'이 되고 검산식으로 바꾸면 '□ = ○ × 12 + 3'이 된다. 그러면 어떤 수(□)는 12의 배수에 3을 더한 수가 된다. 같은 방법으로 '□ = ○ × 16 + 3'이 되고 어떤 수는 12와 16의 공배수가 된다. 공배수 중 가장 작은 수를 구해야 하므로 답은 12와 16의 최소공배수 48에 3을 더한 수다.

그런데 최소공배수와 최대공약수를 다룰 때 아이가 어려워하면 부모와 선생은 편법을 알려준다. 문제에서 '어떤 수 중에 가장 작은 수'라는 말이 있으면 최소공배수 문제라고 가르치는 것이다. 찍기를 가르쳐서 답을 맞히게 하겠다는 생각이다. 그러면 진정한 실력을 기르기 어렵다.

분수 연산의 기본이 되는 약분

5학년 분수를 공부하기 전에 이 책의 3학년 부분을 다시 공부하기 권한다. 특히 분수의 정의, 분수의 위대한 성질을 외워야 한다.

분수: 분모와 분자가 정수(단, 분모≠0)

일반적으로 중·고등학교에서는 분수를 이렇게 정의한다. 하지만 나는 여기에 좀 더 정확한 설명을 덧붙여 아이들을 외우게 한다.

분수: 분모만큼 나누어 분자만큼 표시한 수
분수의 위대한 성질: 한 분수와 분모와 분자에 0이 아닌 같은 수를 곱하거나 같은 수를 나누어도 그 크기는 같음

분수의 위대한 성질은 고등학교까지 사용한다. 정확하게 외우지 않으면 나중에 등식의 성질과 혼동한다. 어려워서 한꺼번에 이해하기는 힘들겠지만 반드시 외워야 한다. 분수의 성질에 '위대한'이라는 말을 붙인 이유도 분수의 사칙연산은 물론이고 고등학교에서도 항상 이것으로 분수를 풀기 때문이다. 분수의 위대한 성질의 의미를 풀어서 설명하면 다음과 같다.

① '분수의 위대한 성질'은 한 분수에서만 사용된다.
② 분모와 분자에 0이 아닌 같은 수를 곱해도 크기는 같다.
③ 분모와 분자에 0이 아닌 같은 수를 나눠도 크기는 같다.
④ 어떤 수도 0으로 나누는 것은 할 수 없다.
⑤ 분모와 분자에 0을 곱하면 분모가 0이 되어 분수의 정의에 위배된다.

약분을 못하는 이유를 알아야 한다

이제 5학년에서 배울 배분, 약분, 분수의 사칙연산을 설명하고, 6학년에서 배울 비의 성질, 비례식의 성질 등 분수와 관련된 거의 모든 것을 분수의 위대한 성질로 설명할 것이다.

조안호의 배분: 분모와 분자에 0이 아닌 같은 수를 곱하는 것

교과서의 약분: 분모와 분자를 공약수로 나누는 것

조안호의 기약분수: 이미 약분한 분수

교과서의 기약분수: 분모와 분자의 공약수가 1뿐인 수

배분이나 약분은 아이의 눈에도 시시해 보인다. 그러나 이것을 연습하지 않고 넘어가면 분수의 연산을 이유도 모른 채 어렵다고 느낄 것이다. 특히 약분은 분수의 모든 연산에서 사용되며 수 감각을 요구하기도 한다. 잘하는 아이도 최소한 두세 달 이상은 약분 연습을 해야 한다.

교과서는 익힘책까지 다 합해도 약분 문제가 10개도 안 된다. 이해만 하면 된다고 생각하거나 사교육을 고려하지 않는 이상 도저히 있을 수 없는 일이다. 약분은 절대 쉽지 않다. 아이가 약분도 못한다며 우습게 여기지 말고 왜 못하는지 그 이유를 알아야 한다.

첫째, 분모와 분자를 나눌 수 있는 수를 동시에 찾아야 한다. 그런데 아이는 수 분해를 연습한 적이 없다. 둘째, 나눌 수 있는 수 중에 최대공약수를 찾아야 한다. 셋째, 분모와 분자를 같은 수로 직접 두 번이나 나누어야 한다. 넷째, 구구단을 넘는 큰 수까지 해야 한다. 교과서나 문제집에서는 안 하지만 제대로 하려면 소수 13, 17, 19의 배수들도 연습해야 한다. 다섯째, 이 모든 연산을 암산으로 한번에 해야 한다. 여섯째, 기껏 풀었다 해도 문제를 풀었다는 성취감을 얻기 어렵다. 게다가 어느 누구도 약분을 잘했다고 칭찬하지 않을 것이다.

약분을 잘한다면 분수의 곱셈과 나눗셈에서 시간을 보상받을 것이다. 약분을 잘하는 아이는 그만큼 분수의 곱셈과 나눗셈을 덜 연습해도 되기 때문이다. 약분의 어려움은 대부분 곱하기, 나누기를 하는 초등학교 3학년에서 연유한다. 3학년에서 왜 빠르기를 중요하게 했는지 지금이라도 알게 된다면 그나마 다행이다. 내가 세 자릿수 나누기 한 자릿수까지 암산하도록 연습시킨 이유이기도 하다.

나눗셈을 철저히 하지 않은 아이들에게 약분은 어렵고, 무척 귀찮은 존재다. 감각이 떨어지는 아이들은 약분할 때 2나 5 또는 3으로 여러 번 나눈다. 할 수 없는 것이 아니라 귀찮다고 여긴다. 연습할 때는 안 하더라도 시험 볼 때는 꼭 하겠다고도 한다. 그러나 실제 시험에서도 약분을 안 해서 틀리는 일은 초등학생들만이 아니라 중학생들에게도 흔하게 일어난다. 문제는 약분이 아예 안 되는 경우다.

4학년 아이와 첫 만남에서 있었던 일이다. 부모의 말에 의하면 연산력 학습지를 오랫동안 했고, 아이도 잘해 진도가 꽤 나갔다고 한다. 그런데 약분에 들어가자 아이가 힘들어하고 진도가 나가지 않았다는 것이다. 테스트 결과 나눗셈 부족이 원인이었다. 아이는 나누기를 할 줄 알았다. 하지만 약분을 할 수 있을 만큼 나누기 실력을 키우지는 않았다.

나눗셈이 심각하게 부족하다면 해결의 출발점은 곱셈이어야 한다.

 $\dfrac{24}{36}$ 를 약분하여 나타낼 수 있는 분수를 모두 쓰시오.

$$\frac{12}{18}, \ \frac{8}{12}, \ \frac{6}{9}, \ \frac{4}{6}, \ \frac{2}{3}$$

아이들은 이 문제를 하던 대로 $\frac{24}{36}$ 를 약분하여 일단 $\frac{2}{3}$ 부터 쓰고 본다. 개념대로 문제를 풀어보지 않아서 그렇다. 개념대로 하면 계산하기 전에 머릿속이 깔끔해진다. 24와 36의 최대공약수는 12이고, 자연수 공약수는 1, 2, 3, 4, 6, 12이다. 나눌 필요도 없는 1을 제외하면 답은 2, 3, 4, 6, 12로 약분이 된다.

게다가 이 문제를 풀어보라고 하면 많은 아이가 1~2개씩 빠뜨린다. 나누다 생긴 실수다. 직접 답을 구하는 것보다 문제 전체를 이해하는 게 중요하다.

약분과 기약분수

아이들은 약분과 기약분수 만들기를 혼동한다. 교과서에서는 기약분수를 분모와 분자의 공약수가 1뿐인 분수라고 정의한다. 나는 기약분수에서 '기'는 '旣이미 기' 자로, 기약분수는 '이미 약분한 분수'라고 가르친다. 그리고 이미 약분한 분수이기 때문에 기약분수는 약분할 수 없다고 가르친다.

정의는 될 수 있는 대로 정의 자체로 설명해야 기억에 오래 남는다. 나중에 중학교에 가면 아이들이 기약분수와 진분수를 혼동해서 이를 막으려고 만든 것이다. 정의에서 가장 중요한 것은 그 의

미이지만, 기억에 오래 남도록 만들면 좋겠다는 생각이다.

약분을 할 때, 아이들이 구구단의 범위 내에서만 하기 때문에 몇 가지를 추가해야 한다. 첫째는 약수와 배수의 관계이고, 둘째는 구구단을 벗어나는 큰 소수(약수가 2개인 수)들이 있을 때다. 약수와 배수의 관계는 예를 들어 $\frac{36}{72}$이나 $\frac{50}{100}$과 같은 분수에 사용해야 한다. $\frac{36}{72}$에서 72가 36의 2배수라는 것을 알게 되면 곧장 $\frac{1}{2}$로 만들어진다. 4나 6이라도 보이면 괜찮지만 2나 3으로 약분하게 되면 약분을 여러 번 해야 기약분수가 만들어진다.

무작정 달려들어 약분하기 전에, 먼저 무엇으로 약분해야 하는지를 생각하자. 그런데 문제는 구구단을 벗어나는 큰 소수가 있을 때는 작은 수로 아무리 나누어도 약분되지 않는다는 것이다. 다음 문제를 풀어보자.

 $\frac{39}{52}$를 기약분수로 나타내시오.

$$\frac{3}{4}$$

소수 연습을 안 한 아이라면, 39를 3으로 나누어 13이 나와도 약분을 하지 않을 것이다. 2, 3, 5, 7까지는 구구단에 있고 11도 한두 번 풀어보면 십의 자릿수와 일의 자릿수가 같다는 것을 알게 된다. 그러나 이 문제처럼 13, 17, 19의 배수는 연습을 하지 않으면 아이들이 손도 못 댄다. 이들의 배수는 이들만으로 나누어야 하기 때문이다. 대신 23 이상 소수의 배수는 수가 너무 커서 잘 나오지 않으니 괜찮다.

소수를 구분하는 연습을 마치면 13, 17, 19의 배수(각각 5개 정도)를 연습하고, 다시 $\frac{26}{39}$, $\frac{34}{51}$, $\frac{57}{76}$ 같은 분수를 약분 문제에 섞어서 연습해야 한다. 될 수 있으면 큰 구구단으로 약분을 하다가 안 되면, 13, 17, 19와 같은 큰 소수를 의심하는 습관을 들여야 한다.

배수를 찾자

약분에서 배수 찾기가 필요하다. 학생들이 2와 5의 배수는 이미 가르치지 않아도 잘 알지만 3의 배수, 9의 배수, 4의 배수, 6의 배수 등은 배워야 한다. 이것도 초등학교 때만 사용하는 것이 아니라 중·고등학교에서도 계속 사용한다.

그런데 아이들이 제대로 이유를 알지 못하고 외웠다가 잠깐 쓰고는 잊어버리는 일이 반복된다. 선생들이 이유를 알려주지 못한 데에는 아이들이 개념을 모른다는 사실을 모르기 때문이다. 다음은 내가 정리한 배수 찾기 개념이다.

k의 배수와 k의 배수를 더하면 k의 배수가 된다.

7의 배수와 7의 배수를 더하면 7의 배수가 되고, 11의 배수와 11의 배수를 더하면 11의 배수가 된다는 말이다. 선생들이 배수 찾기를 설명해도 아이들이 알아듣지 못하는 이유는 이 개념이 없기 때문이다. 예를 들어 아이에게 "3의 배수와 3의 배수를 더하면 뭐가 될까?"라고 물어보기 바란다. '6의 배수'라는 오답이 많이 나올 것이다. 정의대로 해보자. 7의 배수는 7을 몇 번 더한 것이고, 여기에 7을 몇 번 더해도 당연히 7을 여러 번 더한 결과를 얻는다. 이 개념을 가지고 3, 9의 배수를 이해하자.

'234'라는 수가 있다. '$(100+100)+(10+10+10)+4$'와 같이 분해할 수 있는데, 여기에서 99와 9가 3, 9의 배수이므로 그 사실이 드러나도록 다시 분해할 수 있다. 그러면 '$(99+1+99+1)+(9+1+9+1+9+1)+4=(99+99+2)+(9+9+9+3)+4$'가 된다. 하지만 99와 9는 아무리 더해도 3, 9의 배수이고, 나머지 수인 2, 3, 4만 더해서 3, 9의 배수이면 3, 9의 배수가 된다. 그런데 2, 3, 4는 원래 어떤 배수인지를 알고자 한 수, 즉 234의 각 자릿수이다. 따라서 각 자릿수의 합이 3, 9의 배수이면 본래 수도 3, 9의 배수이다.

3, 9의 배수를 찾는 방법을 약식으로 증명해보았다. 그 밖에 2의 배수, 5의 배수, 4의 배수, 6의 배수 등의 증명이 필요하지만, 모두 'k의 배수와 k의 배수를 더하면 k의 배수가 된다'라는 개념으로 설명할 수 있다.

다음은 자주 쓰는 배수 판별법이다. 물론 다음의 배수를 연습해야겠지만, 안 된다면 큰 소수로 생각을 옮겨야 한다.

2의 배수: 일의 자릿수가 2의 배수일 때

5의 배수: 일의 자릿수가 5의 배수일 때

3의 배수: 각 자릿수의 합이 3의 배수일 때

4의 배수: 끝의 두 자릿수가 4의 배수일 때

9의 배수: 각 자릿수의 합이 9의 배수일 때

6의 배수: 일의 자릿수가 짝수이면서 각 자릿수의 합이 3의
배수일 때

보통 중학교에서는 3과 9의 배수를 많이 사용하고, 고등학교에서는 3과 4의 배수를 많이 사용한다. 단편적으로 3과 9의 배수만을 외웠다가 잊어버리지 말고 원리를 익히자. 그러면 절대 잊어버리지 않는다. 한 번 배우면 계속 쓰는 수학의 속성을 기억하기 바란다. 어렵고 귀찮고 시간이 걸려도 개념으로 습득하고 거기에 하나하나 쌓아가는 것이 올바른 수학 공부다.

분수의 덧셈과 뺄셈에서 중요한 통분

분수의 사칙연산 중에서 가장 귀찮은 것이 덧셈, 뺄셈이다. 문제를 푸는 사람은 아이고, 아이는 귀찮으면 대충하고 싶어 한다. 그런데 가르치는 사람은 자기가 풀 건 아니지만 분수의 연산이 무척 중요하다는 사실은 알기 때문에 더더욱 알고리즘대로 길게 가르친다. 아이의 입장에서는 더 귀찮게 길게 배우니 미칠 지경일 것이다. 항상 난관에서는 기본을 지켜야 한다. 분수의 덧셈, 뺄셈에서 무엇을 얻어야 하는지 살펴보자.

① 분수의 덧셈, 뺄셈은 연산이다. 계속 사용할 도구이고 빨리 연산할 수 있어야 한다.
② 연산이라도 잊지 않으려면 처음은 개념을 잡아야 한다.
③ 분수의 덧셈, 뺄셈으로부터 5~6개의 암산 능력을 길러야 한다.

④ 분수의 계산을 길게 가르치는 것은 알고리즘이고 기술
  이다.

이 목표를 이루기 위해서는 먼저 개념을 정립하고, 교과서의
알고리즘대로 한 뒤에 알고리즘을 버리고 암산 5~6개를 해야 한다.

개념부터 시작하자

분수는 이미 수이고, 더하기라는 계산을 하려면 기준이 같아야 한
다. 분수의 기준은 1, 분모, 단위분수이다. 이 중 분수의 덧셈, 뺄셈
이나 크기 비교를 하려면 단위분수가 같아야 한다. 단위분수가 같은
분수는 결국 분수의 분모가 같은 것으로 나타난다. 그래서 4학년에
서 분모가 같은 분수의 덧셈, 뺄셈을 할 수 있었던 것이다.

만약 분모가 다르다면 어떻게 해야 할까? 당연히 분수이니
'분수의 위대한 성질'로 같게 해야 한다. 분모가 같아져야 분수의 덧
셈, 뺄셈을 할 수 있다. 분수의 덧셈, 뺄셈을 하기 위해서는 무조건
통분(공'통분'모)부터 시키는데, 통분이 개념이 아니라 분모가 같아
야 하는 이유를 아는 것이 개념이다. 개념을 알게 되었다면 이제 교
과서에서 가르치는 알고리즘을 배워보자.

교과서의 분수 알고리즘

① $\dfrac{1}{6} + \dfrac{3}{8} = \dfrac{1 \times 8}{6 \times 8} \times \dfrac{3 \times 6}{8 \times 6} = \dfrac{8}{48} + \dfrac{18}{48} = \dfrac{26}{48} = \dfrac{13}{24}$

② $\dfrac{1}{6} + \dfrac{3}{8} = \dfrac{1 \times 4}{6 \times 4} \times \dfrac{3 \times 3}{8 \times 3} = \dfrac{4}{24} + \dfrac{9}{24} = \dfrac{13}{24}$

③ $1\dfrac{3}{5} + 1\dfrac{1}{2} = 1\dfrac{6}{10} + 1\dfrac{5}{10} =$
$(1+1) + (\dfrac{6}{10} + \dfrac{5}{10}) = 2 + \dfrac{11}{10} = 2 + 1\dfrac{1}{10} = 3\dfrac{1}{10}$

교과서에서 가르치는 방식이다. ①과 ②는 같은 문제다. 통분은 분모를 같게 하면 된다. 최소공배수로 하라는 말이 아니다.

①은 분모끼리 서로 곱해도 통분해서 수가 커졌고 약분을 해야 했다. ②는 ①보다 계산 과정이 더 간단해지는 것을 보여주고 분모를 최소공배수로 통분하는 것이 편하다는 걸 알려준다. ③은 비교적 작은 수인데도 알고리즘대로 하면 과정이 무척 길다. 알고리즘을 익히기 위해서 처음에 몇 번은 이처럼 식을 길게 쓸 수 있어야 한다.

하지만 매번 긴 연산 과정을 계속할 수는 없다. 그렇지 않아도 분수의 연산을 싫어하는 아이들이 매번 식을 길게 써 가며 완전한 연습량을 확보하는 것은 불가능에 가깝다. 알고리즘을 보면 통분하는 과정을 길게 한 것일 뿐, 그 안에 개념은 없다. 통분이 개념은 아니다. 결국 알고리즘은 선생이 가르치기 쉽게 만들어 놓은 기술일 뿐이다. 교과서에 나왔다는 이유로 아이에게 강요할 수는 없다.

기초 계산력이 떨어져서 알고리즘대로 하지 않으면 안 되는 아이도 있다. 그런 아이는 당분간 알고리즘대로 할 필요가 있지만, 알고리즘을 이해하고 암산할 수 있는 아이를 끝까지 못하게 하는 것은 발전을 저해하는 가르침이다. 분수의 연산은 최소한의 알고리즘을 연습한 뒤 최대한 짧게 답이 나와야 한다. 작은 수의 분수는 암산해야 한다. 그리고 다음과 같이 중간식을 생략해야 한다. 3학년때 빠르기로 암산을 3~4개 하게 되었다면 이제 5~6개로 업그레이드할 때다.

$$① \quad \frac{2}{5} + \frac{1}{3} = \frac{11}{15} \qquad ② \quad 2\frac{5}{6} + \frac{9}{10} = \frac{52}{30} = 1\frac{22}{30} = 1\frac{11}{15} \qquad ③ \quad 7\frac{1}{3} + 5\frac{1}{8} = 12\frac{11}{24}$$

중간식을 최대한 단축해 단번에 답이 나오더라도 많은 연습은 아이를 지치게 한다. 그래도 약분을 안 하는 것에 관대해서는 안 되며, 대분수와 약분까지 식을 더 단축하면 할수록 좋다. 뺄셈은 덧셈과 똑같이 하면 되지만 한 가지 차이점이 있다. 분수끼리의 분자 뺄셈에서 빼는 분수가 더 작을 때만 추가하면 된다. 분수의 덧셈이 세 달 정도 걸리면 뺄셈은 한 달만 해도 된다.

문제에 있는 화살표는 계산 순서 때문에 그려 넣은 것이다. 모두 암산으로 해야 한다. ①은 5×3, 3×2, 5×1, $6 + 5$ 그리고 답까지 암산이 4개 필요하다. ②는 $6 \div 2$, $10 \div 2$, $2 \times 3 \times 5$, 5×5, 3×9, $25 + 27$, $52 - 30$, $30 \div 2$, $22 \div 2$, 답까지 암산이 9개 필요하다. ③

은 $7+5$, 3×8, 8×1, 3×1, $8+3$, 답까지 암산이 5개 필요하다. 분수의 덧셈과 뺄셈을 모두 암산한다면 최대 11개 이상이 필요할 수도 있다. 분수의 덧셈과 뺄셈에서 모든 셈을 암산한다면 너무도 많은 연습이 필요하고 그렇게 되면 기간이 길어져서 연산의 부작용을 심하게 겪을 수도 있다. 그래서 나는 분수의 덧셈과 뺄셈에서 암산을 5~6개 정도만 하면 목적을 달성한다고 생각한다.

암산을 5~6개 해야 하는 이유

왜 암산을 이렇게까지 해야 하는지 궁금할 것이다. 교과서가 요구하는 대로 받아올림한 수와 받아내림한 수를 쓰고, 분수도 알고리즘대로 하다 보면 결과적으로 암산은 연습이 되지 않는다. 교과서는 정확도와 빠르기 중에 정확도에만 항상 관심이 있기 때문이다. 그런데 중학교 2학년 연립방정식에서 암산 5~6개, 중학교 3학년 인수분해에서 암산 6~8개, 최종적으로 고등학교 1학년에서 암산 10개 이상을 요구한다.

　중학교 2학년에서 암산을 5~6개 요구한다는 말은 역으로 초등학교 6학년과 중학교 1학년 그리고 연립방정식을 제외한 중학교 2학년에서 5~6개보다 적게 암산한다는 말이다. 초등학교 6학년부터 중학교 2학년까지 대부분의 문제는 암산 3~4개를 요구한다. 그리고 교과서가 필요한 암산 개수를 낮추어도 아이들은 기본적으로

5~6년간 연산을 연습했기 때문에 암산 3~4개는 할 수 있다. 그래서 많은 학생이 초등학교 6학년, 중학교 1학년 수학을 그럭저럭 해내는 것이다.

하지만 암산을 3~4개 하는 아이는 암산 3~4개를 반드시 해야 하는 문제에서 실수할 가능성이 높다. 간혹 연산 실수로 점수가 깎이는 일을 겪을 것이다. 그러나 그것이 문제는 아니다. 중학교 3학년은 암산을 6~8개 해야 한다. 그래서 3학년 때 부족한 암산 개수(3~4개)를 이겨 내지 못한, 절반이 넘는 아이가 수포자가 된다. 더 많은 연습으로 부족한 암산을 채울 수도 있지만, 요즘 아이들은 의지가 많이 약해서 힘들다.

왜 분모가 같아야 할까?

분수의 덧셈과 뺄셈을 잘하게 되면 왜 분수의 덧셈, 뺄셈에서 분모가 같아야 하는지 다시 알려주어야 한다. 그때는 문제 풀이에 몰입해 최대공약수와 최소공배수를 왜 배웠는지 거의 잊어버릴 것이다. 많은 시간을 계산 문제를 푸는 데 할애해야 하지만, 반드시 처음과 마지막에는 원리를 이해시켜야 한다. 분수의 성질은 중요하지 않은 것이 없다.

최대공약수가 뭐야?

 공약수 중에 가장 큰 수요.

 최대공약수는 약수야? 배수야?

 약수요.

 최대, 최소에 현혹되지 마라.
가장 커도 약수 중에 가장 큰 거야.
그럼 최대공약수로 무엇을 할까?

 분수 덧셈, 뺄셈, 곱셈, 나눗셈에 모두 써요.

 약분 안 하면 모든 문제에서 다 틀린다.
그럼 최소공배수는 뭐야?

 공배수 중에 가장 작은 수요.

 공배수로 무엇을 할까?

 통분이요.

 통분은 뭐야?

 분모를 같게 하는 거요.

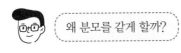

왜 분모를 같게 할까?

분모가 같아야 기준이 같아져서
덧셈 뺄셈도, 크기 비교도 할 수 있어요.

분모가 서로 다른 두 분수를 통분할 줄 아는 아이에게 두 수의 최소공배수를 구하라고 하면 대부분 "앞에서 배운 것이라 잊어버렸다"고 말한다. 덧셈과 뺄셈의 통분 과정에서 최소공배수를 구해 공통분모를 만들었지만 최소공배수 구하는 법을 잊어버렸다는 말이다.

통분을 공부할 때 공통분모를 찾는 일을 기계적으로 반복하다 보니 자신이 최소공배수를 구해 통분했다는 점을 인식하지 못하는 것이다. 그런 아이는 배수와 약수 따로, 통분 따로, 별개 문제로 받아들였다고 볼 수밖에 없다.

많은 연습의 부작용을 줄이려면 물어보아야 한다. "최소공배수는 왜 배울까?", "최대 공약수는 왜 배워야 할까?" 이 질문에 많은 아이가 어리둥절해한다. 최대공약수와 최소공배수를 배웠지만 정작 사용할 때는 생각하지 않기 때문이다. 수학은 문제 해결의 원리와 개념 이해가 첫 번째이지만 그것만으로는 부족하다. 머릿속에 들어가는 것도 중요하지만 한 줄 개념을 계속 보완하고 지식을 쌓아 올려야 한다.

＋ ÷ × 7개의 분수와 소수

분수의 곱셈과 나눗셈의 문제에 나중에는 소수가 들어온다. 따라서 분수의 곱셈으로 넘어가기 전에 문제에서 자주 사용하는 7개의 분수와 소수를 연습하는 것이 좋다. 자주 쓴다고 했지만, 사실 7개만 만 외우면 더 이상의 것은 확장하면 된다.

$$\frac{1}{2}=0.5 \qquad \frac{1}{4}=0.25 \qquad \frac{3}{4}=0.75 \qquad \frac{1}{8}=0.125$$

$$\frac{3}{8}=0.375 \qquad \frac{5}{8}=0.625 \qquad \frac{7}{8}=0.875$$

이 중에서 가장 기본이 되는 것은 $\frac{1}{2}=0.5$, $\frac{1}{4}=0.25$, $\frac{1}{8}$ $=0.125$이다. 이 세 개를 반드시 외워야 한다. 아이가 쉽게 외우지 못하면 그림을 그려서 알려줘도 된다.

$\frac{1}{4}$이 소수로 뭐야?

 그걸 어떻게 알아요?

 $\frac{1}{2}$의 반이 $\frac{1}{4}$이잖아. 그럼 0.5의 반은 뭐야?

 못 나눠요.

 0.5는 0.50과 같아. 그럼 50의 반은 뭐야?

 25니까 0.25요!

 $\frac{1}{8}$은 소수로 뭐야?

 어려운데요.

 마찬가지로 0.25의 반이겠지. 0.250의 반이 뭐야?

 잠깐만요. 나눠 봐야 해요.

 직접 나누지 않고도 알 수 있어.
250원이 있다면 먼저 100원씩 나눠 갖고
나머지 50원도 반으로 나누면 되잖아.

 125니까, 0.125요.

$\frac{1}{2}=0.5$, $\frac{1}{4}=0.25$, $\frac{1}{8}=0.125$는
확실하게 외워야 해!

$\frac{3}{4}$은 $\frac{1}{4}$이 3개 더해져 '$0.25 \times 3 = 0.75$'다. $\frac{3}{8}$ 역시 $\frac{1}{8}$이 3개 더해져 '$0.125 \times 3 = 0.375$'이다. $\frac{5}{8}$, $\frac{7}{8}$도 이와 같은 방식으로 소수를 만들어보자.

물론 소수를 분수로 만드는 연습도 해야 한다. 분수를 소수로 바꾸는 연습을 하면 소수를 분수로 바꾸기는 저절로 될 거라고 생각하겠지만 소수를 분수로 만들기는 하나하나 다시 외워야 한다. 소수를 분수로 바꾸기가 분수를 소수로 바꾸기보다 더 많이 쓰인다. 그래서 외운 것을 확인할 때는 소수를 분수로 바꾸는 문제를 더 많이 풀어야 한다.

7개의 소수와 분수를 외우는 이유

소수와 분수 7개만 자유롭게 바꿀 수 있다면 중·고등학교 소수는 거의 끝냈다고 봐도 된다. 그런데 왜 이 7개를 외워야 할까?

가장 자주 사용되는 분모가 2~10인 단위분수를 생각해보자. $\frac{1}{2}$, $\frac{1}{3}$, $\frac{1}{4}$, $\frac{1}{5}$, $\frac{1}{6}$, $\frac{1}{7}$, $\frac{1}{8}$, $\frac{1}{9}$, $\frac{1}{10}$ 중에 $\frac{1}{5}$과 $\frac{1}{10}$은 쉬워서 외우지 않아도 된다. 나머지 $\frac{1}{3}$, $\frac{1}{6}$, $\frac{1}{7}$, $\frac{1}{9}$은 나누어 떨어지지 않는 분수

이므로 소수로 요구하지 않는다. 그리고 분모가 10 이상인 분수는 대부분 10의 배수나 5의 배수라서 만들어 써도 상관없다. 결국 남는 것은 $\frac{1}{2}$, $\frac{1}{4}$, $\frac{1}{8}$이다.

이 7개 이외에 확장할 수 있는 것이 몇 개 더 있기는 하지만 7 개면 충분하다. 내가 외우고 있는 것도 7개가 전부이고 나머지는 만들어 쓴다. 항상 그렇듯이 족히 한 달 반에서 두 달은 연습해야 한다. 확장 연습을 하면서 다음 질문들을 함께 하자. 수 감각을 키우는 데 많은 도움이 된다.

1000의 반, 500의 반, 250의 반은 몇일까?

1000을 한꺼번에 나누어서 125가 되려면 무엇으로

나누어야 할까?

1000을 125로 나누면 몇일까?

25가 100이 되려면 얼마를 곱해야 할까?

4가 100이 되려면 얼마를 곱해야 할까?

분수의 곱셈

분모끼리 분자끼리 곱하면 되지만 약분부터 한다. 분수의 곱하기는 이 한 가지만 확실하게 기억하면 연산이 끝난다. 그런데 이것은 기술이다. 기술을 쓰기 전 왜 분모끼리 곱하면 되는지를 먼저 이해하고 넘어가자.

분수의 곱셈은 왜 분모끼리 분자끼리 곱할까?

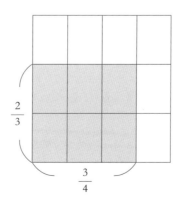

그림에서 세로는 세 부분으로 나누어져 있으므로 한 부분은 $\frac{1}{3}$씩이다. 또 가로를 보면 네 부분으로 나누어져 있으므로 한 부분은 $\frac{1}{4}$씩이다. 그런데 작은 사각형 1개는 전체 12개 중의 하나이므로 전체의 $\frac{1}{12}$이다.

최소 단위의 사각형은 '$\frac{1}{12} = \frac{1}{3} \times \frac{1}{4}$'에서 보듯이 분모끼리 곱하기만 하면 기준이 되는 단위분수가 만들어진다. 한편, 색칠한 사각형의 개수를 곱셈식으로 만들면 '2×3'이다. 결과적으로 '$\frac{2}{3} \times \frac{3}{4}$'을 통해 분모끼리 분자끼리 곱하기만 하면 되는 알고리즘을 알아내게 된다.

또 다른 관점에서 보자. '$\frac{2}{3}$의 $\frac{3}{4}$'이 왜 '$\frac{2}{3} \times \frac{3}{4}$'과 같은가를 설명해주면 된다. 분수란 '분모만큼 나누어 분자만큼 표시한 수'라고 했다. 그림에서 전체의 $\frac{2}{3}$를 분모인 4로 나누면 전체는 12개의 조각들이 되고 $\frac{1}{3}$마다 4개의 조각들이 만들어진다. 같은 수의 더하기는 곱하기로 만들 수 있으니 분자끼리의 곱과 같게 된다.

분수의 곱셈을 이해해야 하지만, 확실하게 잡아야 한다. 약분만 잘한다면 분수의 곱셈과 나눗셈은 두세 달이면 된다. 물론 수 감각이 떨어지는 아이는 분수의 연산이 아니라 수 감각을 살리기 위해서 좀 더 할 필요는 있다. 다음은 분수의 곱셈법을 가르치는 대화이다.

 분수의 곱하기는 어떻게 할까?

분모끼리 분자끼리 곱해요.

그런데 분모와 분자로만
되어 있지 않은 것들이 있지?

 자연수, 대분수, 소수요.

 그것들은 어떻게 할까?

 가분수로 고쳐요.

 왜?

 분모와 분자로만 되어 있어야
분모끼리 분자끼리 곱하니까요.

 이제 분모와 분자로 만들었으니
곱하면 되겠구나?

 아니요. 먼저 약분부터 한 다음에 곱해요.

 왜 먼저 곱한 뒤에 약분하면 안 될까?

 그러면 훨씬 힘들어요.

약분을 충분히 연습했다면, 곱셈과 나눗셈은 하는 방법이 어렵지 않다. 덧셈, 뺄셈과 달리 약분하는 재미가 있어서 덜 지루하다. 그래도 오랫동안 분수를 하는 아이는 지루함을 느낄 것이다.

＋ 　 분수의
÷ ×　 나눗셈

분수의 나눗셈은 원래 6학년 내용이지만, 분수의 사칙연산을 하는 김에 함께 설명하겠다. 분수의 곱셈을 했으면 그다음으로 나눗셈을 하기 권한다. 분수의 나눗셈은 교과서에서 자세히 이것저것 알려주는데, 별 필요성이 없다. 나누기를 곱하기로 바꾸면 5학년에서 분수의 곱하기를 배웠으니 끝난다. 그런데 나누기를 곱하기로 만드는 방법은 알고리즘이고 기술이다. 분수 나눗셈의 원리를 그 분수의 정의와 성질로 알아보자. 그 전에 먼저 두 가지를 알아야 한다.

　첫째, 3학년에서 배웠던 '나누기의 정의'부터 알아야 한다. 나누기의 정의는 '같은 수의 빼기를 몇 번 뺐는지 세기 귀찮아서 만든 것'이다. 예를 들어 '$\frac{15}{4} \div \frac{3}{4}$'이라고 하면, 식의 의미는 $\frac{15}{4}$에서 $\frac{3}{4}$을 몇 번 뺐는지를 묻는 것이다. '$\frac{15}{4} - \frac{3}{4} - \frac{3}{4} - \frac{3}{4} - \frac{3}{4} - \frac{3}{4} = 0$'이므로 '$\frac{15}{4} \div \frac{3}{4} = 5$'이다. 이렇게 될 수 있는 이유는 분수의 기준인 분모가 같기 때문이다. 만약 다르다면 같게 만들어야 한다.

둘째, '2÷7'이 $\frac{2}{7}$임을 아는 것이다. 사과 한 개를 7명이 나누어 먹으면 $\frac{1}{7}$인데, 사과 한 개를 또 가지고 와서 이것도 7명이 나누어 먹으면 $\frac{1}{7}$이다. 최종적으로 사과 2개를 7명이 똑같이 나누어 먹으면 $\frac{2}{7}$이다.

이 두 가지를 이해했다면, 이제 분모가 다른 수의 나눗셈을 알아보자.

분수의 나눗셈에서 왜 분모끼리 같게 할까?

'$\frac{2}{3} \div \frac{5}{7}$'를 분수의 위대한 성질을 이용해 통분하면 '$\frac{2 \times 7}{3 \times 7} \div \frac{3 \times 5}{3 \times 7}$'가 된다. 분모가 같으니 이제 분자끼리의 나누기인 '$(2 \times 7) \div (3 \times 5) = \frac{2 \times 7}{3 \times 5} = \frac{2}{3} \times \frac{7}{5}$'과 같다. 즉, 돌고 돌아 '$\frac{2}{3} \div \frac{5}{7}$'는 '$\frac{2}{3} \times \frac{7}{5}$'이 된다는 말이다.

분수의 알고리즘에 따라 간단하게 '$\frac{2}{3} \div \frac{5}{7}$'에서 나누기를 곱하기로 바꾸고 뒤 분수의 분모와 분자를 바꾸어 써주면 '$\frac{2}{3} \times \frac{7}{5}$'이 된다고 배운다.

중학교에서는 분모와 분자를 바꾸어주는 것을 '역수'라고 한다. 그래서 간단하게 '나누기를 곱하기로 바꾸면 뒤의 수를 역수로 취한다'고 하여 모든 나누기를 곱하기로 만들 수 있게 되었다.

잠깐 여기에서 역수를 설명하고 넘어가자. 정식으로는 '항등원'과 '역원'을 배워야 하겠지만, 그냥 간단히 '곱해서 1이 되는 수가 역수라고 알려주면 된다. 그리고 '$\frac{3}{4} \times \square = 1$'에서 빈 칸에 들어가는 수 $\frac{4}{3}$가 나오도록 해주면 된다. 이제 나눗셈의 몇 가지 종류를 보여주겠지만, 자연수를 $\frac{\text{자연수}}{1}$로, 대분수를 가분수로 만드는 것만 기억한다면 모두 원칙은 똑같다.

① $8 \div 3 = \frac{8}{3} = 2\frac{2}{3}$

② $\frac{2}{3} \div 5 = \frac{2}{3} \div \frac{5}{1} = \frac{2}{3} \times \frac{1}{5} = \frac{2}{15}$

③ $5 \div \frac{2}{3} = \frac{5}{1} \div \frac{2}{3} = \frac{5}{1} \times \frac{3}{2} = \frac{15}{2} = 7\frac{1}{2}$

④ $\frac{2}{3} \div 1\frac{5}{7} = \frac{2}{3} \div \frac{12}{7} = \frac{2}{3} \times \frac{7}{12} = \frac{7}{18}$

⑤ $15 \div \frac{1}{3} \div 6 \div 5 = \frac{15}{1} \times \frac{3}{1} \times \frac{1}{6} \times \frac{1}{5} = \frac{3}{2} = 1\frac{1}{2}$

이 중 아이들이 혼동하는 것은 두 가지다. 첫째는 ③이다. 나누기를 곱하기로 바꿀 때는 어떤 유혹이 와도 절대 뒤의 것을 역수로 해야 한다. 앞의 것을 역수로 하여 틀리는 경우가 많다. 둘째는 ④와 같이 대분수를 가분수로 바꾸고 마치 역수를 취한 것으로 착각하는 것이다.

아이들은 분수의 셈이 지겨워서 아는 것도 대충하다가 틀리곤 한다. 그런데 자연수의 셈과 달리 분수 감각이 없으면 오답을 알아채지 못한다. 양을 한눈에 알아보지 못하는 분수의 특성 때문이지만, 곱셈과 나눗셈의 의미를 살리는 교육을 해야 분수에서도 수 감각이 산다.

예를 들어 곱하기에서는 1보다 작은 수를 곱하면 원래의 수보다 작아지는 것처럼 곱해서 만들어지는 수를 어림해보는 것이다. 나눗셈에서도 '$\frac{1}{2} \div \frac{1}{3}$'의 몫이 1보다 큰지 작은지를 알아본다. 나누기는 '같은 수의 빼기'이고, $\frac{1}{2}$이 $\frac{1}{3}$보다 크므로 최소한 한 번을 뺄 수 있다고 생각하면 $\frac{1}{6}$과 같은 오답을 피하거나 틀린 답을 눈치챌 수 있다.

아이들이 분수의 곱셈과 나눗셈에서 대분수만 보면 무조건 가분수로 고친다. 아이에게 고치는 이유를 알려주어야 한다. 그렇지 않으면 분수의 덧셈과 뺄셈에서도 가분수로 고쳐서 계산하려 들 것이다. 분수의 곱셈과 나눗셈을 하면서 분수의 덧셈과 뺄셈을 잊지 않기 위해 한두 문제를 연습해야 한다. 물론 사칙연산을 순서대로 한 뒤 혼합계산으로 흔들기를 해야 하겠지만 완전히 잊어버리지 않게 하는 것이 아이들이 학습을 더 쉽게 하는 방법이다.

분수와 소수, 소수와 소수의 곱도 모두 분수로 바꿔서 곱하면 된다. 소수끼리의 곱셈에서도 소수점의 이동이 분수로 설명된다. 기본적인 분수 셈이 완성되면 소수도 모두 분수로 계산하고 분수로 설명하면 된다.

혼합하여 흔들기를 해야 한다

기본적인 분수 연산을 잘하게 되면 반드시 혼합하여 흔들기를 해야 한다. 이때는 다음과 같은 문제가 몇 개라도 포함되어 있어야 중·고등학교 수학을 준비할 수 있다.

$$\frac{3}{8} + 600$$

$$\frac{1}{7} \times \frac{1}{\Box} = \frac{1}{3} \times \frac{1}{14}$$

$$\frac{22 \times 21 \times 20 \times 19 \times 18 \times 17}{23 \times 22 \times 21 \times 20 \times 19 \times 18}$$

$$\frac{1}{2} \times \frac{1}{2} \times \frac{1}{2} \times \frac{1}{2} \times \frac{1}{2}$$

$$\frac{2}{3} \times \frac{2}{3} \times \frac{2}{3} \times \frac{2}{3}$$

$$\frac{9}{10} \times \frac{8}{9} \times \frac{7}{8} \times \frac{6}{7} \times \frac{5}{6} \times \frac{4}{5}$$

$$0 \div 30\frac{1}{3}$$

$$1\frac{1}{8} \div 1\frac{7}{8}$$

$$4\frac{4}{7} \div 1$$

$$19 \div 8 \div 3\frac{1}{2} \div 2\frac{3}{8}$$

$$\frac{8}{9} \div \frac{8}{7} \div \frac{7}{6} \div \frac{6}{5} \div \frac{5}{4}$$

거듭제곱과 0과 1, 여러 개의 약분 등을 다룬 문제로 중학교에서는 여기에 문자까지 추가될 것이다. 숫자가 많지만 직접 풀어보면 쫙쫙 약분이 되어 아이들이 오히려 재미있어한다.

분수의 사칙연산을 할 수 있어도 넘어가지 않고 많이 연습해야 하는 이유는 단순히 연산만의 문제가 아니라 최대공약수와 최소공배수가 곧바로 나오게 하는 데 있다. 중·고등학교에서도 문제에 분수가 하나도 나오지 않는데 분수 문제라고 하는 것은 바로 최대공약수와 최소공배수가 쓰이기 때문이다. 수학이 어려워지는 이유는 모두 분수 때문이다.

분수는 수학을 잘하게 하는 필수 과정이고, 이를 배우는 5학년 시기를 놓쳐서는 안 된다. 6학년의 교과서는 분수의 나눗셈을 끝으로 그동안 배웠던 분수의 사칙연산을 섞어서 물어보지 않는다. 분수의 덧셈, 뺄셈을 배우고 분수의 곱셈을 배울 즈음 대다수의 학생은 분수의 덧셈, 뺄셈을 잊어버린다. 그런데 6학년에서 분수의 나눗셈을 배울 때는 까맣게 잊은 분수의 덧셈, 뺄셈을 점검할 수 있는 문제가 없다. 그러면 자칫 중학교 3학년에서 낭패를 볼 수 있다.

나중에 다시 한 번 강조하겠지만, 분수의 사칙연산이 흔들리면 초등 수학을 했다고 할 수 없다. 분수가 흔들리면 중학 수학은 이유도 모르고 더 흔들리다가 중학교 3학년 때 수포자가 될 것이다.

분수의 나눗셈은 분모끼리 나누면 안 될까?

분수의 곱하기가 분모끼리 분자끼리 곱이었으니, 분수의 나눗셈은 분모끼리 분자끼리 나누면 안 될까? 당연히 된다. 곱해서 만들어진 것을 원래대로 바꿀 수 없다면 곱셈도 성립하지 않는다.

그러나 분모끼리의 나누기가 가르치고 싶지 않은 '번분수'로 갈까 봐 알려주지 않는 것이다. 번분수란 번잡한 분수라는 뜻이다. 예를 들어 ' $\frac{2}{3} \div \frac{3}{4}$ '은 $\frac{2 \div 3}{3 \div 4}$ 이 되고, 다시 분모와 분자에 분수가 만들어져 ' $\frac{2 \div 3}{3 \div 4} = \frac{\frac{2}{3}}{\frac{3}{4}}$ '처럼 번잡하게 된 분수를 말한다.

굳이 번분수를 만들 필요는 없다. 그러나 분모끼리 분자끼리 나누어지는 분수는 이야기가 달라진다. ' $\frac{4}{9} \div \frac{2}{3} = \frac{4 \div 2}{9 \div 3} = \frac{2}{3}$ '와 같이 계산이 간단해지며, 특히 분모가 같을 때는 ' $\frac{5}{12} \div \frac{7}{12} = \frac{5}{7}$ ', ' $\frac{5}{12} \div \frac{1}{12} = 5$ '처럼 무척 유용하다. 유튜브 '조안호 수학연구소TV'에서 분수와 관련하여 좀 더 확장된 것들, 번분수나 가비의 이 등에 대해 자세히 설명하고 있으니 참고하기 바란다.

+
÷
×

수의 범위에서
분수 생각하기

수의 범위를 쉽다고 하는 아이들이 많지만, 제대로 이해하는 아이는 적다. 모든 수는 수직선에 있다. 따라서 수의 범위는 수직선에서 그 범위를 나타내며, 그 표현 방법은 부등식이다.

그런데 부등식은 그 수를 포함하는지 안 하는지 여부가 항상 주된 문제다. 그러나 아이들은 수라고 하면 당연하다는 듯이 자연수에 한정시키고 있다. 수직선의 어느 구간에 있는 점은 무수히 많다. 따라서 어떤 수들 사이에는 자연수뿐만 아니라 무수히 많은 수가 존재한다고 생각할 줄 알아야 한다.

조선생의 수직선: 직선에 있는 점들을 수로 보는 직선

이상: 어떤 수보다 크거나 같은 수의 범위

이하: 어떤 수보다 작거나 같은 수의 범위

초과: 어떤 수보다 큰 수의 범위

미만: 어떤 수보다 작은 수의 범위

먼저 이상, 이하, 초과, 미만을 수직선에서 나타내고 그 수를 포함하는가(이상/이하), 포함하지 않는가(초과/미만)를 구분해야 한다. 그동안 부등호의 기호로 <, >만을 사용하였지만 이제 같다는 의미를 포함해 ≤, ≥를 사용한다. 그리고 이상과 이하 또는 초과와 미만으로 표현할 수 있어야 한다.

예를 들어 16과 21 사이의 수는 16 초과 21 미만인 수, 16에서 21까지의 수는 16 이상 21 이하인 수, 16보다 크고 21보다 작은 수는 16 초과 21 미만인 수, 16보다 크거나 같고 21보다 작거나 같은 수는 16 이상 21 이하인 수와 같다.

중학교에 올라가면 곧장 $16 < x < 21$, $16 \leq x \leq 21$, $16 < x \leq 21$, $16 \leq x \leq 21$을 설명 없이 쓰게 된다.

올림: 구하려는 자리의 아래 수를 올려서 나타내는 방법

버림: 구하려는 자리의 아래 수를 버려서 나타내는 방법

반올림: 구하려는 자리 바로 아래 수가 0, 1, 2, 3, 4이면 버리고, 5, 6, 7, 8, 9이면 올려서 나타내는 방법

교과서에 나오는 올림, 버림, 반올림 정의다. 하지만 나는 반올림 정의를 다음과 같이 정리한다.

반올림: 반 이상은 올리고, 반 미만은 버리는 방법

가장 먼저 반올림부터 알아야 한다. 아이들은 반올림을 '반을 올린다'고 말한다. 그런데 '반을 올린다'는 정확하게 반 이상을 올린다는 말이다. 좀 더 개념을 명확하게 해야 한다. 반올림은 '반 이상은 올리고 반 미만은 버린다'로 기억해야 한다. 그렇지 않으면 반 이상만 올리고 말아서 오답을 만든다. 다음 문제를 보자.

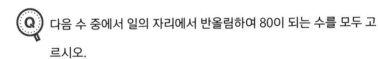
다음 수 중에서 일의 자리에서 반올림하여 80이 되는 수를 모두 고르시오.

> 81, 77, 75, 88, 74, 82

81, 77, 75, 82

아이들이 77과 75만을 쓰기도 한다. 문제의 '모두'라는 말에 밑줄을 그어주어도 찾지 못한다. 이처럼 '반 미만은 버린다'라고 생각하지 않으면 답을 못 찾는 것이다.

Q 일의 자리에서 반올림하여 130이 되는 수의 범위를 구하시오.

125 ☐ 135 ☐ 인 수

이상, 미만

반올림해 어림수를 만든다. 어림수란 '반올림하여 나타낸 수'를 말한다. 그런데 이 문제는 거꾸로 어림수가 나오는 수의 범위를 물은 것이다. 그 수의 포함 여부는 부등식에서 항상 중요한 문제이고 그 자체로도 많이 사용된다.

올림이나 버림은 '0'을 제외하고 모두 올리거나 버리면 된다.

Q 리본이 330cm 필요한데 가게에서 1m의 단위로 판다면 몇 m를 사야 합니까?

4m(올림)

Q 리본 330cm를 1m씩 끊어서 상자를 묶는다면 상자는 몇 개를 묶을 수 있습니까?

3개(버림)

이런 문제를 한두 번만 풀면 된다. 다음 문제를 살펴보자.

Q 높이가 각각 3m, 4m인 터널이 있습니다. 이 두 개의 터널을 모두 지날 수 있는 트럭의 높이를 고르시오.

① 3m 이하

② 3m 이상 4m 미만

③ 4m 미만

④ 3m 초과 4m 미만

⑤ 3m 미만

⑤

생각해보면 무척 쉬운 문제임에도 많은 아이가 틀린다. ④라고 쓰는 경우는 문제를 잘 읽지 않고 쓴 것이다. 주어지는 조건을 충실히 따르기만 해도 답이 보이는 문제다.

도형

초등 도형에서 가장 중요한 것을 꼽으라고 하면 변, 각, 넓이, 닮음, 대칭이다. 이 중 5학년의 도형은 도형의 넓이와 대칭이라는 개념을 배우기 때문에 전 학년에서 배우는 도형 중에서 가장 중요하다. 도형을 공부하는 방법은 기존의 수 연산 공부와는 다른 특징이 있다.

도형은 관계적 이해가 필요하다

첫째, 도형은 한 번에 해결하자. 매일 조금씩 하기보다는 연습이 필요한 부분을 제외하고 한꺼번에 하는 것이 좋다. 다른 단원과 달리 계통성이 현저히 떨어지는 도형은 내가 언급하는 정의만 외운다면, 이전 학년의 부족한 부분은 그리 문제되지 않는다. 4학년 이상이라면 6학년까지의 도형 공부를 한꺼번에 해도 상관없다. 이어지는 개념은 하나의 틀에서 뻗어가야 해서 한꺼번에 하는 것이 더 효과적이다.

둘째, 도형의 정의를 외우자. 정의를 이용해 정리, 성질, 원리 등을 증명하는 법을 배워야 한다. 이 부분을 활동 수학으로 대체해서는 안 된다.

셋째, 정의나 정리 등이 아닌 것은 활동 수학으로 대체하자. 도형은 직접적으로 각을 재고 전개도, 겨냥도 등을 그리는 연습이 필요하다. 물론 직접적인 수학 문제가 아니어도 괜찮다. 집에서 키 재기, 몸무게 재기, 물건을 살 때 양을 확인하기, 요리할 때 계량 수저 등을 사용하기, 직접 선물 포장하기, 상자 만들기, 목공 하기 등은 입체적인 학습이다. 그러면 보이지 않는 것을 생각하는 유추 능력까지 길러진다. 집에서 쉽게 할 수 있고 수학에 도움이 되는 방법을 몇 가지 소개하겠다.

① 바둑돌 놀이로 십진법, 짝수와 홀수, 삼각수 가르치기

② 시계나 달력으로 놀이하기

③ 줄넘기 줄 돌리기나 컴퍼스 없이 원 그리기

④ 학귀산 문제를 나무토막으로 해보기

⑤ 거스름돈 계산하기

⑥ 각도기로 각 재기

⑦ 피자나 사과 나누기로 분수 가르치기

⑧ 다양한 도형을 대각선으로 삼각형 만들기

⑨ 데칼코마니로 대칭 가르치기

⑩ 박스 단위로 된 음료 세기로 넓이와 부피 가르치기

삼각형으로 구하는
모든 도형의 넓이

$+$
$\div$
$\times$

5학년 1학기 수학 교과서 140쪽 중에서 40쪽을 둘레의 길이 공식과 직사각형, 평행사변형, 삼각형, 마름모, 사다리꼴의 넓이 공식을 유도하는 데 사용한다. 수학 공식이 깔끔하게 정리되어 좋아 보이지만, 그만큼 말끔하게 잊어버린다는 사실을 기억해야 한다. 많은 중학생이 초등학교에서 외운 사각형들의 공식을 다 잊어버리고 스스로 도형을 못한다고 생각하기 때문이다.

　도형에 자신이 없다고 하는 아이들에게 "직사각형과 삼각형의 넓이는 구하니?"라고 물으면 대부분 직사각형과 삼각형의 넓이는 안다고 한다. 그러면 나는 다시 "초등학교에서 배웠던 많은 사각형의 넓이 공식은 모두 필요가 없는 것이니 다 잊어버려도 된다"고 말한다. 아이에게 자신감을 북돋아주려고 그냥 하는 말이 아니다. 직사각형과 삼각형의 넓이 공식만을 가르치고 다른 모든 둘레의 길이나 다양한 사각형의 넓이는 공식 없이 구할 수 있어야 한다.

공식 없이 넓이를 못 구한다면 잘못된 교육이다. 이 책에서는 평행사변형, 마름모, 사다리꼴의 넓이 공식을 아예 다루지 않을 것이다. 사각형에 대각선을 하나 그으면 삼각형 두 개가 되고, 그 넓이를 구해서 더하면 모든 공식은 안 외워도 된다. 삼각형 두 개를 계속 구하다가 귀찮아져서 만든 것이 공식이다. 공식을 외우는 대신에 직사각형과 삼각형의 넓이는 더 충실히 공부해야 한다.

삼각형의 넓이를 확실히 공부하자

모든 도형의 넓이를 구하는 것은 직사각형이다. 그러나 직사각형만으로 모든 넓이를 커버하기에는 많은 귀찮음이 도사리고 있어 삼각형의 넓이까지는 직관적으로 나와야 한다. 삼각형의 넓이를 완전하게 하면, 모든 도형의 넓이 공식은 필요 없다. 단순히 넓이만 구하면 된다는 생각에서 벗어나 반드시 다음 생각까지 할 수 있어야 삼각형을 제대로 한 것이다.

첫째, 세 변 중에 무엇을 밑변으로 볼 것인가 생각해야 한다. 높이가 주어지는 것을 밑변으로 해야 하는데, 밑변이 무엇인지 모르는 아이들은 삼각형을 돌려만 놓아도 혼동한다. 그래서 돌려져 있는 직각삼각형의 넓이를 못 구하는 중학생도 많다.

둘째, 삼각형은 직사각형의 절반이라는 생각을 명확히 해야 한다.

셋째, 밑변과 높이만 같으면 어떤 삼각형이든지 그 넓이는 같다는 것을 생각해야 한다.

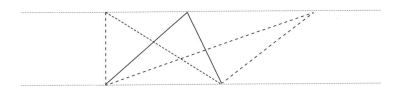

넷째, 밑변과 높이가 같은 여러 개의 삼각형의 합은 밑변과 높이가 같은 한 개의 삼각형의 넓이와 같다는 것을 생각해야 한다. 이것을 몰라서 중학교의 증명 문제에서 헤매는 아이가 많다.

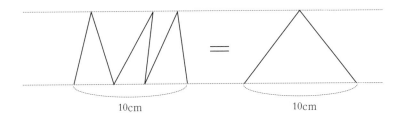

이 네 가지를 확실히 알아야 다른 도형의 분할과 합성 조작을 원활하게 할 수 있다.

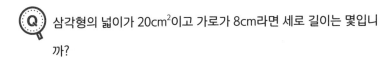

삼각형의 넓이가 20cm²이고 가로가 8cm라면 세로 길이는 몇입니까?

5cm

이런 문제는 수가 분수로 나오면 아이들이 많이 틀린다. 잘한다면 삼각형의 넓이를 구하는 가로와 세로의 곱을 2로 나누어야 한다는 생각에서 벗어나자. 삼각형을 두 배로 하면 직사각형이 만들어진다. 그 사각형의 넓이는 40cm²이니 세로 길이는 40에서 8을 나눈 5cm가 된다.

다양한 사각형의 넓이 공식을 가리자

공식으로 외워서 도형의 넓이를 해결하려는 방법은 위험하다. 공식 없이 문제를 푸는 것이 어렵지는 않지만 손이 많이 가는 것은 사실이다. 도형의 넓이를 해결하는데 필요한 생각은 두 가지다.

어떻게 하면 직사각형이 될까?
어떻게 하면 삼각형이 될까?

사각형에는 규칙 없이 만들어진 것도 있지만, 한 쌍이 평행한 사다리꼴, 두 쌍이 평행한 평행사변형, 네 각이 같은 직사각형, 네 변의 길이가 같은 마름모, 네 각과 네 변이 모두 같은 정사각형도 있다.

이들을 겹치지 않도록 대각선(마주 보는 각의 꼭짓점에 그은 선)을 그으면 모두 삼각형으로 분할된다. 이 삼각형의 넓이를 각각 구하여 더하면 공식 없이도 사각형뿐만 아니라 오각형, 육각형, 원등 모든 도형의 넓이를 구할 수 있다.

공식을 알려주고 싶다면, 이렇게 공식 없이 도형의 넓이를 구할 수 있게 가르친 뒤에 하면 된다. 아이가 공식을 잊어버려도 모든 도형의 넓이를 구할 수 있다는 자신감을 가져야 한다. 삼각형으로 넓이를 못 구하는 도형의 넓이는 공식으로도 못 구한다. 중·고등학교로 가면서 도형에서 원하는 것을 구하기 위해서 도형에 '보조선을 긋는 일'이 가장 중요해진다. 지금은 꼭짓점을 잇는 것이 주된 작업이겠지만, 중학교에서는 평행하도록 긋거나 직각삼각형이 되도록 긋는 연습을 다시 해야 한다. 공식만 외운 아이들 중에는 사다리꼴에서 위의 변이 아래 변보다 작아야 하거나 마름모는 정사각형을 돌려놓은 것이라는 어이없는 생각을 하는 아이도 있다.

다음 문제는 오답이 많이 나오기도 하지만, 가르치는 방법의 한 예로 들어본다.

Q 다음 그림은 직사각형 두 개를 붙여서 만든 도형입니다. 직사각형 ㅂㄷㄹㅁ의 넓이가 150cm²일 때, 도형의 둘레 길이를 구하시오.

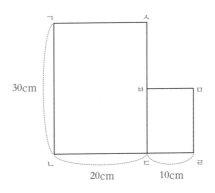

이 문제를 푸는 방법은 세 가지가 있다.

첫째, 둘레의 길이를 구하라고 했지만 각 변의 길이를 모두 더하면 된다. 아직 모르는 선분ㅁㄹ과 선분ㅂㅅ을 작은 직사각형의 넓이에서 구하면 15다. 각 변에 해당하는 선분을 모두 더하면, '선분ㄱㄴ(30)＋선분ㄴㄷ(20)＋선분ㄷㄹ(10)＋선분ㄹㅁ(15)＋선분ㅁㅂ(10)＋선분ㅂㅅ(15)＋선분ㅅㄱ(20)＝120(cm)'이 된다.

둘째, 두 직사각형의 둘레의 길이를 구하고 겹쳐진 부분을 처리한다. 큰 직사각형의 둘레의 길이는 100이고, 작은 직사각형은 50이다. 여기에서 조심해야 한다. 맞닿는 부분 15가 겹치기 때문에 30을 빼서 '100＋50−30＝120(cm)'이 된다. 이 문제를 풀 때 아이가 두 가지 방법을 모두 할 수 있으면 세 번째 방법을 알려준다. 보조선을 긋는 기준은 평행이다.

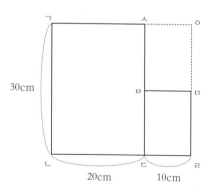

선분 ㅁㅂ과 선분 ㅇㅅ이 같고 선분 ㅂㅅ과 선분 ㅁㅇ이 같으니, 전체 둘레의 길이는 정사각형 ㄱㄴㄹㅇ과 같아서 '30 × 4 = 120(cm)'이 된다. 이 방법을 알려주면 아이들이 "왜 진작 알려주지 않았어요"라고 말한다. 이런 방법은 처음부터 알려주면 의미가 없다.

대칭의 위치에 있는 도형

＋
－
×

도형의 크기나 모양이 변하지 않는 이동에는 밀기, 뒤집기, 돌리기가 있으며, 그 중에 뒤집기는 대칭이동에 해당한다. 밀기에 해당하는 평행이동은 중·고등학교에서도 여전히 어렵지 않다. 돌리기는 중·고등학교에서 나오지 않아서 초등학교만 잘 넘기면 된다.

대칭이동은 무척 중요하고 함수에서 대칭을 다룬다면 무척 어려운 문제가 될 것이다. 그런데 초등학교에서 배운 것이 거의 전부다. 그래서 대칭의 정의나 내가 적은 중요한 특징 등을 고등학교까지 계속 기억해야 한다.

대칭이란 '기준이 되는 점이나 직선 또는 평면을 사이에 두고 같은 거리에서 마주 보고 있는 것'이다. 점인 경우에는 점대칭, 직선인 경우에는 선대칭, 또 평면인 경우는 면대칭이라고 한다. 이 중에 면대칭은 저학년에서 거울에 비추어보는 활동으로 이해해, 여기서는 선대칭과 점대칭만 다루겠다.

교과서에서는 한 직선을 따라 접었을 때 완전히 겹치는 도형을 선대칭도형이라 하고, 그 직선을 대칭축이라고 한다. 대칭축을 따라 접었을 때, 겹치는 점을 대응점, 겹치는 변을 대응변, 겹치는 각을 대응각이라고 한다.

한 도형을 어떤 점을 중심으로 180도 돌렸을 때 완전히 겹치면 점대칭도형이라 하고, 그 점을 대칭의 중심이라고 한다. 대칭의 중심을 기준으로 180도 돌렸을 때 완전히 겹치는 점을 대응점, 겹치는 점을 대응점, 겹치는 변을 대응변, 겹치는 각을 대응각이라고 한다.

선대칭, 점대칭 순서로 배우자

아이들은 초등학교에서 가르치는 대칭을 크게 어려워하지는 않는다. 굳이 구분한다면 선대칭보다는 점대칭을 배우기가 좀 더 어려울 것이다. 그래서 선대칭을 가르치고 그 성질을 이용해 점대칭을 배우면 된다.

먼저 대칭을 배우기 위해서는 선행해야 할 활동이 있다. 종이를 반으로 접고 가위로 잘라 모양을 만들어 펼쳐보자. 접었던 선을 기준으로 양쪽이 같은 모양이 된다.

특히 데칼코마니 놀이를 권한다. 접었다가 편 종이의 한쪽 부분에만 물감을 잔뜩 풀고 다시 접어서 문지른 뒤 펴면 된다. 보통 나비 모양을 많이 만드는데, 대칭이 되는 동물을 하면 더욱 좋다. 데칼 코마니는 대부분 학교 미술시간에 하겠지만, 미술시간에는 수학적인 사실까지는 알려주지 않는다.

다음은 선대칭에서 반드시 알려주어야 할 내용이다.

① 두 대응점을 이은 선분이 대칭축과 수직으로 만난다.
② 두 대응점을 이은 선분이 대칭축과 만나는 점이 대응점 사이의 중점이다.

다음은 점대칭에서 반드시 알려주어야 할 내용이다.

① '대칭의 중심을 기준으로 180도 돌렸을 때 겹치는 도형'이라는 점대칭의 정의를 반드시 외운다. 나중에 아이들이 정의를 잊어버리고 '대칭의 중심으로부터 같은 거리'라고만 기억한다.
② 점대칭은 '본래의 선과 이동한 선이 나란하다'는 특성이 있다. 초등학교, 중학교의 점대칭은 꼭짓점이 있어 점대칭이 어렵지 않지만, 이 특성을 기억하지 못하면 꼭짓점이 없는 도형을 점대칭이동시키는 일이 쉽지 않게 된다.

교과서에서 알려주지 않지만 알아야 하는 내용도 있다.

① 어떤 도형을 대칭축을 중심으로 대칭이동시켰을 때, 두 도형을 선대칭의 위치에 있다고 한다. 그리고 이때 두 도형을 선대칭의 위치에 있는 도형이라고 한다.

② 어떤 도형을 대칭의 중심을 기준으로 180도 회전이동시켰을 때, 두 도형을 점대칭의 위치에 있다고 한다. 그리고 이때 두 도형을 점대칭의 위치에 있는 도형이라고 한다.

현재, 고등학생들이 함수의 그래프 안에서 대칭축을 중심으로 대칭이동시켰을 때 만들어지는 '선대칭의 위치에 있는 도형'을 '선대칭도형'과 혼동하고 있다. 그래서 내가 고등학생들에게 '선대칭도형'과 '선대칭의 위치에 있는 도형'의 차이를 가르치고 있다. 이 학생들은 초등학교에서 '선대칭의 위치에 있는 도형'을 배웠는데도 혼동한다.

그런데 교과 개정에 의해 지금은 '선대칭의 위치에 있는 도형'과 '점대칭의 위치에 있는 도형'을 아예 배우지 않는다. 아이들이 나중에 고등학교에 갔을 때, 어떻게 설명해야 할지 지금부터 걱정이다.

선대칭은 중학교 3학년의 함수에서 포물선의 x축, y축 대칭 문제로 만나거나 고등학교 1학년의 직선 대칭으로 만난다. 점대칭을 가장 많이 쓰는 것은 주로 원점 대칭인 함수들이다. 이런 점대칭도형은 아이들이 곧잘 한다. 그런데 문제는 일반 도형을 점대칭이동시키라고 하면 대부분 난감해한다. 점대칭의 정의도 잊어버렸고,

점대칭의 위치에 있는 도형을 배우지 못했으며, 앞에서 내가 강조한 점대칭이동시킨 도형이 나란하다는 말도 잊어버렸기 때문이다.

TIP

아이들이 자주 틀리는 수학 개념

● 둘레와 넓이

초등학교 6학년 아이에게 변의 길이가 모두 주어진 삼각형의 둘레 길이 문제를 풀라고 했다. 삼각형의 둘레를 연필로 표시해보라고 하자 삼각형을 포함하는 큰 원을 그렸다. 이때만 해도 나는 상황을 이해하지 못하고, "장난하지 말고 잘 그려봐" 하며 큰 원을 지워주었다. 그러자 이번에는 아이가 삼각형 안에 작은 원을 그렸다. 비로소 나는 아이가 '둘레'라는 말을 모른다는 사실을 깨달았다.

그래서 물어보았다. "너, 둘레라고는 허리둘레밖에 모르는 구나!" 맞다고 했다. 허리둘레밖에 모르는 아이가 둘레는 모두 둥그렇다고 생각한 것이다. 교과서에서 둘레의 길이는 직사각형에서 처음 배운다. 이때 교과서에서는 둘레의 길이를 직접 재는 체험 활동 대신에 쓸데없이 둘레의 길이를 구하는 공식을 만들게 한다.

간혹 아이들 중에 직사각형 둘레의 길이를 구하라는 문제에서, '가로×세로'를 하는 아이도 있다. 그것을 본 선생이나 부모는 아이가 넓이 구하기를 착각했다고 생각하지만 그렇지 않다. 문제 그대로 아이는 둘레 길이를 혼동한 것이다.

교과서에서 직사각형의 둘레 길이를 구하는 공식을 '(가로＋세로)×2'라고 배웠기 때문이다. 아이들은 이 공식을 외웠다가 잊어버리고, 머릿속에 무언가 곱했다는 기억만 남아 있다.

공식 필요 없이 그냥 직사각형, 평행사변형, 마름모의 둘레 길이를 직접 재면 되는데, 왜 굳이 공식을 가르쳐 아이들을 혼란스럽게 만드는지 모르겠다. '같은 수의 더하기가 곱하기'라는 사실을 안다면 공식을 못 만들어도 상관없고, 아이 스스로 공식을 만들 수도 있다.

● 유클리드의 공리

초등학교에서 고등학교까지 배우는 기하학은 대부분 유클리드의《기하학원본》의 내용이다. 그런데 보통 사람들은 도형에서 기껏해야 먼저 변이나 각을 보는데, 유클리드는 점을 가장 먼저 보았다. 점을 최소 단위로 본 그의 위대함이 2000년이 지난 지금까지도 위력을 발휘한다는 사실에 다시 한 번 감탄하게 된다.

크기가 없는데 어떻게 선이 만들어지는지 생각할수록 미궁에 빠진다. 이런 것을 무정의 용어라고 하는데, '점', '직선', '~위에 있다', '~와 ~사이', '합동' 등이 무정의 용어에 해당한다. '~위에' 같은 무정의 용어는 아이들을 무척 혼동시킨다. 최소한 이런 내용을 가지고 아이가 중학교에 올라가기 전에 한 번쯤 함께 생각하는 시간을 갖자. 다음에 나오는 유클리드의 공리 23개도 관심이 있다면 살펴보기 바란다.

① 점은 부분이 없는 것이다.

② 선은 폭이 없는 길이다.

③ 선의 끝은 점이다.

④ 직선이란 그 위의 점이 평평하게 놓여 있는 선이다.

⑤ 면이란 길이와 폭만을 갖는 것이다.

⑥ 면의 끝은 선이다.

⑦ 평면이란 그 위에 직선이 평평하게 놓여 있는 면이다.

⑧ 평면각이란 한 평면 위에 있고 서로 만나며, 한직선이 되지 않는 두 선 사이의 벌어진 정도이다.

⑨ 그리고 각을 이루는 선이 직선일 때 그 각을 직선각이라 한다.

⑩ 한 직선 위에 세워진 한 직선이 서로 같은 접각을 만들 때, 그 같은 각은 각각 직각이다. 또한 직각을 만든 쪽의 직선을 처음 직선에 대하여 수선 이라고 한다.

⑪ 둔각이란 직각보다 큰 각이다.

⑫ 예각이란 직각보다 작은 각이다.

⑬ 경계란 물건의 끝이다.

⑭ 도형이란 한 경계 또는 몇 개의 경계로 둘러싸인 것이다.

⑮ 원이란 그 도형의 내부에 있는 한 점으로부터 그 선(원)까지 이르는 모든 선분(반지름)의 길이가 서로 같은 선으로 둘러싸인 평면도형이다.

⑯ 그리고 그 점을 원의 중심이라고 한다.

⑰ 원의 지름이란 중심을 지나서 그어지고 양쪽 방향 모두 원주에서 끝나고 있는 임의의 선분을 말한다. 또 그와 같은 선분은 원을 2등분한다.

⑱ 반원이란 지름과 그 지름에 의하여 잘려진 원주로 둘러싸인 도형을 말한다. 또 반원의 중심은 원의 중심과 같다.

⑲ 직선도형이란 몇 개의 직선으로 둘러싸인 도형이고, 삼변형은 세 직선으로, 사변형은 네 직선으로, 다변형은 4개보다 많은 직선으로 둘러싸인 도형을 말한다.

⑳ 삼변형 가운데 등변삼각형이란 3개의 같은 변을 가진 것이고, 이등변삼각형이란 2개의 같은 변을 가진 것이다. 또한 부등변삼각형이란 3개의 같지 않은 변을 가진 것이다.

㉑ 더욱이 삼변형 가운데 직각삼각형이란 한 직각을 가진 것이고, 둔각삼각형이란 하나의 둔각을 가진 것이고, 예각삼각형이란 3개의 예각을 가진 것이다.

㉒ 사변형 가운데 정사각형이란 등변이고 같은 각을 가진 것이고, 직사각형이란 네 각이 직각인 것, 마름모란 네 변의 길이가 같은 것, 편마름모란 서로 같은 대변과 대각은 있지만 등변이거나 각이 직각이 아닌 것을 말한다. 그 외의 사변형은 부등사변형이라 한다.

㉓ 평행선이란 동일 평면 위에 있고, 양쪽으로 얼마든지 연장해도 어느 방향에서도 만나지 않는 두 직선을 말한다.

6학년 수학 개념
이렇게 먹어야 한다

6학년을 위한 수학 통역

주안점	분수의 사칙연산 확인
교과서 목차	1학기: 분수의 나눗셈, 각기둥과 각뿔, 소수의 나눗셈, 비와 비율, 여러 가지 그래프, 직육면체의 부피와 겉넓이 2학기: 분수의 나눗셈, 소수의 나눗셈, 공간과 입체, 비례식과 비례배분, 원의 넓이, 원기둥·원뿔·구
교과서 중요 개념	각기둥과 각뿔, 비와 비율, 백분율, 직육면체의 부피와 겉넓이, 비의 성질, 비례식의 성질, 비례배분, 원의 넓이, 회전체
교과서에 없는 중요 개념	분수의 사칙연산 확인, 혼합계산 순서의 업그레이드, 나눗셈의 정리, 소수점의 위치 이동 이유, 비와 관련된 것을 모두 분수로 설명하기, 등식의 성질로 방정식 풀기, 분수의 완성을 확인하는 문장제

조선생의 교과서 분석

6학년 수학 교과서는 크게 분수의 나눗셈, 비율과 비례, 원의 넓이, 직육면체의 부피와 회전체로 구성되어 있다. 소수와 비에 관한 것은 모두 외우고, 도형은 겨냥도나 전개도를 그리면서 많은 시간을 할애한다. 말하자면 머리를 써야 하는 게 거의 없다.

6학년에서 도형 부분은 원과 입체도형을 다룬다. 원의 둘레와 넓이, 각기둥, 각뿔, 직육면체의 부피와 겉넓이, 회전체 등은 특별한 노력 없이 그냥 학교 진도에 맞춰서 하면 된다. 그리고 학교 수업 외에 부모가 별도로 준비해야 할 것들이 있다. 아이가 중학교에 올라가기 전에 시간을 들여서 충분히 연습해야 하는 것들이다.

분수의 사칙연산을 확인하고 소수의 나눗셈, 비와 비율, 비례식, 비례배분을 분수로 설명해야 한다. 길어야 3~4개월이면 모두 끝낼 수 있다. 그다음 등식의 성질로 방정식 풀기, 분수의 완성을 확인하는 문장제 등을 풀고 중등 수학으로 넘어가도 좋다.

＋ ÷ 분수의
× 　 사칙연산

초등 수학에서 가장 중요한 것이 분수다. 초등 5학년에서 분수의 덧셈, 뺄셈, 곱셈까지 배우고 6학년에서는 나눗셈을 배운다.

　　분수의 사칙연산을 배웠으면 당연히 혼합해서 아무거나 물어보아야 하는데, 지금 교과서에는 그 부분이 빠져 있다. 예전에는 분수의 사칙연산이 끝나고 나면 혼합해서 아무거나 물어보았고 그 덕분에 아이들이 분수에서 부족한 부분을 보충할 수 있었다. 그런데 지금은 그런 단원이 사라져 아이들이 분수에 부족한 부분이 있는지 없는지도 모르는 상태로 중학교에 올라가게 되었다. 참으로 안타까운 일이다. 교과서에 없는 단원은 학원에서도 가르치지 않는다.

　　나도 초등학교 6학년 때 분수의 사칙연산을 놓친 적이 있다. 그런데 담임 선생님은 내가 잘하는 줄 알고, 분수의 셈을 못하는 아이들의 나머지 공부를 도와주라고 시켰다. 그래서 방과 후 친구들을 공부시키면서 분수의 사칙연산을 완전히 이해할 수 있었다. 그리고 선생이 되어 아이들을 가르치면서 만약 내가 그때 분수를 잡지 못했다면 이유도 모르고 수포자가 되지 않았을까 생각하게 되었다.

6학년 학생의 최소 절반 이상이 분수의 덧셈, 뺄셈을 잊어버린다. 절반이나 잊어버린다는 말을 믿지 못하겠지만 절반보다 훨씬 더 많은 아이가 분수의 셈을 못한다. 분수의 셈을 많이 하고, 분수를 놓친 아이들에게 보충 수업을 했을 때도 중학생 수학 수포자가 절반이 넘었다. 지금처럼 분수의 연산이 적고 분수를 확인하지 않는 상황에서는 수학을 포기하는 아이들이 전체의 반을 훨씬 넘을 것이다.

간절히 호소한다. 이제 믿을 사람은 부모밖에 없다. 아이의 분수 사칙연산 실력을 반드시 확인해야 하고, 만일 실력이 부족하다면 모든 것을 뒤로 미루고 분수부터 잡아야 한다.

중학교에 가기 전 반드시 분수를 잡자

중학교에 넘어가면 분수를 잡을 수 없는 이유가 있다.

첫째, 아이 스스로 분수의 연산을 못하는 줄 모른다. 중학생의 절반이 분수의 사칙연산을 못하는데, 모두 할 줄 안다고 착각하고 있다. 그래서 분수의 덧셈을 할 줄 아냐고 물어보면, 대부분 할줄 안다고 대답한다. 아이에게 가장 쉬운 분수의 덧셈을 물어보자. 답이 바로 나오면 아는 것이고 미적거리면 모르는 것이다.

둘째, 수학을 보는 사고방식이 달라졌다. 초등학교 때는 아이가 '2+3'처럼 쉬운 문제를 매일 풀면서 연습이라고 생각한다. 그런데 중학교에 올라가서는 생각이 달라진다. 연습이 아니라 풀 수 있다와 풀 수 없다로 문제를 바라보기 시작한다. 그래서 초등 수학 문제를 보면서 왜 풀 수 있는 쉬운 문제를 풀어야 하느냐며 거부한다. 그리고 쉽다고 했던 문제를 틀리면 창피해서 더 화내고 거부한다. 중학교에 올라가서 조금만 지나면 절대 스스로 부족한 초등 분수를 잡으려 하지 않을 것이다.

셋째, 중학교 1~2학년에서는 분수의 셈이 거의 쓰이지 않는다. 점점 더 쉬워지고 분수 연산과 관련된 문제가 거의 없다. 설사 있다고 해도 등식의 성질로 정수 계수의 방정식을 만들면 된다. 그래서 시험에서 분수 관련 문제를 몇 개 틀려도 70~80점을 받을 수 있다. 그러다가 중학교 3학년이나 고등학교에서 분수가 급격하게 많아진다.

넷째, 남이 분수의 연산을 푸는 것을 보면서 자기도 분수의 연산을 안다고 착각한다. 분수를 초등학교 3학년 때부터 배웠다. 못해도 4~5년을 배웠고, 이해하지 못하고 기억하지 못해서 그렇지 연산의 방법을 모르는 것은 아니다. 설명하면 알아듣지만 직접 풀려고 하면 안 되는 것이다. 자신에게 관대한 사람은 절대 자신의 부족한 부분을 알아차릴 수 없다. 중학교 3학년에서 분수를 못하는 아이는 모두 수포자가 된다.

다섯째, 할 줄 안다 해도 암산 5~6개를 잡지 못했다. 분수의 연산을 충실히 하면 최대공약수와 최소공배수가 곧바로 나오고 암산 5~6개가 되어, 암산 6~8개를 해야 하는 중학교 3학년 인수분해를 잘 넘길 수 있다. 그런데 암산을 5~6개 연습할 수 있는 과정이 분수의 연산밖에 없다. 간신히 분수 연산을 할 줄 알고 인수분해를 이겨 냈다고 해도 고등학교에 올라가면 필요한 암산은 10개로 늘어나고, 빠른 인수분해 능력을 요구한다. 모든 것을 끝까지 이겨 내면 고등학교 3학년 즈음에는 속도가 날 것이다. (그런 학생이 거의 없지만 불가능하지는 않다.) 내가 그 전철을 밟아봤기 때문에 아이들에게는 그 힘든 길을 가지 않게 해주고 싶은 마음이다.

분수의 연산이 끝나면 매일 한 번씩 암산하자

분수의 사칙연산을 연습했다면, 다음 문제들을 책상 근처에 붙여 놓고 매일 한 번씩 암산을 해보기를 권한다. 적어도 1년간 지속하고, 중학교에서도 분수 연산이 틀린 날이면 반드시 하기 바란다.

① $7 - \dfrac{1}{3} = \Box$ ② $\dfrac{1}{2} + \dfrac{1}{3} = \Box$

③ $2\dfrac{1}{2} + 1\dfrac{1}{3} = \Box$ ④ $3\dfrac{1}{2} - 1\dfrac{1}{3} = \Box$

⑤ $3\dfrac{1}{3} - 1\dfrac{1}{2} = \Box$ ⑥ $\dfrac{1}{2} \times \dfrac{1}{3} = \Box$

⑦ $6 \times \dfrac{1}{2} = \Box$ ⑧ $1\dfrac{1}{2} \times 1\dfrac{1}{3} = \Box$

⑨ $8 \div 3 = \Box$ ⑩ $\dfrac{1}{2} \div \dfrac{1}{3} = \Box$

⑪ $3 \div \dfrac{1}{2} = \Box$ ⑫ $\dfrac{1}{2} \div 3 = \Box$

① $6\frac{2}{3}$ ② $\frac{5}{6}$ ③ $3\frac{5}{6}$ ④ $2\frac{1}{6}$ ⑤ $1\frac{5}{6}$ ⑥ $\frac{1}{6}$
⑦ 3 ⑧ 2 ⑨ $\frac{8}{3}$ ⑩ $\frac{3}{2}$ ⑪ 6 ⑫ $\frac{1}{6}$

소수를 분수로 바꾸는 문제도 풀어보자.

① $1.5 = \Box$ ② $6.25 = \Box$

③ $3.75 = \Box$ ④ $12.125 = \Box$

⑤ $0.375 = \Box$ ⑥ $0.625 = \Box$

⑦ $0.875 = \Box$ ⑧ $0.05 = \Box$

① $1\frac{1}{2}$ ② $6\frac{1}{4}$ ③ $3\frac{3}{4}$ ④ $12\frac{1}{8}$
⑤ $\frac{3}{8}$ ⑥ $\frac{5}{8}$ ⑦ $\frac{7}{8}$ ⑧ $\frac{1}{20}$

소수의 나눗셈

+ ÷ ×

이 책에서 내가 의도적으로 다루지 않은 것들이 있다. 큰 자연수의 사칙연산, 큰 수의 길이나 무게 등의 측정연산, 소수의 사칙연산이다. 이해만 해도 되고, 연습할 필요가 없고, 교과서에서 다루는 정도로 충분하다.

초등학교 6학년에서 1~2학기 연속으로 소수의 나눗셈을 다룬다. 혹시 많이 다루니 중요하다고 생각할까 싶어 미리 말한다. 내가 의도적으로 다루지 않았을 뿐 5학년 교과서에서 소수의 곱셈에 20쪽을 할애한다. 소수의 곱셈은 소수를 분수로 고쳐서 곱하면 되고, 역시 소수의 나눗셈은 소수를 분수로 고쳐서 나누면 된다. 소수의 연산은 규칙 하나로 모든 계산이 끝난다.

소수의 곱셈, 나눗셈은 모두 분수로 이해하자

조선생의 소수 연산의 규칙: 소수의 덧셈, 뺄셈은 자릿값을
맞추고, 소수의 곱셈과 나눗셈은
분수로 바꿔서 계산함

'0.8×0.9'의 답이 0.72라는 사실을 설명하기 위해 '곱의 소수점 위치 관계'를 언급할 필요가 없다. 그냥 분수로 바꿔서 약분만 하지 않으면 규칙이 보인다.

$$① \ 0.8 \times 0.9 = \frac{8}{10} \times \frac{9}{10} = \frac{72}{100} = 0.72$$

간혹 중학생인데 '0.3×0.2'를 계산할 때 소수점을 2개 옮겨야 한다는 사실을 잊어 오답을 쓰는 아이가 있다. 그때도 분수로 바꿔서 계산한다는 것만 기억하면 헷갈리지 않을 것이다.

보통 소수의 곱셈을 가르칠 때 소수점 아래 숫자만큼 자릿수를 옮겨 소수점을 찍으라고 한다. 소수점을 왜 옮겨야 하는지 이유를 모르고 문제 푸는 방법만 알려주는 것이다. 그러면 아이가 훈련과 연습을 아무리 많이 한다고 해도 수학적 의미를 깨닫지 못할 가능성이 높다. 이해 없이 알고리즘만 알려주면 절차적 지식만 쌓이고, 문제를 많이 풀어도 이유를 알지 못한다.

초등학교 때 확실하게 형성된 지식은 중학교에 올라가 지식

을 쌓는데 촉진제 역할을 하지만, 부족하게 형성된 개념은 오히려 학습을 방해한다. 자신의 답이 정답인지를 확신하지 못하고, 답안이나 선생의 말에만 의지하게 된다.

② $2 \times 0.6 = 2 \times \dfrac{6}{10} = \dfrac{12}{10} = 1\dfrac{2}{10} = 1.2$

교과서에는 더 큰 수의 곱하기가 나오지만 큰 수는 나중에 쓰이지도 않는다. 나온다고 해도 분수로 바꿔서 곱하면 된다.

③ $8.2 \div 4 = \dfrac{82}{10} \div 4 = \dfrac{82}{10} \times \dfrac{1}{4} = \dfrac{41}{20} = 2\dfrac{1}{20} = 2.05$

소수를 한 자리 자연수로 나눌 때, 나누어 떨어지는 자연수는 4, 5, 8, 10이고, 나누어 떨어지지 않는 자연수는 3, 6, 7, 9이다. 소수의 나눗셈도 결국 앞에서 외웠던 $\dfrac{1}{2}$, $\dfrac{1}{4}$, $\dfrac{1}{8}$ 계열만 철저히 외우면 된다는 말이다.

④ $32.4 \div 0.6 = \dfrac{324}{10} \div \dfrac{6}{10} = \dfrac{324 \div 6}{10 \div 10} = \dfrac{54}{1} = 54$

⑤ $5 \div 1.25 = 5 \div \dfrac{125}{100} = \dfrac{5}{1} \times \dfrac{100}{125} = \dfrac{1}{1} \times \dfrac{100}{25} = 4$

$5 \div 1.25 = 5 \div 1\dfrac{1}{4} = \dfrac{5}{1} \div \dfrac{5}{4} = \dfrac{5}{1} \times \dfrac{4}{5} = 4$

⑤는 두 가지 방법으로 풀 수 있다.

5학년 소수의 곱셈, 6학년 소수 문제를 풀어보았다. 역시 소수를 분수로 바꾸면 된다는 생각과 5장에서 배운 7개의 소수를 더 외워야 한다는 생각밖에 들지 않을 것이다. 7개 소수는 다시 비와 비율에서 위력을 발휘하게 된다.

우리가 소수를 분수로 바꿀 때 분모에 10, 100, 1000 등을 사용했다. 교과서와 같은 것을 푸느니 이 분모를 이용하는 것에 더 머리를 쓰게 하자.

10을 소수들의 곱으로 나타내면 '2×5'이고, 100은 '10×10'이므로 '2×5×2×5'로 바꾸면 2가 2개, 5가 2개 곱해진 수이다. 마찬가지로 1000은 '10×10×10'으로 2가 3개, 5가 2개 곱해진 수이다. 그렇다면 10000은 2가 몇 개 곱해져 있을까? 당연히 2는 10을 나타내는 0의 개수만큼, 즉 4개가 곱해져 있다.

2나 5가 아닌 다른 소수, 3이나 7과 같은 소수들은 10의 거듭제곱이 만들어질 수 없다. 다음은 이것을 묻는 문제다.

 분모가 100인 분수로 나타낼 수 없는 것을 고르시오.

① $\frac{3}{4}$ ② $\frac{3}{5}$ ③ $\frac{8}{10}$ ④ $\frac{2}{9}$ ⑤ $\frac{4}{25}$

④

분수의 분모와 분자에 같은 수를 곱해도 크기는 변하지 않는다. 하지만 이 문제는 단순히 분모를 100인 수로 만들기 위한 문제로, 분모와 같은 수를 분자에 곱해주면 된다. 그런데 100은 2가 2

개, 5가 2개 곱해진 수라는 말을 기억하는가. ①의 4는 '2×2'이므로 '5×5'인 25를 분모와 분자에 곱해주면 100이 된다. ②는 5가 하나여서 '2×2×5', ⑤의 25는 '5×5'이므로 '2×2'를 곱해주면 100이 된다. 9는 '3×3'으로 어떤 수를 곱해도 100을 만들 수 없다.

Q 분수를 소수로 나타낼 때 소수점 아래의 수가 두 자릿수인 수를 고르시오.

① $\frac{3}{10}$ ② $\frac{3}{8}$ ③ $\frac{24}{25}$ ④ $\frac{19}{40}$ ⑤ $\frac{13}{125}$

③

이 문제를 풀기 위해 각 분수를 직접 나누어 풀어도 된다. 물론 처음에는 그렇게 해야 한다. 그러나 다음에는 소수점 아래의 수가 두 자릿수이므로 분모를 100으로 만드는 문제로 관점을 바꿀 수 있다. 그다음에는 8이 '2×2×2'이고, 125가 '5×5×5'임을 아는 것이 문제를 쉽게 푸는 해결책이다. 8과 125 두 수는 2나 5가 각기 3개이므로 1000을 만들 수 있다. 그러면 소수점 아래 숫자가 세 자릿수가 된다. ⑤의 분수를 소수로 나타내려면 분모와 분자에 8만 곱해주면 된다.

Q 다음 분수를 소수로 나타낼 때, 소수점 아래의 자릿수가 가장 많은 수를 고르시오.

① $\frac{11}{25}$ ② $\frac{7}{8}$ ③ $\frac{3}{16}$ ④ $\frac{17}{20}$ ⑤ $\frac{47}{50}$

③

거듭제곱수를 외워야 감각이 산다. 16이 2를 4번 곱해서 만들어진 수라는 것을 알면 금방 풀 것이다. 중학교 2학년의 순환 소수와 관련된 문제다.

나눗셈을 정리하자

나누기는 초등학교 3학년 교과서에서 10쪽에 걸쳐 설명해도 부족하다고 말했다. 이제 분수와 소수가 추가되었으니 나눗셈에 대해 조금 더 정리할 수 있게 되었다. 예전에 배운 것을 다시 정리할 때도 정의를 가져와야 한다.

나누기의 정의가 '같은 수의 빼기를 몇 번 했는지 세기 귀찮아서 만든 것'이라고 했는데, 이것은 포함제적 정의이다. 등분제로 보면 '분수'이고 분수를 다시 소수로 바꿀 수 있으니 나눗셈의 방법을 정리하면 다음과 같다.

$8 \div 3$

① $8 \div 3 = 2 \cdots 2$ (3학년/포함제)

② $8 \div 3 = \dfrac{8}{3}$ (6학년/등분제)

③ $8 \div 3 = 2.666 \cdots$ (6학년/등분제)

앞으로 나눈다고 할 때는 문제가 요구하는 것에 따라 나눗셈 방법을 다르게 해야 한다. 만약 같은 나누기라도 문제에서 나머지를 언급하면 ①번 식을, 소수점 아래를 언급하면 ③번 식을, 문제에서 아무런 언급이 없다면 ②번 식을 써야 한다.

예를 들어 문제에서 나머지를 언급하고 있는데, 자신은 $\frac{8}{3}$을 생각한다고 하자. 문제가 무엇을 말하는지 몰라서 실제로 많은 중·고등학생이 열심히 배운 나눗셈을 하나도 쓰지 못한다. 수학은 정의를 정확하게 하고 그에 따른 지식들을 계속 정리하고 살을 붙여 나가야 하는 과목이다. 추가로 다시 배워야 하는 나눗셈은 정수의 나눗셈과 다항식의 나눗셈이다.

비와 비율

$+$
$\div$
$\times$

6학년 수학에서 아이들은 비교와 비, 비와 분수와 비의 값, 비의 값과 비율 간의 관계 등을 어려워한다. 이것은 아이들만이 아니라 가르치는 선생들도 마찬가지다. 교과서에서 배우는 내용은 적은데 일상생활에서 더 많이 알게 되어 머릿속에서 정리가 안 되는 것이다. 하지만 하나하나 설명하면 이해할 수 있다. 다음은 내가 정리한 비의 정의다.

> 비: 두 수의 양을 상대적 비교를 위해 '(전항):(후항)'으로 나타낸 것

우선 비교와 비의 관계를 알아보자. 비라는 수학 용어를 다루기 전에 일상 용어인 비교가 무슨 뜻인지 알아야 공통점과 차이점을 알 수 있다.

비교와 비의 관계

비교에는 절대적 비교와 상대적 비교가 있으며, 그 의미는 2와 5를 가지고 설명할 수 있다.

① 절대적 비교는 빼서 알아보는 비교이다. 예를 들어 '2는 5 보다 3 작다' 또는 '5는 2보다 3 크다'처럼 기준이 되는 수로 빼서 알아보는 비교라고 할 수 있다.

② 상대적 비교는 나누어서 알아보는 비교이다. 예를 들어 '2는 5의 $\frac{2}{5}$배이다' 또는 '5는 2의 $\frac{5}{2}$배이다'처럼 나누었으니 역으로 다시 몇 배라고 할 수 있다.

비교의 두 가지 의미 중에서 비는 상대적 비교를 위해서 사용하는 용어이다. 그렇다면 상대적 비교는 모두 비가 되느냐 하면 그렇지는 않다. 비의 두 수 중에 어떤 것도 0이 있어서는 안 된다. 0에 어떤 수를 곱해도 0이 아닌 다른 수가 되지 않으니 상대적 비교를 할 수 없기 때문이다.

비와 분수의 관계

이번에는 비와 분수의 관계를 알아보자.

① 비는 수가 아니고 분수는 수이다.

② 비는 어디에도 0이 있으면 안 되고, 분수는 분모에만 0이 없으면 된다.

③ 비는 분수가 되는 경우가 있다.

다음 조건에서는 비를 분수로 바꿀 수 있다.

① 비의 항이 2개여야 한다. 만약 비의 항이 3개라면 분모와 분자밖에 없는 분수로 나타낼 수 없다.

② 두 항이 부분과 전체와의 관계라면 분수 $\frac{부분}{전체}$ 으로 나타낼 수 있다.

③ '(전항):(후항) =(비교하는 양):(기준량)'이라면 분수 $\frac{비교하는 양}{기준량}$ 으로 나타낼 수 있다.

비교 중에 상대적 비교가 되는 두 양을 비라 하고, 비가 항이 두 개이며 후항이 기준이 되는 상황에서만 분수가 된다고 할 수 있다. 그때 분수를 비의 값이라고 한다.

교과서에서는 무턱대고 '8:3'의 읽기를 '① 8 대 3, ② 3에 대한 8의 비, ③ 8의 3에 대한 비, ④ 8과 3의 비'라고 하는데, 그중에 ②와 ③은 후항이 기준이라는 언급이 없어서 엄밀하게 말하면 오류다. 그런데 교과서에서 다루는 비는 대부분 후항이 기준인 것들만 다루고, 또 대부분 분수로 만들어야 하기에 그냥 외우게 하는 것이다.

백분율과 비

비율: 기준량에 대한 비교하는 양의 크기를 분수 또는 소수로
나타낼 수 있는 것

비율의 종류: 비의 값(기준 1), 백분율(기준 100), 할·푼·리(기
준이 10, 100, 1000인 것을 모아 놓은 것)

분수의 의미에는 여러 가지가 있는데, 그중 몫의 의미도 있고
비의 의미도 있다.

예를 들어 $\frac{8}{3}$이라는 분수가 나눗셈에서 왔는지, 아니면 8:3
에서 왔는지 모른다는 말이다. 어찌 됐든 분수의 기준을 언급하면,
'분모이고 1이며 단위분수'라는 말이 자동으로 튀어나와야 한다.

비의 값과 비율을 구별하지 못하는 학생도 있다. 그것은 비의
값과 비율을 따로 가르쳐서 그런 것이다. 비율의 종류 중에 기준이
1인 것은 비의 값이고, 기준이 100인 백분율이 있는 것이다.

같은 비율이라도 백분율은 수가 아니고, 비의 값은 수이다.
백분율은 기준을 100으로 놓았을 때의 비율이고 퍼센트를 사용한
다. 퍼센트는 100의 1을 0과 0 사이에 넣은 것이다. 그래서 퍼센트
기호(%)가 붙어 있다면 100을 곱해서 만든 것이라고 생각할 수 있어
야 한다.

기준이 1인 분수(비의 값)를 기준이 100인 백분율로 나타내려
면 100을 곱해야 한다. 예를 들어 0.375를 백분율로 고치면 100을

곱해 37.5를 쓰고 퍼센트를 붙여서 37.5%라고 쓴다. 왜 백분율을 만들었는지에 대한 이해가 필요하다.

예를 들어 "철수는 수학 시험에서 20문제 중 17문제를 맞혔다"라고 하면 몇 점이라고 할 수 있는가? 만약 17점이라고 하면 듣는 사람은 기준 점수가 무엇인지 모른다. 그렇다고 '$\frac{17}{20} = 0.85$'점이라고 하면 이것은 평상시 사용하기에 너무 작은 수다. '17×5'를 하든 '$\frac{17}{20} \times 100$'을 하든 적당히 불편하지 않게 하기 위해서 만든 것이 백분율이다. 그런데 편리함을 위해 만든 백분율이 수가 아니고 수만이 계산된다는 사실을 배우지 못한 아이들이 백분률을 두려워하는 것이다. 미국에서도 85점을 85point가 아니라 85percent라고 쓴다.

비교하는 양을 구하는 법을 생각하자

(비교하는 양) = (기준량) × 비율

'비교하는 양'은 '기준이 되는 무언가에 분수를 곱하면 되는데, 그 분수가 비율이다'라고 생각하면 좀 더 쉬워진다.

'(비교하는 양) = (기준량) × 비율'에서 비율은 $\frac{(비교하는\ 양)}{(기준량)}$으로, 이것을 식에 대신 넣어보면 (비교하는 양) = (기준량) × $\frac{(비교하는\ 양)}{(기준량)}$이다. 문제를 풀면서 이해해보자.

별이네 반의 전체 학생 수는 50명입니다. 그중에서 22명이 남학생입니다. 남학생은 전체의 몇 %입니까?

44%

백분율, 즉 비율을 구하라는 문제다. 우선 기준량과 비교하는 양이 필요하다. 이 문제에서 기준은 반 전체인 50이 기준이다. 따라서 $\frac{22}{50}$이니 100을 곱하면 44%가 된다.

 어느 영화관의 좌석 수가 680석입니다. 전체 좌석의 75%에 사람들이 앉아 영화를 보고 있습니다. 영화를 보고 있는 사람은 모두 몇 명입니까?

510명

전체 좌석 수가 680석이고, 사람이 앉아 있는 좌석 수와 사람 수가 같다. 사람이 앉은 좌석 수를 구하면 문제가 묻는 사람 수를 알아낼 수 있다. 그런데 문제의 어디에도 비율 75%를 수(비의 값)로 바꾸어서 계산하라는 말이 없다. 백분율을 분수로 바꿀 줄도 알고, 또 분수의 계산을 할 줄 아는 아이들이 처음에 어려워하는 이유는 '수로 바꾼다'라는 생각이 머릿속에 아예 없기 때문이다.

문제를 계속 풀면 마치 아는 것처럼 외워서 이런 문제를 어려워하지 않겠지만 문제를 처음 풀 때는 수를 바꾸라는 말을 아이에게 꼭 해주어야 한다.

가에 대한 나의 비율이 99%라고 합니다. □ 안에 >, < 또는 =를 알맞게 써넣으시오.

가 □ 나

>   >

'~에 대한'이 붙어 있는 쪽이 기준이다. 분수로 바꾸면 $\frac{나}{가}$가 된다. 그런데 99%를 수로 바꾸면 0.99이고 이는 1보다 작은 수이다. 분수에서 1보다 작은 수는 진분수로 분모가 더 큰 수, 즉 '가'가 더 크다는 것을 알 수 있다.

비처럼 보이지만 비가 아닌 것이 있다

선생님, 4:0은 8:0과 같죠?

 그건 아니지.

수학 시간에 비는 양쪽 수에 같은 수를 곱하거나 나누어도 같은 것이라고 배웠는데요?

비는 한 값이 다른 값의 몇 배에 해당하는지 상대적 비교를 하는 것이다. 따라서 '4:0'과 같이 항에 0을 포함하는 것은 비가 아니다. 비가 아니니 비의 성질을 사용할 수도 없다.

올림픽 경기에서 '한국 대 미국, 미국 대 한국'이라고 말하는데, 이것은 기준이 바뀌기 때문에 비가 아니고, 역시 분수로 바꾸면 안 된다. 수학에서는 기준이 명확하다. '8:3'은 $\frac{8}{3}$, '3:8'은 $\frac{3}{8}$처럼 '비의 값'이 서로 달라서 바꿀 수 없다. 이렇게 다른 수이니 기준이 없을 때 비는 절대 분수로 바꿀 수 없다.

비의 성질을 이해하는 분수의 위대한 성질

＋
÷
×

앞에서 비는 분수로 바꿀 수 있는 것과 바꿀 수 없는 것이 있다고 말했다. 대부분 비는 분수로 만들어서 사용하고, 분수로 만들 수 없는 비는 활용에 제한이 많다. 그래서 비를 분수로 만들 수 있다면, 비가 아니라 전부 분수의 위대한 성질로 설명하는 것이 일관성 있다.

비와 비율, 비례식, 비례배분, 확률, 속력, 인구 밀도, 백분율, 축척, 비율 그래프도 모두 분수로 설명된다. 그러나 교과서에서는 비의 성질을 전항과 후항에 0이 아닌 같은 수를 곱하거나 나누어도 같다고, 마치 새로운 것이라는 듯이 알려준다. 분수를 비로 바꾼다면 새롭게 비의 성질을 가르칠 필요가 없다. 분수로 바꾸면 '분수의 위대한 성질', 즉 배분과 약분을 사용하면 그뿐이다.

예를 들어 '18:30'을 분수 $\frac{18}{30}$로 바꾸고 약분하면 $\frac{3}{5}$이다. 다시 비로 나타내면 '18:30 = 3:5'이다. '0.3:0.7 = $\frac{0.3}{0.7}$'으로 분모와 분자에 10을 곱하면 된다. 그런데 $\frac{0.3}{0.7}$을 $\frac{3}{7}$으로 고치지 않고 그냥 두어

도 되지 않느냐고 묻는 아이들이 있다. 안 된다.

분수의 분모와 분자는 자연수가 되어야 분수가 된다(중학교 이상에서는 정수이다). $\frac{0.3}{0.7}$은 따라서 분수가 아니다. '$\frac{1}{3}:\frac{1}{5}$'도 $\frac{\frac{1}{3}}{\frac{1}{5}}$로, 분모와 분자에 최소공배수 15를 곱하면 '5:3'이 된다. 이를 '번분수(번잡한 분수)'라고 한다. 5장 분수의 나눗셈에서 다룬 내용이다.

복잡해서 알려주지 않을 뿐 새로운 것은 없다. 그러나 나중에 배워야 한다며 굳이 지금 안 알려줄 필요도 없다. 나중에 중학교에서도 안 알려주는데 문제로 나온다. 그리고 고등학교에서는 갑자기 어려운 문제로 나와 처음에 아이들이 풀 때 어려움을 겪기도 한다. 생소해서 그렇지만 그냥 '분수 나누기 분수'다. 이것이 보인다면 '$\frac{1}{3}$ $\div\frac{1}{5}=\frac{1}{3}\times\frac{5}{1}=\frac{5}{3}$'가 된다. 개별적으로는 쉽지만 두 가지 개념을 연결시키면 어려워진다. 다음 문제를 보자.

 $\frac{5}{14}:\frac{10}{21}$을 가장 간단한 자연수의 비로 나타내시오.

3:4

먼저 각 항에 분모의 최소공배수 42를 곱하면 15:20이 되고, 다시 15와 20의 최대공약수 5로 나누면 3:4가 된다.

중학교에서는 같은 문제를 '$\frac{5}{14}:\frac{10}{21}$을 가장 간단한 자연수의 비로 나타내기 위하여 곱해야 하는 기약분수'라고 묻는다. 중간 과정에 있었던 것을 다시 분수로 나타낸 $\frac{42}{5}$로 묻는 것이다. 위의 문제를 곧잘 하는 아이들도 '3:$\frac{2}{7}$'처럼 간단한 문제에서 '21:2'가 아닌

'3:2'라고 쓴다. 워낙 머릿속에서 순식간에 일어나는 일이고, 많은 아이가 실수라고 한다. 이것은 각 항을 곱한다는 생각이 확실하게 자리잡지 않았기 때문이다. 성질이 조금 다르지만, 나중에 방정식에서 등식의 성질을 충분히 연습하면 괜찮아진다. 너무 걱정할 필요는 없다.

 $\frac{5}{14}:\frac{10}{21}$ 을 비의 값으로 나타내시오.

$$\frac{3}{4}$$

아이가 비와 비의 값을 구분한다면 이 문제를 주관식으로 풀게 하자. 비로 나타내고도 비의 값이 무엇인지 몰라 분수로 쓰지 못하는 경우도 많다.

비례식의 성질은 방정식을 만드는 방법이다

비례식은 두 비가 등호로 연결된 것이다.

교과서에서는 '2:5 = 8:20' 비례식에서 '2 × 20'과 '5 × 8'이 같으므로, 비례식의 성질을 '비례식에서 외항의 곱과 내항의 곱은 같다'라고 알려준다. 처음에는 '왜 곱할까?' 의문이 들기도 하지만 그렇게 하면 문제가 풀리니 아이들도 곧이곧대로 받아들인다. 이유를 모르고 외워도 당장은 잘 외워진다.

그러나 이유를 모르고 외우는 것은 오래가지 못한다. 중학교에서는 비례식을 모두 방정식으로 고쳐서 풀게 되는데, 많은 학생이 잊어버린다. 한 중학교 수학 교사가 "초등학교에서 비례식을 가지고 방정식 만드는 것을 배웠을 텐데, 아이들이 왜 이렇게 못할까요?"라고 질문한 적이 있다.

상호교류도, 연계도 안 된다는 말이다. 아이들이 비례식의 성질이라면서 외웠지만 사실 이유도 모르고, 그것이 방정식을 만드는 방법이라는 것도 배우지 않았다. 자신이 무엇을 하는지 모른다면 굳이 외울 필요가 없다고 본다. 그리고 비례식의 두 비를 분수로 만들면 분모와 분자에 0이 아닌 같은 수를 곱하는 배분과 나누는 약분이 되기에 굳이 연습을 많이 하지 않아도 된다.

내항의 곱과 외항의 곱이 같은 이유는 등식의 성질 때문이다. 그런데 아이들에게 등식의 성질을 아직 알려주지 않아서 무작정 외우게 하는 것이다. 내항의 곱과 외항의 곱에서 모르는 항이 포함되면 방정식이 된다. 그래서 아예 방정식을 등식의 성질로 풀고 비례식을 다시 설명한다.

비례식에 미지수가 있으면 방정식이 된다. 어차피 등호가 있는 모든 식은 등식의 성질로 푼다. 이런 중요한 원리는 일찍 많이 알려줘도 좋다.

비례배분

비례배분은 교과서에서 간단히 2쪽으로 설명이 끝나지만, 아이들이 많이 잊어버려서 중요하게 다루어야 할 단원이다.

비례배분: 전체를 주어진 비로 배분하는 것

교과서에서는 비례배분을 이렇게 설명한다. 비례배분 단원은 중·고등학교 교과 과정과 직접 연결되므로, 예습이라 생각하고 집중해서 공부하자.

비례배분은 절대 어려운 것이 아니다. 예를 들어 초등학교 1~2학년 아이들에게 100원짜리 5개를 주고 '3:2'로 나누어 갖자고 해보자. 아마 '3:2'가 무엇이냐고 묻지도 않고 나누어 가질 것이다. 어려운 개념이 아니다. 그렇다면 6학년때 비례배분을 가르치는 이유가 무엇일까? 나누어 가지려는 것의 개수를 조절해야 하기 때문이다.

밀가루 한 봉지가 있다고 하자.
이 밀가루를 나와 네가 3:2로
나누어 가지려고 해. 어떻게 하면 될까?

일단 반으로 나누고
선생님에게 조금 더 줘요.

정확하게 나누려면 어떻게 해야 할까?

무게를 재서 나누어요.

무게를 정확하게 재서 만약 600g이
되었다고 해도 마찬가지야. 어떻게 나눌래?
그래도 나누는 방법을 알아야 하지 않을까?

그러네요.

아주 쉬운 방법이 있어.
일단 밀가루를 5등분하는 거야.
그런 다음 네가 2등분을 갖고 나머지 3등분을
나한테 주면 되잖아.

아, 쉽네요.

쉬워? 그럼, 너는
전체 밀가루의 얼마를 갖게 될까?

알아요. 5개로 나누어 2개니 $\frac{2}{5}$이고 선생님은 $\frac{3}{5}$이잖아요.

잘하는데? 그럼 5:7로 나누려면 어떻게 해야 할까?

12개로 나눠요. 이해했어요.

만약 600g을 5:7로 나누어 네가 7을 가지려면 어떻게 해야 할까?

600g의 $\frac{7}{12}$을 가져요.

분수에서 전체와 부분의 의미를 잘 아는 아이는 쉽게 이해한다. 그러나 분수의 의미를 잘 모르는 아이는 비례배분을 배우는 시간이 더 오래 걸릴지도 모른다.

Q 4000원을 형과 동생에게 3:2로 비례배분하려고 합니다. 형과 동생은 각각 얼마를 갖게 됩니까?

형: 2400원, 동생: 1600원

형은 4000원의 $\frac{3}{5}$인 2400원, 동생은 4000원의 $\frac{2}{5}$인 1600원을 갖는다. 형이 갖는 2400원과 동생이 갖는 1600원을 더하면 4000

원이 맞는지 확인하면 더 좋다. 이런 문제를 많이 연습하고, 조금 더 비튼 문제를 풀어보자.

Q 둘레의 길이가 80cm인 직사각형이 있는데 가로 길이가 세로 길이의 3배라고 합니다. 이 직사각형의 가로 길이를 구하시오.

30cm

전체 둘레가 80cm이므로, 가로와 세로 길이의 합은 전체의 반인 40cm이다. 문제를 잘 읽어보면 가로가 세로보다 더 길다는 사실을 알 수 있다. '(가로):(세로)=3:1'이다. 비가 될 수 있으면 먼저 순서대로 쓰는 것이 좋다. 답은 40의 $\frac{3}{4}$인 30(cm)이다. 조금 더 비튼 문제를 풀어보자.

Q 둘레의 길이가 50cm인 직사각형이 있습니다. 가로 길이가 세로 길이의 3배보다 3cm 짧습니다. 이 직사각형의 가로 길이를 구하시오.

18cm

둘레가 50cm이므로 가로와 세로 길이의 합은 전체의 반인 25cm이다. 그런데 '(가로):(세로)=3:1'이 되려면 25cm에 3cm를 더한 28cm가 되어야 한다. 28의 $\frac{3}{4}$인 21(cm)보다 3cm 짧다고 했으니 3cm를 빼면 답이 된다.

＋ ÷ × 입체도형

각기둥은 사각기둥부터 공부하기 바란다. 가장 먼저 아는 도형부터 출발하는 것이 좋은데, 사각기둥은 1학년에서 상자 모양으로 시작하여 5학년에서 직육면체로, 6학년에서 사각기둥으로 이름만 바뀌었을 뿐이다. 다른 관점에서 보았을 뿐 같은 도형이라는 생각을 하면 쉬워진다.

6학년에서는 5학년 도형에서 배운 중요 개념 '평행과 합동'을 각기둥이란 입체도형에 바로 활용한다. 사각기둥은 2개의 밑면이 평행이고 합동이다. 머릿속에 사각기둥이 그려진다면 모서리의 개수, 면의 개수, 꼭짓점의 개수를 머릿속에서 셀 수 있을 것이다. 사각기둥을 바탕으로 나머지 삼각기둥, 오각기둥, 육각기둥 그리고 다시 각뿔도 자연스럽게 해결된다. 또한 모든 기둥은 옆모습이 직사각형이고 뿔은 모두 삼각형이 되는 것도 알게 된다.

그런데 원기둥과 원뿔은 각이 없어서 각기둥이나 각뿔이 아니다. 각기둥에서 옆면과 수직으로 만나는 경우를 배우는데, 중·고등학교에서 간혹 아무런 설명 없이 비스듬한 모양이 나온다. 그때는 평행사변형에 준해서 생각하면 된다.

입체도형은 앞에서 얘기한 것처럼 용어를 특별히 반복 연습해야 한다. 여기에서 나오는 용어는 다각형, 밑면, 수직인 면, 옆면, 모서리, 꼭짓점, 각뿔의 꼭짓점, 모선 등이다. 이 중에 밑면이 밑에 있는 면이라 생각하면 혼동한다. 기둥은 위, 아래가 없어서 돌려놓을 수 있다. 그래서 밑면이 위, 아래 두 개다.

모서리는 다면체에서 각 면의 경계를 이루고 있는 선분들이다. 그런데 모서리를 현실에서는 다르게 사용한다. 예를 들어 '모서리에 부딪쳐서 다쳤다'라고 할 때 알고 보면 모서리가 아니라 꼭짓점인 경우가 많다.

마지막에 원기둥, 원뿔, 구와 같은 회전체도 어려워하지 않는다. 아이들이 어려워하는 것은 직육면체의 전개도와 원의 넓이다. 직육면체의 전개도는 직육면체 상자의 모서리를 자르거나 아니면 전개도를 그리고 오려서 상자 모양을 직접 만드는 활동을 하는 것이 가장 좋다.

여기에서는 아이들이 가장 혼동하는 원에 대해서 언급하려 한다. 아이들이 공식만 외웠다가 잊어버리고 자신감을 잃는 경우가 많다. 어렵거나 중요해서가 아니라 아이의 자신감과 직결되기 때문에 해결 방법을 강구해야 한다. 다음은 내가 원과 관련된 것들을 가르치는 방법의 일부다.

원이 뭐야?

 한 점에서 같은 거리에
있는 점들의 모임이요.

 반지름을 알면 지름도 구할 수 있어.

 지름의 반이 반지름이니까요.

 그래? 그럼 지름의 두 배가 길까?
원의 둘레 길이가 길까?

 당연히 원의 둘레가 길어요.

 그러면 지름의 4배가 길까?
원의 둘레 길이가 길까?

 정사각형 한 변이 지름의 길이와 같다면
지름의 4배가 길어요.

 원의 둘레는 지름의 2배보다는 길고,
4배보다는 짧은 거야.
그럼 원 둘레는 지름의 몇 배일까?

 3배요.

정확하게는 3.1배야.
더 정확하게는 몇 배일까?

원주율이잖아요. 3.14배요.

이번에는 넓이를 알아보자.
한 변의 길이가 반지름인 작은 정사각형
의 넓이가 클까? 원의 넓이가 클까?

당연히 원의 넓이가 커요.

맞아. 그러면
정사각형의 2배가 클까?
원의 넓이가 클까?

원의 넓이가 커요.

맞아. 그러면 정사각형의 4배가 클까?
원의 넓이가 클까?

원의 넓이가
정사각형의 3배라고 하려는 거죠?

알고 있었구나.
사실은 3배보다 조금 더 커.

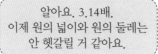

알아요. 3.14배.
이제 원의 넓이와 원의 둘레는
안 헷갈릴 거 같아요.

원은 반지름만 있으면 지름,
원 둘레, 넓이를 구해. 만능이야.
그래서 원이 나오면
반지름부터 찾아야 한다.

넓이를 구하고 나면 다음은 부채꼴의 넓이를 구해야 한다. 부채꼴의 넓이는 '원의 일부'라는 생각을 가져야 한다. 원의 일부분이므로, 전체와 부분인 분수를 떠올려야 한다. 그래서 '(원의 넓이)의 일부분=(원의 넓이)×(분수)'이다. 이제 분수로 만드는 방법만 생각하면 된다. 분수가 되는 것은 $\frac{중심각}{360°}$ 또는 $\frac{호의\ 길이}{원주}$ 다. 나머지는 중학교에 가서 공부하자!

방정식의 목적은
등식의 성질 연습

누가 나에게 수학에서 가장 중요한 개념이 무엇이냐고 묻는다면 주저 없이 등식의 성질이라고 말할 것이다. 등식의 성질은 초등학교 2학년부터 계속 사용되고 모든 문제에 사용된다. 수학에서 식이 길어지고 한 식에서 다음 식으로 넘어갈 때는 거의 대부분 등식의 성질이 사용된다고 보면 된다. 따라서 개념으로 가르치고자 한다면, 무엇보다 튼튼히 잡아야 할 개념이 등식의 성질이다.

방정식은 중학교에서 배우는 것이지만, 오랫동안 초등학교 6학년에서 가르쳤다. 등식의 성질을 가르치기 위해서 방정식이라는 도구를 사용해야 하기 때문이다. 교육 과정이 개정되면서 6학년에서 방정식을 가르칠 때와 가르치지 않을 때가 있는데, 그 차이가 중학교에서 확연히 나타난다.

중학교 교과서에서 방정식을 다룰 때 등식의 성질을 간단하게 가르치고 곧장 이항이라는 기술을 알려준다. 방정식이야 풀겠지만, 등식의 성질이 제대로 들어가지 않는다. 그래서 시간이 있을 때, 중학교에 올라가기 전인 초등학교 마지막 학년에서 등식의 성질을 가르쳐야 한다. 정작 중학교에서도 등식의 성질은 소홀하게 취급되고 있어 나중에 닥쳐서 하면 된다는 생각은 결국 아이가 등식의 성질을 확실하게 잡을 기회마저 잃게 만들 것이다.

워낙 개념이 쉬워서 간단할 때는 못 느끼겠지만 등식의 성질을 확실히 가르치지 않으면 아이들이 점점 복잡한 식을 접하면서 어려워하게 된다. 수학에서 가장 중요하다고 할 수 있는 등호나 등식만큼 찬밥대우가 없다. '같다'라는 것을 안 가르쳐도 될 듯하지만, 현 교육 과정을 보면 고등학교의 필요충분조건을 배워야 할 만큼 쉽지 않다.

분수가 된다면, 등식의 성질을 반드시 잡아서 중학교에 올려 보냈으면 한다. 이제, 교과서에서 다루지 않는 등식의 성질부터 방정식, 비례식을 하나하나 천천히 다룰 것이다. 잘 따라오기 바란다.

등식의 성질을 잡자

초등학교 2학년부터 등식의 성질은 계속 나온다. 수 감각을 요구하며 수의 확장을 꾀하는 역연산도 그 안에는 등식의 성질이 있다. 대부분 길어진 식을 푸는 열쇠에는 등식의 성질이 있는데 등식의 성질로 알려줄 수 없으면 가르치는 사람이 난감하다.

그렇다고 등식의 성질이 어려운 것이 아니다. 지금 방정식을 풀기 위한 방법만이 아니라 초등학교 2학년 때부터 지속적으로 알려주어도 좋다. 다음은 초등학교 2~3학년 아이들에게 등식의 성질을 알려주는 대화법이다. 6학년 아이들은 더 쉽게 따라올 것이다.

내가 갖고 있는 돈과 네가 갖고 있는 돈이 같다고 하자. 내가 갖고 있는 돈에서 500원을 더하고, 네가 갖고 있는 돈에서 500원을 더하면 어떻게 될까?

선생님은 얼마를 갖고 있는데요?

선생님이 얼마를 갖고 있든 상관 없어.

그럼 같아요.

내가 갖고 있는 돈에서 3천원을 빼고, 네가 갖고 있는 돈에서 3천원을 빼면 어떻게 될까?

같아요.

빼기도 잘하네. 그러면 내가 갖고 있는 돈에서 173을 곱하고, 네가 갖고 있는 돈에서 173을 곱하면 어떻게 될까?

같아요. 이제 그만해요.

쉽지? 이렇게 시시해 보이는
등식의 성질이 얼마나 중요한지 알게 될 거야.

이어서 간단한 식을 만들어 풀게 하자.

$$\square + 3 = 5 \rightarrow \square + 3 - 3 = 5 - 3 \rightarrow \square = 5 - 3$$

그동안 배운 역연산이 바로 등식의 성질임을 알려주자. 다음은 내가 정리한 등식의 성질이다.

등식의 성질: 양변에 같은 수를 더하거나 빼거나 곱하거나 나누어도 등식은 성립함. 단, 0으로 나누면 안 됨

여기에 내가 정리한 등식의 종류도 함께 공부하기 바란다.

① **방정식**: 변수가 있는 등식. 예) $x = 3$

      (변하는 수를 변수라고 한다. 교과서의 방정식 정의는 'x의 값에 따라 참이 되기도 하고 거짓이 되기도 하는 등식'이다.)

② **항등식**: 항상 등식이 성립하는 식. 예) $0 = 0$

③ **말도 안 되는 등식**: 예) $0 = 5$

방정식이란 무엇일까?

방정식은 그동안 초등학교에서 어떤 수 대신에 사용한 기호 □, △, ○, ☆ 대신 알파벳 소문자 a, b, c, d 등을 사용하고, 그중에서 x나 y를 가장 많이 사용한다.

방정식 단원이 끝날 때까지 아이와 방정식에 대해 이야기하자.

 방정식이 뭐야?

x가 있는 등식이요.

 어떤 변수가 있어도 괜찮은 거야. 그럼 등식이 뭐야?

등호가 있는 식이요.

 등식의 성질은?

양변에 같은 수를 지지고 볶아도 (+, −, ×, ÷) 등식은 성립한다.

 단?

0'으로' 나누면 안 된다.

그래. 그중에 '양변에 같은 수'라는
말이 가장 중요해.

'0으로 나누면 안 된다'와 '0을 나누면 안 된다'를 혼동하는 아이가 많다. 양변에 0을 더해도, 빼도, 곱해도 상관없지만 0으로 나누면 안 된다고 꼭 알려주자. 0으로 나누면 어떻게 되는지를 기회가 닿으면 얘기해주고 그렇지 않으면 중학교에 가서 알려주어도 된다.

Q 다음 중 등식에 대하여 잘못 말한 것을 고르시오.

① 등식의 양변에 같은 수를 더해도 등식은 성립한다.

② 등식의 양변에 같은 수를 빼도 등식은 성립한다.

③ 등식의 양변에 같은 수를 곱해도 등식은 성립한다.

④ 등식의 양변은 같은 수로 나눠도 등식은 성립한다.

⑤ 등식에서 등호의 왼쪽을 좌변, 오른쪽을 우변이라고 한다.

④

'같은 수로 나눠도'라는 조건에 '0'도 포함되기 때문에 틀렸다. 이제 방정식인지 아닌지 구분하는 문제를 풀어보자.

Q 다음 식 중에서 방정식이 될 수 있는 것을 모두 고르시오.

① $12 + 16 = 28$

② $8 + \square = 46$

③ $28 \div x > 6$

④ $5 \times 6 = x$

⑤ $7 + x$

⑥ $x = 0$

⑦ $3 + 2 \times x = 11$

②, ④, ⑥, ⑦

방정식은 '변수가 있는 등식'이다.

①은 변수가 없으며, ②의 빈 칸은 변수다. ③은 부등호가 있어 부등식, ⑤는 등호가 없다. ⑥은 변수도 있고 등호도 있는 엄연한 방정식이다. $x = 0$ 같은 식을 많은 중학생이 방정식이 아니라 방정식을 풀어서 나온 답이라고만 생각한다. 중학교 1학년 때도 이런 문제가 나오며, 그때는 여기에 항등식을 방정식과 구분하는 것만 추가로 공부하면 된다. 방정식도 알았으니 방정식을 등식으로 푸는 방법을 배워보자.

방정식을 등식으로 푸는 법

방정식을 푼다는 것은 방정식에서 x의 값을 구한다는 뜻이다.

$x + 7 = 12$

$$\rightarrow x + 7 - 7 = 12 - 7$$

$$\rightarrow x = 5$$

x 옆에 붙은 '$+7$'을 없애주면 x만 남는다. 그런데 $+7$을 없애려면 7을 빼야 하는데 문제는 양변에 7을 각각 빼야 한다는 것이다.

여기에서 주의해야 할 점은 '$x + 7 - 7 = 12 - 7$'을 쓰는 대신에 많은 아이가 '$x + 7 = 12$'의 우변에만 7을 빼서 '$x + 7 = 12 - 7$'과 같이 등식의 성질에 맞지 않는 식을 쓰는 것이다. 이는 절대 허용해서는 안 된다. 지금은 방정식을 푸는 게 아니라 방정식으로 등식의 성질을 연습하고 있다. 식을 올바르게 써야 한다고 아이를 반드시 설득해야 한다.

쉬운 문제를 한 달 정도 연습해야 한다. 간간이 다음과 같은 문장제를 주어서 방정식 만들기를 해보면 좋다. 이때는 풀게 하지 말고 '식으로 만들기'만 하게 한다.

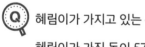 혜림이가 가지고 있는 돈은 언니가 가진 돈보다 100원이 적습니다. 혜림이가 가진 돈이 570원이면 언니가 가진 돈은 얼마입니까?

$$570 + 100 = x \quad \text{또는} \quad 570 = x - 100$$

중요한 것은 등식의 성질이다. 답을 찾을 게 아니라 등식으로 만들어 내는 데 생각을 쏟아야 한다. 계산을 하지 말라고만 해도 훨씬 부담이 적어져서 좀 더 생각하게 된다.

이 문제를 읽어보면 혜림이가 언니보다 100원이 적다. 예전 문제에서는 적다고 하면 무조건 빼면 맞았다. 그래서 답을 470원이라고 하는 아이도 있을 것이다. 우선 생각부터 전환해야 한다. 방정식은 반드시 등호를 갖고 있다. 답을 구하는 대신에 먼저 문제에서 '무엇이 같은가'를 찾아야 한다. 조금 더 발전시키면, '어떻게 하면 같을까'를 생각해야 한다.

그런데 혜림이가 언니보다 100원이 적다고 한다. 같아지려면 100원이 적은 혜림이에게 100원을 더해주면 된다.

(혜림이 돈) ≠ (언니 돈)

→ (혜림이 돈 + 100) = (언니 돈)

→ (혜림이 돈) = (언니 돈 − 100)

여기에 혜림이 돈에 570, 언니 돈에 x를 넣어주면 방정식이 완성된다.

다음은 등식의 성질을 두 번 사용하는 문제를 풀게 한다. 그리고 더 이상 등식의 성질을 활용하는 연습은 하지 않아도 된다. 사실 등식의 성질을 두 번만 사용해도 어렵다.

$$(x \times 4) - 12 = 16$$

양변에 12를 더하면,

$$(x \times 4) - 12 + 12 = 16 + 12$$

$$(x \times 4) = 28$$

$$(x \times 4) \div 4 = 28 \div 4$$

$$x = 7$$

이렇게 식을 길게 쓰고 싶은 아이들은 거의 없다. 그래도 정식으로 모든 단계를 거쳐서 정확하게 풀도록 해야 한다. 지금까지 나는 계속해서 대부분의 식을 가능하면 모두 암산하라고 했는데, 방정식은 반드시 처음부터 식을 써야 한다.

방정식은 결국 x의 값을 구하는 것이다. x 옆의 숫자들을 모두 없애면(물론 등식의 성질로) x만 남는다. 그런데 여기에서 옆의 숫자 중 무엇을 먼저 없애야 하는지 그 순서를 가르쳐야 한다. 방정식이 길어지는 이유는 모르는 수, 즉 미지수가 있기 때문이다. 그런데 계산 순서는 5학년에 배운 혼합계산의 순서로 해야 한다. 혼합계산 순서를 반대로 하면 '방정식 푸는 순서'가 된다.

덧셈, 뺄셈 → 곱셈, 나눗셈 → 괄호

식을 정식으로 쓰게 하면서, 익숙해질 때까지 다음 문제를 풀게 한다.

$$(x \times 5) + 12 = 22$$

$$(x \div 9) - 7 = 3$$

$$(x \times 4) \div 5 = 8$$

$$(x \div 6) \div 5 = 2$$

그리고 언제나 그렇듯이 마지막은 항상 분수다.

$$x + \frac{1}{3} = \frac{1}{2}$$

$$x - 1\frac{3}{5} = 2\frac{1}{4}$$

$$\frac{3}{4} \times x = 12$$

$$x \div 1\frac{1}{13} = 6\frac{1}{2}$$

'$x + \frac{1}{3} = \frac{1}{2}$'을 '$x + \frac{1}{3} - \frac{1}{3} = \frac{1}{2} - \frac{1}{3}$'처럼 푸는 아이가 있을 것이다. 끝까지 풀게 두었다가 양변 분모 3과 2의 최소공배수인 6을 먼저 곱하도록 시킨다. 그러면 식을 '$6 \times x + 2 = 3$'까지 간단하게 만들어 풀 수 있다. 아이가 이후의 과정도 할 줄 알겠지만 여기까지만 해도 중학교 2학년의 방정식까지 풀 수 있다.

비례식

등식의 성질을 연습한 아이에게 전항과 후항에 같은 수를 곱하거나 나누는 비의 성질 그리고 비례식의 성질은 그야말로 식은 죽 먹기다. 비례식 성질에서 '외항의 곱과 내항의 곱은 같다'부터 설명하겠다. 먼저 비례식을 분수로 바꾸어보자.

$$2:3 = \square : 6 \rightarrow \frac{2}{3} = \frac{\square}{6}$$

양변에 분모의 최소공배수 6을 곱하면,

$$\frac{2}{3} \times 6 = \frac{\square}{6} \times 6$$
$$4 = \square$$

'외항의 곱과 내항의 곱은 같다'고 하면 방정식이 만들어지는데 그 중간에 등식의 성질이 있다. 이해하기 위해 몇 문제만 풀어도 된다. 방정식을 푼 뒤에는 전항과 후항에 각각 곱하거나 나누면 되는 이런 문제보다 다음과 같이 자연수의 배가 아닌 문제를 연습하는게 좋다.

$$\frac{4}{3} = \frac{x}{2}$$

$$\frac{4}{3} \times 6 = \frac{x}{2} \times 6$$

$$8 = x \times 3$$

$$\frac{8}{3} = \frac{x \times 3}{3}$$

$$x = 2\frac{2}{3} \left(\text{또는} \frac{8}{3}\right)$$

문제를 만들 때는 분자에 x가 오도록 해야 하지만, 마지막에는 분모에 x가 있는 문제도 한두 문제 푸는 것이 좋다. 분모에 x가 오는 문제를 아이들이 많이 어렵게 느낀다. 다음 문제는 등식의 성질을 모르고는 풀기가 어려울 것이다.

Q 원 가와 나가 겹쳐 있습니다. 겹친 부분의 넓이가 가 넓이의 $\frac{2}{3}$이고, 나 넓이의 $\frac{1}{5}$입니다. 가 넓이가 27cm²라면 나 넓이는 얼마입니까?

$$90\text{cm}^2$$

이러한 유형으로 톱니바퀴의 톱니 수와 회전비를 묻는 문제가 대표적이다. 무엇이 같은지를 집중해 생각하면 식을 만들 수 있다.

겹치는 부분: 가 넓이의 $\frac{2}{3}$

$$가 \times \frac{2}{3} = 나 \times \frac{1}{5}$$

$$27 \times \frac{2}{3} = 나 \times \frac{1}{5}$$

$$18 = 나 \times \frac{1}{5}$$

$$나의 \ 넓이 = 90(cm^2)$$

이것은 말 그대로 방정식이다.

초등 수학의 완성은
분수의 문장제

분수의 문장제를 풀려면 기본적으로 덧셈, 뺄셈, 곱셈, 나눗셈의 의미를 알고 있어야 한다. 그런데 이는 자연수에서 개념을 그대로 가져오고 자연수만 분수로 바꾼 것뿐이다. 단순 연산의 분수 문장제를 못한다면 분수가 부족하다는 뜻이다.

만약 숫자를 자연수로 바꿀 줄 안다면 분수의 두려움을 해방시켜주는 것이 분수 문장제를 준비하는 첫 단추다. 아이들은 모르는 것과 아는 것이 섞여 있으면 모두 모르는 문제처럼 행동한다. 각각을 모두 알아야 비로소 섞을 수 있다.

6학년 분수의 문장제는 비와 비율, 비례배분, 기본 연산 그리고 3학년부터 꾸준히 나오는 학귀산을 제외하면, 기준을 1로 두기, 나머지 처리 능력을 묻는다.

따라서 이전에 충실히 수학 공부를 해온 아이라면 기준이 1인 문제, 나머지 처리 능력을 연습하면 된다. 따로 먼저 배우거나, 문제

가 비교적 어려워서 평소 한두 문제씩만 풀어도 좋다. 먼저 기준이
1이 되는 문제부터 해결해보자.

기준이 1이 되는 문제

Q 어떤 일을 갑이 혼자서 하면 8시간, 을이 혼자서 하면 10시간 만에
다 할 수 있습니다. 갑과 을이 같이 일을 한다면 다하는 데에는 몇
시간이 걸립니까?

$$4\frac{4}{9}\text{시간}$$

어떤 일을 하는 데 걸리는 시간을 묻는 문제다. 그렇다면 우
선 기준이 되는 한 시간에 일을 얼마만큼 하는지 구해야 한다. 그래
서 어떤 일을 갑이 혼자서 8시간 만에 다한다고 했을 때, 1시간에 얼
마만큼 일을 하느냐고 물어보면, 아이들은 "어떤 일인데요?"라고 되
묻는다.

일의 양이 얼마든지 기준을 1로 두어야 한다. 그러면 한 시간
에 $\frac{1}{8}$만큼 일을 한다는 것을 빨리 깨닫는다. 갑과 을이 일을 같이
한다고 했으니 한 시간이면 '$\frac{1}{8} + \frac{1}{10} = \frac{9}{40}$'만큼의 일을 하게 된다.

역시 기준을 1로 두고 한 시간당 $\frac{9}{40}$만큼 일을 하므로, 이제
몇 시간인지를 알려면 1에서 $\frac{9}{40}$를 몇 번 빼는지만 알면 된다. 결국
답은 '$1 \div \frac{9}{40} = \frac{40}{9} = 4\frac{4}{9}$(시간)'이다.

Q 어떤 일을 갑이 다 하려면 8일이 걸리고, 을이 다 하려면 12일이 걸립니다. 갑이 혼자서 3일 동안 일을 하고, 그 후에 을이 나머지 일을 다 하려면 며칠이 걸립니까?

$$7\frac{1}{2}일$$

문제를 조금 더 확장했다. 이 문제는 나머지 처리 능력을 기른 다음 풀자.

나머지 처리 능력 문제

Q 넓이가 36m²인 밭에 배추와 무를 심었습니다. 배추는 밭 전체의 $\frac{5}{9}$에, 무는 나머지의 $\frac{3}{8}$에 심었습니다. 배추와 무를 심고 남은 밭의 넓이는 얼마입니까?

이 문제를 하나하나 뜯어서 살펴보자.

넓이가 36m²인 밭에 배추와 무를 심었습니다. 배추는 밭 전체의 $\frac{5}{9}$에 심었습니다.

먼저 배추를 심은 밭의 넓이를 구해야 한다. 분수의 정의 '분모만큼 나누어 분자만큼 표시한 수'를 이용해서 풀어보자. 전체인

36을 9로 나누고 5를 곱하면 된다. '$36 \div 9 \times 5 = 20(\text{m}^2)$'이다. '$36 \times \dfrac{5}{9}$' 로 풀어도 좋다.

> 넓이가 36m²인 밭의 $\dfrac{5}{9}$에 배추를 심었습니다. 배추를 심고 남은 밭의 넓이는 얼마입니까?

앞에서 푼 부분으로 배추를 심고 남은 밭의 넓이를 바로 구할 수 있다. $36\text{m}^2 - 20\text{m}^2 = 16\text{m}^2$. 그러나 이렇게 풀면 뜯어서 문제를 푸는 의미가 없다. 기준을 1로 두어야 길어진 식을 감당할 수 있다. 어떤 수를 1로 두고 $\dfrac{5}{9}$를 쓰고 남았다면 남는 것은 '$1 - \dfrac{5}{9}$'가 되어야 한다. 이 문제는 '$36 \times (1 - \dfrac{5}{9})$'로 풀어야 한다.

> 넓이가 36m²인 밭의 $\dfrac{5}{9}$에 배추를 심었습니다. 배추를 심고 남은 밭의 $\dfrac{3}{8}$에 무를 심었습니다. 무를 심은 밭의 넓이는 얼마입니까?

무를 심은 밭의 넓이는 앞에서 푼 배추를 심고 남은 밭 넓이 의 $\dfrac{3}{8}$이므로 '$36 \times (1 - \dfrac{5}{9}) \times \dfrac{3}{8} = 6(\text{m}^2)$'이다. 이제 문제 전체를 다시 살펴보자.

> 넓이가 36m²인 밭에 배추와 무를 심었습니다. 배추는 밭 전체의 $\dfrac{5}{9}$에, 무는 나머지의 $\dfrac{3}{8}$에 심었습니다. 배추와 무를 심고 남은 밭의 넓이는 얼마입니까?

배추를 심고 남은 밭의 넓이 '$36 \times (1 - \frac{5}{9})$'를 1로 보면 $\frac{3}{8}$에 무를 심었으니 남은 밭은 '$1 - \frac{3}{8}$'이다. 식으로 쓰면 '$36 \times (1 - \frac{5}{9}) \times (1 - \frac{3}{8}) = 10$'이다. 이쯤 되면 아이들의 머릿속이 복잡할 것이다. 그림을 그려서 문제를 푼다고 해도 실제로 이런 복잡한 식을 아이들이 쓸 수는 없을 것이다. 그래서 '$1 - \frac{5}{9}$'나 '$1 - \frac{3}{8}$'이 아닌 $\frac{4}{9}$, $\frac{5}{8}$를 사용해야 아이들 머릿속이 정리된다.

한 번 더 꼰 문제도 보자. 여기까지가 초등 수학에서 요구하는 분수의 문장제다.

Q 어느 밭에 배추와 무를 심었습니다. 배추는 밭 전체의 $\frac{5}{9}$에, 무는 나머지의 $\frac{3}{8}$에 심었습니다. 아무것도 심지 않은 밭의 넓이가 10m² 라면 전체 밭의 넓이는 얼마입니까?

$$36\text{m}^2$$

남은 밭의 크기를 묻는 문제에서 전체 밭의 크기를 묻는 문제로 바꾸었다. 기준을 1로 두기, 나머지 처리 능력, 비례식에서 방정식까지 묻는 문제다. 앞에서 푼 내용을 잘 이해했다면 $\frac{4}{9}$의 $\frac{5}{8}$가 남는 밭의 넓이가 되는 것을 알 것이다. 그럼 '$\frac{4}{9} \times \frac{5}{8} = \frac{5}{18}$'가 기준을 1로 둘 때의 넓이다. 이를 비례식으로 만들어보자.

$\frac{5}{18}$를 1로 볼 때 10에 해당하는 수는,

$$\frac{5}{18}:1=10:x \text{ 또는 } \frac{5}{18}:10=1:x$$

물론 이 식을 방정식으로 만들면 둘 다 '$\frac{5}{18} \times x = 10$'이 된다.

$$\frac{5}{18} \times x \times 18 = 10 \times 18$$

$$5 \times x = 180$$

$$\frac{5 \times x}{5} = \frac{180}{5}$$

$$x = 36(\text{m}^2)$$

수학,
개념 씹어먹고
공부해봤니?

결론은 개념으로 수학 읽기다

세상의 모든 위대한 것은 질문에서 나왔다. 질문이 다르면 결과가 달라진다. 그래서 내가 생각하는 질문과 그 대답을 하는 것으로 이 책을 갈무리하고자 한다. 여러분도 이 질문에 덧붙여 수학 공부에 관한 본질이 무엇인지, 스스로 고민하는 시간을 갖기 바란다.

아이에게 수학을 가르칠 때 가르침의 기준을 수학에 두어야 할까? 아이에게 두어야 할까?

수학을 기준으로 해야 한다. 수학을 공부할지 말지는 아이의 성향이나 장래에 맞춰야 한다. 그러나 수학을 잘하기로 결심했다면 이제 같은 논리로 아이가 아니라 수학의 특성에 초점을 맞춰야 한다. 수학이 요구하는 연산, 개념 그리고 집요함을 기르지 않고 아이 특성에 맞추려고 한다면, 사실상 길이 없다. 아이를 변화시켜서 수학이 요구하는 논리적인 아이로 바꿔야 한다.

수학을 연역적으로 가르치고 있을까?

모든 수학자는 수학이 연역적인 학문이라고 한다. 수학자가 만든 정의나 정리, 성질 등의 개념을 증명이나 다른 방법을 통해 받아들이고 그것을 근거로 이론을 전개해 나가기 때문이다. 그런데 대다수가 개념은 가르치지 않고 우선 문제부터 들이밀어서 결론을 이끌어 내는 귀납적 방법으로 수학을 가르친다.

아이가 개념이 없어서 못 풀면 푸는 기술을 알려주고, 급기야 같은 기술로 푸는 문제를 모아 놓은 유형 문제집을 준다. 결국 공부는 많이 하지만 개념은 얻지 못한다. 이것이 우리나라 아이들이 수학을 포기하는 이유다.

배우는 것이 중요할까? 아니면 배운 것을 자기 것으로 만드는 게 중요할까?

많은 사람이 머릿속에 집어넣는 지식에 관심이 많지만 나는 반대로 집어넣은 지식이 얼마나 보존되는지에 더 관심이 있다. 분명코 한번 머리에 넣은 지식은 머릿속 어딘가에 있을 것이다. 그래서 우리는 시간과 돈을 들여 아이를 가르친다. 그런데 간과하는 사실이 있다. 우리의 머릿속은 우주처럼 넓어서 개념 정리가 되지 않은 지식은 출력이 불가능하다는 것이다. 출력이 불가능하면 배웠다고도 공부했다고도 할 수 없다. 지식이라고도 할 수 없다. 지금 우리나라 교육은 학(學)만 있고, 습(習)이 없는 비효율의 극치를 달리고 있다.

배운 것에 무언가를 더해 나가려면 어떤 공부 방법이 좋을까?

수학의 정의나 개념은 거의 대부분 한 번에 배울 수 없다. 배운 개념에 계속해서 더하고 정리해야 한다. 쉽다고 생각하는 초등, 중등 수학일수록 더욱 그렇다. 그래서 배울 때 배운 것을 바로 말로 할 수 있어야 하며, 한 줄 정의나 한 줄 개념으로 정리할 수도 있어야 한다.

그러면 몇 년이 지나서 추가로 배울 때 한 줄 정의나 개념을 소환해 사용할 수 있다. 정의나 정리 등의 개념은 일상의 스쳐가는 지식들과는 그 결이 다르다. 수학은 객관적인 지식을 쌓아 올려야 하는 과목이다.

수학은 사고력을 기르는 과목인데, 아이는 논리적으로 생각하고 있을까?

전 국민의 80%가 수포자라는 말은 아이들이 점점 생각하지 않는 아이로 변하고 있다는 말이다. 혹시 아이가 문제집을 풀면서 생각하고 있다고 착각하고 있지 않은가? 문제집을 많이 푼다 해도 기술이나 유형을 익히면, 생각하지 않는 아이로 변하고 있을 가능성이 높다. 성적이 좋은 아이도 그렇다.

아이가 논리적인 생각을 하는지의 여부는 사실 옆에서 지켜보면 바로 알 수 있다. 점점 나빠지는 것을 보면서도 나아질 것이라는 근거 없는 믿음을 보이거나 어떻게든 되겠지 하며 시간을 보내서는 안 된다. 변화는 변화하려는 사람에게만 일어난다.

수학 교육 실패가 70여 년간 이어지고 있다. 실패하는 가장 큰 이유는 실패한 교육임을 알면서도 다른 방법이 없어서 그것을 따라 하기 때문이다. 실패하는 교육은 '수학을 잘하려면 수학적 머리가 있어야 한다', '어떤 문제집을 꼭 풀어야 한다', '문제를 많이 풀어야 응용력이 생긴다'처럼 근거 없는 이야기로 사람들을 현혹한다.

진지한 고민 없이 맹목적으로 문제만 풀게 하다가 만들어진 논리들이다. 그래서 우르르 몰려가다 절벽에서 낙하하는 물소들처럼 무수히 많은 수포자만 생기고 있다. 실패한 교육을 남들이 간다고 따라가서는 답이 없다.

무엇이든지 혼탁할 때는 항상 기본을 생각해야 한다. 수학의 근본은 언어이고, 그 습득 방법은 연역법이다. 목표는 논리적인 사고력을 갖추는 것이다. 모든 언어가 그렇듯이 개념으로 읽기가 되면 고등 수학 정도는 누구나 잘할 수 있다.

내가 25년간 현장에서 만든 정의와 정리 등을 체화하고, 그것으로 문제를 푸는 연역적 수학 공부의 길로 접어들기 바란다. 이 책이 올바른 수학 공부를 시작하는 마중물이 되길 소망한다.

수학, 개념 씹어먹고 공부해봤니?

초판 1쇄 발행일 2022년 1월 2일
초판 7쇄 발행일 2024년 6월 10일

지은이 조안호

발행인 조윤성

편집 정상미 **디자인** 양혜민
발행처 ㈜SIGONGSA **주소** 서울시 성동구 광나루로 172 린하우스 4층(우편번호 04791)
대표전화 02-3486-6877 **팩스(주문)** 02-585-1755
홈페이지 www.sigongsa.com / www.sigongjunior.com

ISBN 979-11-6579-854-3 03370

WEPUB 원스톱 출판 투고 플랫폼 '위펍' __wepub.kr
위펍은 다양한 콘텐츠 발굴과 확장의 기회를 높여주는
SIGONGSA의 출판IP 투고·매칭 플랫폼입니다.